U0926690

空军司令刘亚楼

孙维韬　著

中国财富出版社

图书在版编目（CIP）数据

空军司令刘亚楼／孙维韬著．—北京：中国财富出版社，2015.12

ISBN 978-7-5047-5933-7

Ⅰ.①空…　Ⅱ.①孙…　Ⅲ.①刘亚楼（1910～1965）－生平事迹

Ⅳ.①K825.2

中国版本图书馆 CIP 数据核字（2015）第 261116 号

策划编辑　张彩霞　　**责任编辑**　张彩霞

责任印制　方朋远　　**责任校对**　杨小静　　**责任发行**　邢小波

出版发行　中国财富出版社

社　　址　北京市丰台区南四环西路 188 号 5 区 20 楼　　**邮政编码**　100070

电　　话　010-52227568（发行部）　　010-52227588 转 307（总编室）

010-68589540（读者服务部）　　010-52227588 转 305（质检部）

网　　址　http：//www.cfpress.com.cn

经　　销　新华书店

印　　刷　北京京都六环印刷厂

书　　号　ISBN 978-7-5047-5933-7/K·0191

开　　本　710mm×1000mm　1/16　　**版　　次**　2015 年 12 月第 1 版

印　　张　16.5　　**印　　次**　2015 年 12 月第 1 次印刷

字　　数　244 千字　　**定　　价**　38.00 元

序 1

睿智名将　国之干城①

2015 年 4 月 8 日是我们敬爱的老首长刘亚楼将军诞辰 105 周年纪念日，5 月 7 日又是他逝世 50 周年纪念日。我作为在他身边工作过十年的老部下，满怀深情，缅怀这位盛年早逝的首长，这位身经百战、屡建奇功的睿智军事家和临危受命组建人民空军的奠基人。

刘亚楼生于 1910 年，于 1929 年参加红军。由于作战勇敢、指挥机智果断，进步很快，到 1932 年初不满三年时间，就从一名普通战士，历任班长、排长、连长，一直晋升到师政委，是年不满 22 岁。

他参加了从 1930 年至 1934 年的五次反围剿和举世无双的两万五千里长征。长征期间，他先后担任红一军团二师师政委、一师师长、二师师长。他的部队是红军长征中的开路先锋。红军在前有堵截、后有追兵的艰难情势下强行突破，经过 70 多次艰苦卓绝的战斗，血染湘江、强渡乌江、智取遵义城，攻打娄山关、四渡赤水、巧夺金沙江、飞夺泸定桥 ，拿下直罗镇，为

① 源出于《诗经・周南・兔罝》，“赳赳武夫，公侯干城”，干是盾牌，城是城墙，都是起防卫作用的。后多用来比喻保卫国土的战将、栋梁。

中央在陕北站稳脚跟创造了条件。刘亚楼后来又入红军大学深造，毕业后留校担任抗日军政大学的训练部长、教育长，当时林彪任校长，毛泽东任政委。

1938 年，党派他前往苏联伏龙芝军事学院进一步深造。他在苏联参加了伟大的卫国战争。1945 年随苏联远东第二方面军进军我国东北，参加了歼灭日本关东军的战斗。

1946 年，刘亚楼在东北大连巧遇老首长罗荣桓，经他推荐，中央批准，出任东北民主联军参谋长，协助林彪、罗荣桓首长成功地指挥了三下江南，四保临江，夏季、秋季、冬季攻势，在举世闻名的辽沈战役中，全歼国民党集结在东北的百万精锐部队，解放了东北全境。

之后刘亚楼协助林彪和罗荣桓率四野百万大军入关，统一指挥东北、华北军区参照部队进行平津战役，担任天津前线总指挥。在争取和平解放天津的谈判破裂后，中央命令必须在三天内拿下天津，可刘亚楼充分发挥他睿智计谋，仅用 29 个小时就胜利地攻占了陈长捷吹嘘为“固若金汤”的天津，全歼守军 13 万余人。

1949 年 10 月，经周总理推荐、毛主席点将，刘亚楼临危受命组建空军，担任空军司令员。周总理经长期观察认为：千军易得，刘亚楼就是难求的一将；毛主席明确表态：空军司令非刘亚楼莫属。刘司令员没有辜负党中央和中央军委的期望。他创造了世界空军发展史上的奇迹。在他的领导和苏联的援助下，经过全体空军将士的艰苦奋斗、顽强拼搏，仅用一个半月时间就神话般的开办起六所航校；仅用半年时间就培养出自己的飞行员，同时先后组建起 15 个航空兵师。

朝鲜战争爆发后，由我国年轻的空军组建了志愿军空军入朝作战。我们的年轻飞行员虽然飞行时间短并缺乏空战经验，但他们政治觉悟高，许多人都是陆军的战斗英雄，作战勇猛，机动灵活，这在某种程度上弥补了他们的经验不足。

刘司令亲临前线指挥，潜心钻研、认真总结每次空战的经验和教训，并向苏联资深飞行员和专家虚心求教、切磋琢磨、反复深入研究美空军战术，最后创造出“一域多层四四制”的空战战法，在抗美援朝空战中取得了良好战果。四师十团李汉首战告捷，开创了击伤击落美机的纪录；仅飞了45个小时喷气式战斗机的19岁年轻飞行员韩德彩，击落了美国飞行达2000多小时的双料王牌飞行员费希尔上尉；张积慧击落了王牌飞行员戴维斯；涌现出英雄的王海大队，他们在空战中创造了击落击伤29架敌机的辉煌战绩；刘玉堤在一次空战中就击落四架美机；罗沧海在一次空战中连续击落三架敌机；王天保用拉－11螺旋桨飞机一举击落美国最先进的F－86佩刀式喷气战斗机。我们的飞行员屡建奇功，创造了令人难以置信的人间神话。难怪美军惊呼，“中国共产党一夜之间创造出一支强大的空军。”

在保卫祖国领空的防空作战中，刘司令员统率的空军部队又创造了令世界刮目相看的辉煌战绩。1959年10月7日，首次使用地空导弹击落美制RB－57D高空侦察机；利用游击伏击和近快战法，连续击落五架美制U－2高空侦察机。

为空军建设的百年大计，他独具远见，亲自挂帅，主持编写空军的各类条令、条例、教材、教程等，历经五年时间共编成306部蓝皮书。一直到弥留之际，刘司令员还在惦念着这项工作。这是他留给我空军的宝贵财富，这些书直到今天还在发挥着重要的作用。

刘司令员不仅是身经百战的著名军事家，也是杰出的军事外交家。他率团出访、谈判总是不亢不卑、有理有节地进行斗争，充分展现出他的军事外交风采，令人折服。由于篇幅有限，在此就不一一赘述了。总之，刘司令员的一生充满着可歌可泣的传奇。

1965年5月7日，无情的病魔夺走了刘司令员的宝贵生命，使他55岁就盛年早逝。刘司令员光辉的一生，可以用当年中央军委送给他的挽联上的16个大字概括：

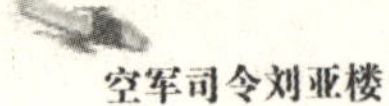

“国失干城，三军挥泪；功在社稷，百世流芳。”

刘司令员，我们永远怀念你！逝去的，是时间；隔断的，是空间，而那永远逝不去又隔不断的，是我们永远缅怀你的一片深情。

孙维韬

2015 年 6 月 10 日

序 2

人间的贤明，是天上的星星。

而人民空军的首位司令，上将军刘亚楼，乃是蓝天之上辉煌的星座。

劳动人民的儿子刘亚楼，从红色根据地反围剿的硝烟中一路走来。“天兵怒气冲霄汉”“前头捉了张辉瓒”，毛泽东神采飞扬的诗词，映照出刘亚楼杰出的军事才能。作为两万五千里长征的前锋，剑锋锐气，血染着勇士的威名。苏联卫国战争，活跃着青年刘亚楼矫健的身影。出任人民解放军最大的战略兵团“东北野战军”的参谋长，风雪辽沈，排兵布阵，全歼敌重兵集团，彻底颠覆了敌我兵力态势对比。奉命统兵火速入关，天津攻坚指挥若定，生擒百战守将陈长捷，顽敌闻风丧胆。兵临北平，定鼎北京，四野大军挥师南下，饮马长江，解放海南，开国之功，不可磨灭。刘亚楼威名远播四方，毛泽东麾下虎豹之师，智勇爱将。

继承红军的光荣传统，在陆军的基础上创建空军，年轻的飞行员，新中国的儿女，驾驭人间雄风，气吞万里，与强大的美军长空比翼，一较高下，令美国空军空中折翅，忍辱含羞。雏凤一鸣，世界震惊！空中霸王，俯首称雌，赫赫王牌，命归太虚。国土防空，巧妙设伏，盘马弯弓射天狼。天幕之上，好戏连台，弹道无痕，英雄留名；李汉、王海，不甘人下，张积慧、刘玉堤，壮志凌空，赵宝桐、韩德彩，气贯长虹，蒋道平、岳振华，追星伴月……人民空军，捷报飞传，天兵天将，群星灿烂，此等人物，叱咤风云，皆出刘亚楼将军帐下！鹰击鹰扬，高呼长啸，燕来燕往，浅唱低吟。将军身边的工作人员，秘书和翻译，饱蘸真挚的感情，撰成此书。

将星刘亚楼，永远在祖国的蓝天闪烁。

刘　榅①

2015 年 6 月 8 日

① 北京航空联谊会原会长。

序 3

马鹏飞[①]同志的感言

中国财富出版社远见卓识，能在刘司令诞辰 105 周年，逝世 50 周年之际出版《空军司令刘亚楼》，我衷心感谢。这部书是我读过的一部好书。

在认真学习党的十八大文件，深刻理解习近平总书记治国理政方略时，重读此书，很有帮助，深受教育。

这里有对共产主义信仰的忠贞不渝。排除千难万险，百折不挠，不怕流血牺牲，前仆后继。

这里有对中国共产党的绝对忠诚，全心全意为人民服务，心系群众，与人民风雨同舟，患难与共。

这里有不辱使命的担当。面对大是大非敢亮剑，遇到复杂矛盾不躲藏，铁肩担道义。

这里有守纪律，讲规矩，顾大局，作表率，一身正气，两袖清风。

这里没有“身在曹营心在汉”，没有两面派；没有当面说一套，背后另

① 马鹏飞是刘司令员的秘书。现年已近九十岁高龄，得知此书，异常高兴，即兴书就此文。

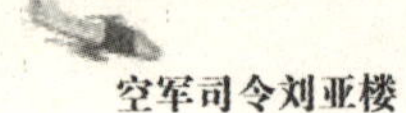

一套；没有花天酒地，腐败成性。

这里唯有艰苦奋斗，鞠躬尽瘁为人民，直至生命的最后一刻。

向良师、首长刘亚楼司令员学习致敬！

马鹏飞

2015 年 6 月 2 日于北京

目　录

一、文武双全的“武北汉子”

2003年深秋，我们为了撰写本书专程赴闽，去刘司令员家乡福建省武平县湘店乡采访。在当地领导帮助下，访问了当年的老红军，进行调研，并召开座谈会，请他们回忆刘亚楼青少年时代的逸闻趣事。他们非常热情认真，给我们提供了不少鲜为人知的宝贵素材。

刘亚楼青年时期，参加了当地农民武装组织铁血团，后编入闽西红军游击队武北四支队。在敌强我弱、土匪横行、险象环生的环境中，铁血团得以发展壮大，一方面与红军主力入闽声势浩大有关，另一方面亦与铁血团自身超凡的战斗力关系密切，而智勇双全、英勇善战的青年刘亚楼正是这支地方红色武装的杰出代表。

这里有几则资料可供参考：（一）据湘店80岁的老红军战士梁凤鸣回忆：刘亚楼在崇德小学任教期间，在“一日两操”活动时，常在单杠、秋千上上下翻飞，技艺娴熟，众不能及。又常往汀江“搜鱼子”，刘亚楼水性极好，每次下水手中两条，口中一条，从不空回。（二）据83岁老红军战士梁福生回忆：刘振东（刘亚楼原名）飞跑可追及尾巴燃鞭炮的大黄狗，身手靓。在文昌栈搞地下工作期间，他常往长汀、上杭察探敌情，张贴标语，护送过往同志。他枪法奇准，双枪可打飞鸟。（三）关于刘亚楼文才方面，迄今在武北山区还流传着他编写的歌谣“天落雨，路泥泞，脚穿木拖手提灯，夜来无事上学去，学习写字打算盘，专心一致不得闲。”在一次庙会上，刘克模出上联："到此来，静静心心请听一遍。"刘亚楼随口吟出下联"回家去，诚诚实实领会一切。"珠联璧合，语惊四座。

历史上，由于武北地区地势险要，山高林密，汀江河道，直达韩江，沟通闽粤各路，经常有土匪啸聚山林，打家劫舍，神出鬼没。据饶练《概述武平剿匪反霸斗争》一文统计"至1950年年底，武平全县缴获（匪）各式机枪10余挺，驳壳枪356支，步枪3000余，子弹万余发"。

"出门不带刀，不如家里坐。"为保卫家乡，农民除结寨自卫外，一俟稻谷登场，木料下山，要购买枪械弹药，壮丁人人训练枪法。下田种地，一手铁锄，一手快枪，以防不测。由于长期磨砺，枪法出众、勇猛机警者比比皆是。这也是武平人以"蛮勇"著称客家地区的原因之一。因此，刘亚楼从小就会用枪，而且枪法奇准，号称"小小神枪手"。

客家人千里迁徙，历经艰难险阻，辗转定居于赣南、闽西、粤东等地，以其勤劳勇敢、冒险犯难、热情好客、尊师重教等著称于世。而尊师重教在武北地区尤为显著，土匪抢黑道也抢白道，独不抢教书先生。又由于山高皇帝远，武北民风粗犷，伪武平县势力始终不敢越当风岭雷池一步，武北不纳"皇粮国税"已成惯例。

武北人善饮，青壮男子家酿米酒"酿对烧"十碗八碗不醉，新郎拜访老丈人，不醉不归……民风粗犷豪放如此。那时，刘亚楼率部每打一胜仗，都聚众痛饮，一醉方休。

武北地区流传"上屋讲打，下屋讲写"，刘亚楼正是上屋人，其所率铁血团在刀山剑雨中威震汀南武北杭西，部分原因也是环境使然。

青年时期的刘亚楼正是文武双全、胆识过人、智勇超群、粗犷豪放的"武北汉子"。

二、战功卓著的一代“智将”

反“围剿”立奇功

1930 年秋，蒋介石调兵 10 万，自吉安、建宁一线分兵 8 路，由北而南，对红一方面军和中央革命根据地发动了第一次“围剿”。12 月 25 日，刘亚楼带领他任政委的红四军第 12 师第 35 团参加了苏区军民歼敌誓师大会。

第一次反围剿，首战告捷。刘亚楼率领的部队活捉敌围剿总指挥张辉瓒中将，迈开了“伟大的一步”，受到毛主席的表扬。

接着，刘亚楼又带领 35 团参加了追歼国民党军谭道源部的战斗，取得东韶歼敌第 50 师过半的胜利。

1931 年 2 月，蒋介石调集 20 万大军，以何应钦为总司令，对红一方面军和中央根据地发动了第二次大规模“围剿”。朱德、毛泽东分析了敌我军情，提出了“迫敌就我”“先弱后强”的反“围剿”作战方针。

这是一个大胆而持重的部署，是一场与国民党军比力量比意志的竞赛。刘亚楼率第 35 团隐蔽在东固山间的密林里，他要求指战员要做一只敛威屏息的猛虎，待冲锋号一响，跃出致敌于死命的一扑。5 月 13 日，国民党军第 28 师 4 个团和第 47 师王景德旅 3 个团，在由富田进犯东固途经九层岭、观

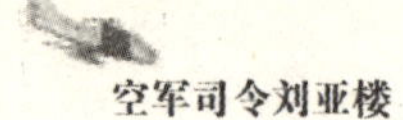

音崖时，闯进了红军的包围圈。5月16日清晨，红军预伏的三路大军发起攻势，将国民党军包围起来。

刘亚楼、毕占云带第35团参加了攻占九层岭的战斗。开始，敌居高临下，火力密集，第35团攻势受挫。接着，师部调集全师迫击炮压制敌军火力。炮击尚未完全停止，刘亚楼一跃而起，率领部队发起冲锋，抢时间跃过了开阔地，跳上峰顶，打开了正面破敌的通道，后续部队一拥而入，敌人溃不成军。公秉藩虽逃脱了性命，但该部1万余人被歼。红军挥戈向东横扫700里，半个月五战五捷，歼敌3万余人，痛快淋漓地打破了国民党军的第二次“围剿”。

1932年2月，刘亚楼任红四军第11师政委。随后，率部作为先头主攻部队参加了攻克漳州的战役。

1933年下半年开始的第五次反“围剿”，由于受到“左”倾冒险主义思想指挥的干扰，进行得尤为艰难和惨烈。10月，在大雄关战斗之后，刘亚楼接替在战斗中牺牲的胡阿林担任红二师政治委员，师长为陈光。

1932年，22岁的刘亚楼当上了红军师政委

1934年10月，军团长林彪带警卫员来到红二师指挥所。当时，红二师正在高兴圩一带顽强地抗击国民党军。林彪传达了中央军委的命令，要陈光和刘亚楼迅速把红二师部队收拢起来，把阵地交给江西军区红24师，于次日向兴国东南之竹坝、黄门一带秘密集结。在于都的穿心店地区，刘亚楼和陈光领导红二师进行了兵员、干部和弹药的补充。

10月16日下午，刘亚楼和陈光带红二师告别了根据地的乡亲，跨过于都河，踏上了西进的征程。

1937 年 4 月，红大一期一科在延安合影（前排左二刘亚楼、左四朱德、后排左四林彪、左七罗荣桓）

长征中的开路先锋

刘亚楼、陈光率领的红二师是举世闻名的两万五千里长征的开路前锋。

红一方面军主力一、三、五、八、九军团和中共中央、中央军委、中华苏维埃临时中央政府机关共约 8.6 万人，于 1934 午 10 月 10 日，陆续集中于江西南部的瑞金、于都和福建西部的长汀、宁化，并从这里突围进行战略大转移，开始了威震中外的两万五千里长征。

蒋介石派 50 万大军，从中央苏区的外围逐步向苏区腹地推进，向苏区的“心脏”进攻。对于红军突围的行动路线和转移方向，蒋介石无法断定，因此，他设置了重重封锁线，围追堵截。

中央意识到，要突破敌人的封锁，关键是要和敌人争速度，抢时间。此次转移之前，10 月 11 日，军团司令部作战参谋送来了军团首长给二师师长和政委陈光、刘亚楼的绝密信，信中传达了红一方面军撤出中央革命根据地的命令及行军路线：一军团先行，红一师为军团右前锋，红二师为军团左前锋。

10 月 16 日，红二师作为一军团的左前锋首先踏上了征程，为了躲避敌军飞机的侦察和轰炸，从离开于都河后，一连数天，红二师部队都是昼宿夜行。

上半夜行军，指战员们精力充沛、劲头大，队伍静悄悄地行进在山间小路上。夜幕漆黑，午夜过后不时袭来的困倦，慢慢增加了行军的难度，特别是遇到隘口、小桥时，行军往往受阻，走走停停。刘亚楼望着夜幕中缓缓移动的队伍，急步赶上四团，轻声地问四团政委杨成武："有什么法子可以走得快一点呢?"

杨成武说："白天行军，路上看得清，脚步放得稳。可是夜间，漆黑一团，想快也快不了呀!"

刘亚楼说："可以照明嘛，现在仍在苏区，不会有什么麻烦。"

刘亚楼和杨成武边走边商量着照明的问题，不知不觉东方已透鱼肚白，远处，传来了报晓的鸡鸣，部队停止前进，又到宿营的时候了。

杨成武和团长耿飚发动四团的战士们就地取材，把干竹筒劈成几瓣再合起来，捆成一把，一个班一把，点起来既明亮又耐燃，还不怕风吹。还有就是松明灯，这在山区老乡常用。同时再把团部通信班、营部、连部仅有的三两盏马灯集中起来，在过山隘、桥梁时给部队照明。总之，五花八门，战士们能找到什么就用什么制成照明器材，越简便越好。

刘亚楼推广了四团的做法，全师解决了夜间摸黑行路难的问题。看着部队在夜行军中大大加快了前进的速度，刘亚楼心中得到了一丝宽慰。

1934 年 10 月 21 日夜间，行进在崇山峻岭中的红二师接到军团作战参谋传达的通知：接近敌区，注意敌情！刘亚楼为之一振，对身边的参谋人员说："通知各团和师直属队，熄灭火把，不准大声说话!"

军团长林彪骑马来到了红二师，对刘亚楼和陈光说："我们即将进入信丰地区，军委侦知，蒋介石调兵遣将，在安远与信丰一线，以五岭山作屏障，修筑了许多碉堡，布置起一条封锁线，企图阻止我军前进。你们的任务是：突破敌军封锁，为全军转移打开通道。"刘亚楼、陈光接受命令后，当即传令部队停止前进，原地待命。

刘亚楼和陈光商议：“信丰一战，是走出根据地的第一仗，一定要打得漂亮!”两人边走边说，来到四团休息的驻地。

耿飚团长、杨成武政委迎了上来，抢着问：“部队有什么行动?”

陈光把前面的敌情作了说明，要四团打先锋，突破敌军封锁线。

耿飚、杨成武都很兴奋。刘亚楼说：“先派人侦察敌情，再向部队做好动员。信丰一战，是我们走出根据地后首次和敌军作战，一定要打得漂亮，以战斗的胜利，鼓舞部队的士气!”

鉴于敌军碉堡沿公路修筑，点密线长，刘亚楼、陈光又决定，四团、六团同时出击，五团作预备队。

二师的指战员们，连续行军几天，正愁见不到敌人，听到有仗可打，士气高昂。战斗打响后，红六团袭击金鸡一带敌军碉堡，旗开得胜。红四团在古陂一带对付敌军一个营，缴获颇丰。信丰一仗，打了一天一夜，敌军全线溃退，蒋介石吹嘘的“铜墙铁壁堡垒线”被红军突破了。虽然战斗规模不大，可这是长征以来敌我双方的第一次对阵。这一仗打得这么利索，速度之快也让国民党震惊。

突破了敌军的第一道封锁线，红二师经信丰、过章水，日夜兼程，于10月30日进抵湘粤边境，在湘粤边境的汝城与城口之间，遇到了蒋介石指挥湘粤国民党军布置的第二道封锁线。

11月2日，刘亚楼带红六团进抵城口。城口紧临锦水，河边有一座木桥，敌军在桥上设有岗哨，荷枪实弹的哨兵三三两两地在桥头走来走去。

红六团团长朱水秋、代政委王集成命令一营强行通过木桥，为部队破城开辟通道。

当晚，天空挂着一轮弯月，一营在临近木桥时，被桥头的敌军发觉。一营长机智地佯称“是自己人”，一面继续前进，一面分兵涉水包抄。红军指战员临近桥头，迅速发起进攻，控制了桥头阵地。二营也迂回过河，一举消灭了对岸桥上守敌。红六团踏着夜色，进至城口城下。接着，刘亚楼、陈光指挥红二师部队以摧枯拉朽之势攻取了城口，突破了敌军的第二道封锁线。

当晚，刘亚楼、陈光参加了军团首长召集的师以上主要领导干部会议。会上，军团政委聂荣臻说：“这次转移，军委十分强调保密。当前虽未跳出敌军重围，但已连过两道封锁线。现在可以告诉大家，我们要打到湘西去，同二、六军团会合，在那里创造和发展新的革命根据地……”这是自转移以来刘亚楼第一次听到上级关于转移目标的解释，他觉得这兴许是一着好棋。

刘亚楼和陈光命令红四团昼夜兼程，不惜一切代价，抢占九峰山，五团、六团向九峰山南侧的茶岭进发。

11月6日，天降暴雨。杨成武、耿飚率红四团乘暗夜、冒暴雨奔袭九峰山。战士们不顾道路泥泞带来的行军困难，一鼓作气，占领了九峰山。由于红四团赶在敌军之前控制了九峰山，抢占了有利地形，因此，第二天，红四团在九峰山与敌军的激战中，打退了敌人多次进攻，完成了掩护中央纵队和九军团等后续部队从九峰山以北安全通过的任务，红军顺利地通过粤汉铁路，突破了敌军的第三道封锁线。

红二师继续向西挺进，途中接到了由林彪军团长、聂荣臻政委签署的敌情通报及限明日相机占领道州县城的作战命令。

刘亚楼手持作战命令，明白了红军面临的处境和先锋师肩负担子的沉重。

从地图上可以看到：道州距此地50多千米，它控制着山口，是通往湘江的咽喉要地。明天赶不到道州，敌军若先期占领，后果将不堪设想。

刘亚楼下达命令：“迅速集合队伍，马上出发！”

时间非常紧迫，红二师以四团、五团、六团的行军序列，迅速上路了。

根据对道州敌情的掌握，城内只有敌军一个连和一些民团，无扼守准备，在得知红军进抵的消息后，估计拂晓前会向蒋家岭方向逃窜。

刘亚楼与陈光商议说：“这次夺取道州的关键，在于渡过潇水河，而渡河的速度，取决于架桥的速度，你在师部指挥，我去前边看看。”说罢，走出了师指挥所。

在一片山林里，四团的队伍集合好了，一支夺船的队伍也组成了。看着这些虎虎生威的战士，刘亚楼心里十分高兴，他和杨成武、耿飚又研究了泗水夺船的时机和加强掩护等问题，并于深夜成功组织了夺船。

天蒙蒙亮，附近的船工和群众都来帮助红军撑船和架桥。很快，一座三四米宽的浮桥架好了，突击部队过河后，红四团迅速从东、北两门冲进城去，占领了天主教堂。这时，师指挥所里传来五团由潇水河上游过河、进入道州城的消息，六团也在道州城南的葫芦岩、莲花塘等处架起了浮桥，掩护中央、军委纵队渡河。

11 月中旬，蒋介石又调集了近 40 万敌军，分 5 路追剿红军。突破乌江，冲出重围，事关红军的生死存亡！军团首长命令红二师立即出发，渡过湘江，控制湘江两岸局势，保障全军渡江；一师接管道州，控制潇水西岸，以待五军团接防，保障中央纵队过河。

刘亚楼、陈光接受任务后，立即召集各团团长、政委会议。刘亚楼要求各部队发扬红二师英勇果敢的战斗作风，在湘江战斗中，为掩护中央和军委渡江作出贡献！

连日来，红二师对敌阻击战越来越激烈，前沿阵地相继失守。红四团边打边退，沿着与湘江平行的湘桂公路向南转移。政委杨成武身先士卒，亲自于公路右侧指挥二营的战斗，后发现公路左侧一营的火力渐渐不支，与敌军打起了交手仗，便组织二营火力支持一营。杨成武在冲越公路时，被敌人的枪弹击中右腿膝下，身负重伤。

红二师无愧于英雄部队的称号，顽强地阻击住了三面之敌的疯狂进攻。为避免被敌军包围，刘亚楼和陈光指挥部队退往珠米铺、白砂，与驻守水头、夏壁田的红一师构成第二道阻击线。

正当刘亚楼思索眼前的处境并和参谋人员研究第二天的战斗时，军团政

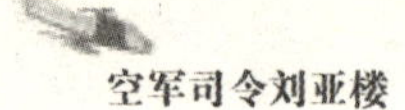

委聂荣臻来到了二师指挥所。聂政委递过一张电文记录纸给刘亚楼说："军委命令我们无论如何要阻止敌军，坚守阵地。"

刘亚楼看到电文上写着：

一日战斗，关系我野战军全部。西进胜利，可开辟今后的发展前途，迟则我野战军被层层切断。我一、三军团首长及其政治部，应连夜派遣政工人员，分别到各连队去进行战斗鼓动，要动员全体指战员认识今日作战的意义……

我们不为胜利者，即为战败者。胜负关全局。人人要奋起作战的最高勇气，不顾一切牺牲，克服疲惫现象，以坚决的突击，执行进攻与消灭敌人的任务，保证军委作战命令全部实现，攻克敌人占领的地方，消灭敌人进攻部队，开辟西进的道路，保证我野战军全部突过封锁线应是今日作战的基本口号，望高举着胜利的旗帜，向着火线上去。

刘亚楼捧着这张力透千钧的指令，深深感触到了我红军部队所面临的危急和任务的艰巨。时不我待，刘亚楼立即带政治部全体人员，深入到各团，组织政工人员和党团骨干，传达上级的命令，振奋精神，准备迎接重大的考验。这是红二师的一个不眠之夜，为了党中央的安全，为了红军的生存，指战员们都在为第二天的战斗进行着紧张的准备。

12 月 1 日，战斗尤为激烈。这天凌晨，敌军在飞机的狂轰滥炸之后，开始向红军阵地进攻。刘亚楼、陈光指挥红二师全体指战员在"一切为了苏维埃新中国"的口号下，英勇投入了反击。敌众我寡，敌军十分嚣张，一批敌军被打退了，又一批敌军涌上来。有些阵地被敌军占领了，红二师将士们，端上了刺刀，在山坡上，在松林间，同敌军展开了肉搏。10 多里的战线上，炮声隆隆，杀声震天。

刘亚楼接到军团命令，一定要在本日 12 时之前，将敌军阻止在白砂河以北，使总部和红军顺利渡过湘江。他掏出怀表一看，时针指向 10 点整。

刘亚楼意识到，今后的两个小时将是紧张、激烈、艰难而又十分关键的两个小时。但毕竟有了时限，他和陈光商议，一定要动员部队不怕疲劳，连续作战，在最后两个小时中，坚决顶住敌军。这时，敌军在红一、二师的结合部突进了四五里地，并有向侧后移动的趋势。接着，又接到军团警卫排排长的报告，说军团指挥部吃紧。刘亚楼大吃一惊，顾不得询问详情，带人即向指挥部奔去。原来敌军一支小分队端着刺刀冲到了军团指挥部所在的山坡。聂荣臻政委一面组织人员抗击这股偷袭的敌军，一面命令警卫排排长下山通知刘亚楼。刘亚楼带人赶到，一股猛冲，将偷袭的敌军压了下去。

聂政委对刘亚楼说：“中央和军委纵队已经过江，可以留少数部队监视敌军，主力部队向西转移。”

听到中央红军终于突破了蒋介石精心布置的第四道封锁线后，刘亚楼赶回师部指示红五团在白砂一带顶住敌军，亲率红四、六团撤出阵地，向西边山地转移。接近正午时分，红五团也赶上来了。红一师、二师交替掩护，边打边撤。

至此，红二师已出色地完成了先锋师阻击敌军、掩护主力部队过湘江的任务。经过连续作战，兵员受到了极大的损失，全师由7000余人减少到4000多人。但作为师政治委员的刘亚楼，知道作为长征部队先锋师所肩负的责任。他鼓励指战员说：“我们渡过了眼前的困境，前面就是一片光明！”

1936年，刘亚楼在延安与战友们合影，
（右四为刘亚楼）

1937年，在延安抗日军政大学留影
（后排右二为刘亚楼）

参与指导第88国际旅

（一）

由于敌我力量对比极端悬殊和日伪军反复军事“讨伐”，强行实施“集团部落”政策，自1939年以来，东北抗日游击战争进入了极其困难的时期，部队大量减员，给养、物资的筹集极端困难。东北抗联各军为了能在如此困难的环境中求得生存和发展，决定改变游击战略布局和活动方式。而要完成这一转变，首要的是要恢复与中共中央的联系和实现东北党组织的统一领导。

为了恢复与中共中央的联系，得到中共中央的指示，实现东北党组织的统一领导，中共吉东、北满省委重要负责人周保中、赵尚志、冯仲云等都先后过界赴苏，寻找中共驻共产国际远东联络站，再者期望通过苏联方面的渠道，转达东北党组织给中央的报告。但由于多种原因，都未能达到预期目的。

1939 年 9 月，中共北满省委常委冯仲云过界到达苏联伯力城（哈巴罗夫斯克），和苏联远东有关部门进行磋商，要求苏方协助召集北满、吉东党的扩大会议，以便决定吉东、北满党的统一合并，二、三路军的合并和统一。苏方接受了冯仲云的建议，表示将指定专人负责，在政治、组织、军事上对抗联部队给以最大的帮助，并决定派人送信给周保中，请他前来伯力参加会议。这时赵尚志也电商苏方，要求过界赴苏，苏方亦回电同意。1939 年 11 月 12 日周保中、赵尚志先后到达伯力。

1940 年 1 月 24 日，吉东、北满省委代表联席会议（第一次伯力会议）在苏联伯力召开。3 月 19 日，会议进入第二阶段，主要解决同苏联远东党和军队建立临时指导关系的问题。中方周保中、冯仲云、赵尚志参加，苏方参加会议的有联共远东边疆委员会书记伊万诺夫、远东军代理总司令那尔马西、远东军内务部长王新林以及伯力、双城子（伏罗希洛夫）驻军负责人等。经协商，双方确定在不干涉中国党内部事务的原则下，建立苏联边疆党组织与远东红军对抗联临时工作的指导与援助关系，苏方指定王新林作为苏联边疆党和远东军的代表，直接同东北党组织和抗联建立固定联系。

1941 年冬，抗联三个路军的主力部队陆续撤入苏联境内进行野营整训。由于“伯力会议”之后抗联与苏联远东党和军队达成了相互支援、互相合作的协议，因此苏方对于转移到苏境的抗联部队提供了多方面的便利条件。越境部队在双城子和伯力附近建立了南、北两个野营（当时亦称为“东北抗日联军临时驻屯所”或“训练处”）。

1942 年 8 月 1 日，东北抗日联军教导旅正式宣告成立。教导旅旅长为周保中，政治副旅长为李兆麟，副参谋长为崔石泉。旅以下编四个教导营，两个直属教导连（无线电、迫击炮）。1944 年又增设自动枪教导连。

教导旅按苏军步兵装备，服装等均按苏军陆军官兵供应标准供应，抗联人员正排以上干部授予军官衔，薪金待遇与苏籍同级军官相同。

抗联教导旅在名义上暂由苏联远东红军总部代管，接受了“苏联远东红旗军独立第八十八步兵旅”的正式番号（对外番号是“8416步兵特别旅”，又因其由中、朝、苏三国人员组成，故又称“国际旅”），但是在内部仍然保持抗联的独立性，保持抗联单独组织系统，执行抗联独立的政治军事任务，派遣小部队返回东北进行抗日游击活动等。

（二）

教导旅又是一所培养军事政治干部的学校，为将来抗联队伍的扩大准备骨干力量。东北抗联教导旅在完成上述使命的过程中，得到了苏联远东军的指导和帮助。该旅组建后，周保中、李兆麟等领导同志曾给中共中央写信汇报部队的情况，并提出派干部指导工作的请求。刘亚楼等到伯力不久，便受命参加对该工作的指导。卢冬生任旅党委副书记，刘亚楼因在延安抗大担任过教育长故分管教导旅的军政训练。为使训练工作收到实效，刘亚楼调查了教导旅人员的现实水平，迅速拟订了教育计划。为规范训练内容，亲自动手把马克思主义的基本原理、苏联对德斗争的原则和策略等俄文材料译成中文，并先后参加编写了《中共党史》《红军长征》等教材。为使训练落到实处，刘亚楼指导该旅严格按计划内容和训练程序施训，并利用夏、冬时节，给抗联教导旅的干部和“小教员”上预备课，既提高了干部的军政素质，又保证了部队的训练质量。

刘亚楼1938年赴苏学习，在伏龙芝军事学院深造

当时在教导旅政治部工作的陈雷（曾任黑龙江省省长），在他编写的回忆录《征途岁月》中，曾追忆了这段历史。

刘亚楼每天把苏联的《真理报》《消息报》《红星报》三大报上有关战争的消息、文章集中翻译过来，加以编纂。然后向各连营的政治教员讲解，再由这些政治教员去向战士们讲授。人们称冯仲云是我们政治教育的“大老师”。另一位“大老师”是刘亚楼（当时名叫王松）……第三位“大老师”是一位苏籍四川人，苏联名叫利别申斯基。三位“大老师”每周轮流到八十八旅讲课。教材都是由他们编写的。

伊万诺夫是俄老战士协会主席，俄中友好协会第一副主席，他曾参加远东第88国际旅，亲自聆听过刘亚楼讲课

1942年9月13日，教导旅召开全体党员大会，正式取消中央满洲省委东北党组织三个省委的建制，统一建立了“独立步兵旅中共东北党组织特别支部”（亦称中共东北党委会），书记崔石泉，副书记金日成、金京石。

抗联指战员常年在东北战场上与日伪军苦斗，难得有学习和训练的时间，因此他们都十分珍惜在野营和教导旅的整训。

抗联部队的整训，首先是营建劳动。他们开荒种地，建造营房，采石铺路，并制造桌凳等各种用具。在不到半年的时间里，就开荒百余亩，建起三座营房以及其他设施，基本满足了官兵们学习、生活、训练的需要。

在营建期间及之后，他们除了劳动以外，还抽出部分时间进行军事训练和政治文化学习。通过学习，使教导旅指战员不仅了解到抗日战争的形势，增强了抗战胜利的信心，而且也提高了思想理论水平，改进了作风，增强了团结。

抗联部队人员虽身居异国他乡，但他们的心却始终向往着延安，怀念着祖国，怀念着党中央和党的领袖。每个连队的俱乐部里都挂有毛泽东、朱德、周恩来的画像，表达着抗联指战员对祖国、对党的深切怀念。

为了肩负起未来的光荣使命，教导旅对于军事训练十分重视。教导旅的军事课程由苏军军官担任教官。教导旅要求官兵刻苦训练，练就高超的射击技术，达到百发百中，还练习跳伞空降技术等。此外，教导旅对于侦察勤务、步哨勤务、传达勤务，游击队的战术、战略和战法问题以及对正规军作战的关系问题、军队的一般管理问题等方面的学习和训练，都提出了严格的要求。还抽调了二十余人组成无线电报务训练班，专门学习无线电收发报技术，培养了一批水平较高的收发报人员。

为了适应迅速发展的世界反法西斯战争形势，东北党委和教导旅积极准备参加全国抗战总反攻的伟大战斗。

（三）

1945 年 7 月末，中共东北委员会召开会议，根据新的形势和任务，决定对东北党委会进行改组：将东北党委会原有人员分为两部分，一部分准备随同苏联红军反攻中国东北，另一部分则准备返回朝鲜作战。反攻东北的部分组成新的东北党委会（辽吉黑临时党委会），由旅长周保中兼任书记，委员有冯仲云、李兆麟等 13 人。

根据雅尔塔协定，苏联政府于 1945 年 8 月 8 日对日宣战，8 月 9 日，苏联向侵占中国东北的日本关东军发起了全线进攻。

1945 年 7 月，为配合苏联红军对日作战，抗联教导旅返回东北。刘亚楼参与了该旅回国作战行动计划的制订。

苏联出兵以后，经与苏联远东方面军协商，双方根据日本帝国主义投降后可能出现的情况，共同商定抗联部队的任务如下：随同苏军反攻东北后，迅速抢占战略要点，接收东北；抗联干部在各战略要点的负责人分别担任该地苏联红军卫戍司令部副司令，协助苏军占领和管理新解放的城市，肃清敌伪残余分子和其他反革命分子，维持革命秩序；利用既是抗联人员，又是苏军人员这一有利地位，建立各地党组织，发动群众，建立人民武装。

8 月 10 日，抗联教导旅在驻地召开了反攻东北、配合苏军消灭日本关东军动员大会。周保中在会上作了动员报告，号召全体指战员为消灭日本侵略者，争取中国人民抗日战争的最后胜利而英勇战斗。

在苏联红军势如破竹的强大攻势下，日本关东军迅速土崩瓦解。为了迅速及时地接收东北，抗联教导旅部队于 1945 年 9 月初分四批先后到达东北各地。四批人员共分布在 57 个战略要点。

到达各点的抗联部队迅速投入了从日伪手中接收东北的紧张工作。他们首先接收了军政、宣传、警务、通讯等要害部门，协助苏军在这些地区建立起警备（卫戍）司令部，随后便开始进行建党、建军、建政工作，为建立东北根据地做准备。在建党方面，先后建立了中共松江地委以及哈尔滨市委等地方党委。同时，他们还积极寻找、联络原抗联和党的地下组织隐蔽下来的同志以及从关内派遣来的中共地下党员，与他们结合在一起，形成各个战略点的核心力量。在军队建设上，他们以抗联部队为基础大力发展人民武装，取得了很大成绩。鉴于日本帝国主义已经投降，人民军队的任务已不再是抗日，而是保卫抗日战争的胜利果实，同国民党反动派作斗争，遂决定将东北抗联更名为“东北人民自卫军”，中共中央东北局任命周保中为东北人民自卫军总司令。自卫军在各大战略要点建立了各地区的“人民自卫军司令部”。到 1945 年 10 月，东北人民自卫军编队人数达四万余人。在建立政权方面，由于受当时苏联政府与国民党政府签订的《中苏友好同盟条约》的影响，我党不便公开建立人民政权，于是便把各种群众组织统一改为“东北民主大同盟”，其主要成员是返回东北的抗联干部、失散的抗联战士和地下党员以及关内党组织派来的地下工作人员。民主大同盟的主要活动是发展人民武装，处理民事纠纷，与伪地方维持会进行斗争。民主大同盟为以后建立人民政权打下了一定的基础。

东北抗联随同苏军反攻东北后，一方面积极开展工作，另一方面想方设法与中共中央接上关系。1945 年 9 月 8 日，周保中率队到达长春。9 月 18 日，以彭真为首的中共中央东北局在沈阳开始办公。10 月，周保中和崔石泉向中共中央东北局移交了中共东北党委会的全部组织关系、党费、档案，详细汇报了东北党组织和抗日联军 14 年来的斗争和工作。此后，东北抗联与八路军、新四军一起，投入到中国人民伟大的解放战争，并最后迎来新中国的诞生。

随苏军进军我国东北

这是一段鲜为人知、刘亚楼险遭杀身之祸的经历。

1945 年 8 月 8 日，苏联对日正式宣战。苏军兵分三路向日本关东军盘踞的中国东北推进。刘亚楼当时在远东第二方面军下属司令部担任作战参谋，化名为王松。该方面军司令员是梅列茨柯夫元帅，从哈巴罗夫斯克（即伯力）向虎林、佳木斯方向进军。在进军过程中，由于形势发展迅猛，发生了一起苏空军误炸自己先头部队的惨烈事故。这件事是刘亚楼将军亲自讲给我的，令我刻骨铭心，终生难忘。

1945 年 8 月 9 日零时，苏联百万红军以迅雷不及掩耳之势，越过中苏边界进入中国东北，对盘踞在东北的日本关东军发起了全线进攻。一支经虎林入境的苏联红军——远东第 2 方面军在虎林建立的指挥所里，有一位身着苏军制服、佩戴少校军衔，却长着一副中国汉族人面孔的人——他就是刘亚楼。

一阵急促的电话铃声打断了他的沉思，电话听筒里传来了司令部参谋长维曼诺夫少将缓慢而清晰的声音：空军部队轰炸佳木斯外围日军控制的“407 高地”的时间定为早晨 6 时 50 分，地面部队据此相机进入，正式命令随即送到作战值班室，依命令通知有关部队。

放下电话没有多久，作战命令送到了。刘亚楼看看表，时针指向凌晨两点。他拿起电话，要通了空军及地面有关部队司令部，传达了命令的内容并记录下了接听电话的值班参谋的姓名和时间。

7 点钟，刘亚楼下班了。回到住处不大一会儿，几名苏军士兵突然闯进来，将他扭送到禁闭室关押起来。他问：“这是为什么?”军务参谋马卡维奇上尉说：“你贻误军令，造成重大损失，听候处理吧!”

“我贻误军令?”刘亚楼十分惊异，也十分清醒。在苏军生活这么些年，他深知下级对上级只能服从，上级认准了的东西，是不容你解释的。再说军务人员也是执行命令。他问：“怎么处理?”马卡维奇说：“如果情况属实，一定执行战场纪律，就地枪毙!”“枪毙?”刘亚楼一屁股坐在了地板上：“怎么会有这等差错，怎么会造成这么大的误解?”刘亚楼历来做事雷厉风行，一丝不苟，办事认真负责，绝对不可能贻误军令。

原来，进攻佳木斯外围据点的地面部队进展顺利，先头分队于 6 时 40 分便占领了“407 高地”。空军第 9 集团军的 TY－2 轰炸机群 6 时 50 分准确地将一批炸弹倾泻在该高地上。前线指挥员目睹了这支先头分队在自己飞机的轰炸下血肉横飞、惨不忍睹的情景，并把它报告了纵队指挥官。纵队指挥官却下达了“关押有关值班人员，听候审查处理”的命令。

刘亚楼心中非常难过：在苏联熬过了 8 个年头，而今回到祖国，正要为党和人民效力之际，却要死于不白之冤。他思前想后，横下一条心，在气象预报图纸的背面给中共中央和毛主席写了一封长信，把自己在苏联将近 8 年的体会、见闻和经验教训写了出来，作为上断头台之前对党的一份交代。末尾，工工整整地写上：忠于党的刘亚楼。他请马卡维奇在自己死后交给中共党的组织并请他们转呈党中央。

后来苏军经过核实，在值班员记录上确实找到了刘亚楼准确及时传达命令的内容和时间。事实证明，他并没有差错，没有责任。刘亚楼无罪释放，恢复原职。

这场险遭杀身之祸的虚惊，使刘亚楼将军终生难忘。他在看守所里写给党中央和毛主席的万言书已成为珍贵的历史文献。

渴望投身解放战场

1945 年，苏军进驻大连后，刘亚楼被留在大连警备司令部供职，实际上是担任苏方联系中方的联络官。

由于旅顺、大连的特殊地位，两市在苏军管辖之内，国民党军和我军本来都不能进入，但我党在苏军的默许下，还是派进去了一些干部。

一天，旅大市委负责人韩光到苏军司令部联系工作，旅大苏军驻军司令雅曼诺夫少将对他说："我这里还有你们的一位同志。"

"是吗，那太好了！"旅大市委和市政府刚成立，我党如何在由苏军控制的旅大地区开展工作，协调与苏军的关系，还真是个新课题。有我们的同志在苏军，那真是意想不到的好事。韩光高兴之余，忙问："雅曼诺夫同志，我们这位同志叫什么名字？"

"噢，叫王松，是少校。你认识吗？"

"王松少校？"韩光皱起了眉头。"你们中国有句俗语，'一回生，二回熟'，我来介绍你们认识吧。"

刘亚楼穿一身苏军军服，来到司令部，韩光见他看上去也就是 30 多岁，中等个头，浓眉下那双炯炯有神的眼睛格外引人注目。

“王松同志，这位是韩光同志，贵党旅大市委负责人。”雅曼诺夫少将介绍道。

“你好，韩光同志！”刘亚楼紧握着韩光的手，忽然，他好像想起什么，说：“咦，你这名字似曾听过。”

韩光觉得奇怪。刘亚楼想了想，问“韩光同志，你在迪化（即今日的乌鲁木齐）工作过吗？”

韩光诧异地点了点头，他曾在中央驻新疆办事处工作，办事处设在迪化。

“我可能听邓发同志说过你。”刘亚楼又加一句。

邓发当时是中央驻新疆代表，韩光正是在他的领导下，以公开身份——新疆督办公署上校副官工作的。见刘亚楼说得条条是道，他越发诧异，试探地问：“请问，王松同志，你是怎么知道的？”“1938 年我受党中央委派，经新疆到苏联，在迪化住了几天，虽没见过你，但听办事处的同志说过你。”

“王松同志，请问你祖籍何地？”

“福建。”

“王松是你的化名？”韩光越发兴奋起来。

刘亚楼点了点头。

“王松同志，恕我冒昧，如果我没猜错的话，你就是刘亚楼同志吧。”韩光激动地握紧刘亚楼的手。

“你怎么猜的？”这下，轮到刘亚楼诧异了。

“那年你们去新疆时，我刚好去延安送药品、皮衣等物资。回来后，过往办事处的东北抗联同志告诉我，说前几天来过一个延安的红军干部，很能打仗，名字叫‘六万六’。我听了很纳闷，怎么叫‘六万六’，就去问邓发同志，邓发同志笑着说：他不叫‘六万六’，叫刘亚楼，因他是福建人，东北同志听不准南方口音，就把刘亚楼听成了‘六万六’。我听了哈哈大笑起

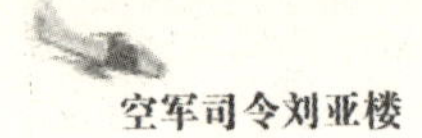

来，从此，你刘亚楼——‘六万六’的名字就深深地印在我脑海里了。”

刘亚楼听了，毫无拘束地大笑起来，说：“咱们过去虽未见过面，但却是老相知了。我在苏联伯力也接触过东北抗联的同志，他们是忠于祖国的好同志。听说抗联转移苏联境内时，还留下一部分小分队继续活动，他们的情况如何？”

“大多数同志都牺牲了……”韩光列举了杨靖宇、李红光、赵尚志等人。

“他们是一群忠于祖国的好同志……”刘亚楼的惋惜之情溢于言表。

韩光也一阵唏嘘，忽然指着刘亚楼的肩章说：“他们怎么授你个少校军衔？”

刘亚楼笑了，见苏方人员都在一旁忙着，便低声说：“苏军要我加入苏联国籍，我没同意，惹得他们不高兴了……这还是他们为安慰我的情绪授的。反正我不在乎，我想离开这里。”

刘亚楼想了想，慎重地说：“韩光同志，我请求你帮我和中央联系，告诉中央，我迫切希望投身祖国的解放战场，为党和人民贡献力量。”

“好，我一定把你的情况和要求先向东北局汇报。”

罗荣桓力荐“难得的将才”

人们在提到刘亚楼的时候，不由会发出这样的疑问：1945 年刘亚楼随苏军回到中国东北后，是经过谁推荐，又是怎样由苏军中的“王松少校”，一跃而成为东总参谋长的？为什么说这是顺理成章呢！韩光在他的回忆录中回答了这个问题。

记得，在大连刘亚楼与韩光联系上以后，殷切期盼早日见到东北驻军首长。1946 年 2 月的一天，韩光找到刘亚楼，对他说“告诉你一个好消息。”

“什么好消息，该不是又要我出面交涉什么吧?”刘亚楼开玩笑似的说。

韩光笑了笑，低声说：“罗荣桓同志来大连了。”

“他什么时候来的，现在住什么地方？快带我去见他。”刘亚楼因为高兴显得有些急切。

罗荣桓因肾病发作，转到大连暂时休养。他正躺在床上看书，忽然，警卫员领进来韩光和一位“苏军少校”。他见“苏军少校”黄皮肤、中等身材，以为是中亚细亚一带的人，连忙上前招呼。

“罗政委，你认不出我来了吧?!”刘亚楼脱下军帽，满面春风地说。

“刘亚楼!”罗荣桓把近视眼镜往鼻梁上推了推，辨认了约摸半分钟，忽然高兴地喊道：“好你个刘亚楼，我当是来了一位‘老大哥’呢！瞧你，洋面包一吃，精神多啦。”

“延安一别，整整8年啦!”刘亚楼紧握着罗荣桓的手说：“老首长，你得了什么病？要紧吗?”

“肾出了毛病，有啥要紧的，大不了去见马克思嘛!”罗荣桓笑道。

三人进入客厅坐下，喝着清茶，很快就把话题转到当前形势上来，罗荣桓说：“苏联是世界上第一个无产阶级专政国家，各国共产党人都把它当成社会主义国家。八路军、新四军一向把苏军当成‘老大哥’看待。可是这个‘老大哥’太不争气了！在东北胡作非为，纪律败坏，抢劫、强奸、酗酒、打人……太令人失望了。你在苏军这么多年，请你根据自己的理解谈谈为什么会发生这样的事?”

“希特勒法西斯入侵苏联后，到处奸淫烧杀，抓走许多苏联人到德国做工，实行奴隶劳动，引起苏联人的极端民族仇恨。后来苏军攻进德国，采取报复主义，官兵发洋财、奸淫妇女的行为很普遍。”刘亚楼说。

“这不是胡闹吗？两种性质不同的军队，怎么可以一样作为呢？不把德国法西斯和德国人民分开，谈共产主义，讲国际主义，都是空话!”

罗荣桓说完，韩光接过了话茬：“中国军队并没有打进苏联，也没有动过俄国女人，可是苏军在东北照样胡来，用报复主义是说不通的！只能说军纪败坏!”

刘亚楼点点头，继续说：“是军纪问题，前些日子苏军枪毙了一批人，是强奸犯和抢劫犯，看来是想整顿一下纪律。”

罗荣桓情绪有点激动：“苏军纪律松懈，我看和他们取消部队政治干部有很大关系。政治工作是革命军队的灵魂，不进行共产主义道德教育，那不跟资产阶级的军队一样吗?”

“对！苏联红军取消政治委员的时候我就想不通。”刘亚楼赞同道。

短时间沉默后，罗荣桓转换了一个话题：“蒋介石军队进入沈阳，正准备沿长春铁路线，向我军发动大规模进攻！目前部队的武器弹药、医药被服都很缺乏！日本关东军在旅顺和大连有不少仓库，存放有大量军火和物资，正是我们需要的，你这个苏军少校要起点作用，做做苏军工作，想办法多搞一些出来。”

“我已和苏联驻军司令谈过，他答应暗中帮助。”刘亚楼说。

“已经到手了一部分武器弹药。”韩光告诉罗荣桓。

“好啊，还要多做些工作，尽量多搞一些。”罗荣桓说着，忽然话锋一转，问刘亚楼，“这些年你在苏联，想必也不容易吧?”

面对自己的老首长，刘亚楼汇报了自己在苏联学习、作战和工作的情况，以及到大连后的主要情况，并郑重地提出了希望回到我军工作的要求。

罗荣桓点头说：“现在开辟东北的工作正需要各方面的人才，你既有国内革命战争的经验，又喝过‘洋墨水’，是个难得的将才，回到我军工作是很好的。”

刘亚楼大喜，得意地向韩光扮了个鬼脸，随后孩子似的跳起来，逗得他们哈哈大笑，小屋子一时充满了欢乐的气氛。

5月，经罗荣桓推荐，林彪同意，中共中央东北局报中央军委批准，刘亚楼被任命为东北民主联军参谋长。

参与指挥两大战役

1946年5月，刘亚楼从大连赶到哈尔滨就任东北民主联军参谋长。7月，任中共中央东北局委员。解放战争中三大著名战役，其中两大战役，辽沈战役和平津战役，刘亚楼不仅参与了指挥，而且发挥了无法替代的作用。

经过多方面的整军备战，民主联军总部决定主动出击，迫使国民党军两面作战。刘亚楼参与联军总部制定“坚持南满、巩固北满、南北配合、集中优势兵力、主动出击敌人”的作战方针。为贯彻这一方针，他协助林彪等总部首长部署和指挥了从1946年12月中旬发起的历时3个多月的三下江南和四保临江战役。

刘亚楼协助林彪、罗荣桓，部署、指挥了从1947年9月14日至11月5日的秋季攻势，从12月15日至翌年3月15日的冬季攻势，歼灭国民党军22万余人，迫使东北国民党军龟缩于长春、沈阳、锦州等几座孤城。

1946年，刘亚楼担任东北民主联军参谋长并兼任哈尔滨外国语专科学校校长

1948年1月1日，中央军委发布命令，东北民主联军改称东北人民解放军，并成立了东北军区。刘亚楼被任命为东北军区第一参谋长兼东北野战军参谋长。

6月4日，中共中央批准，刘亚楼任中共中央军事委员会东北分会委员。

此后，刘亚楼协助军区首长，指挥了著名的辽沈战役。

那几年，刘亚楼常在双城指挥所日夜坚守，指挥作战。也常身穿一件皮大衣，冒着漫天风雪视察部队。在战斗紧张激烈时，常常几天几夜不得休息，只能把电话机的话筒放在耳边，和衣打个瞌睡，醒来再接着干。不分白天黑夜，连续奋战。在“三下江南、四保临江”“夏季攻势”“冬季攻势”“包围长春”“攻打锦州”，切断国民党军队退路，关门打狗的过程中，他不知度过了多少个紧张不眠的夜晚，甚至没有时间洗脸、吃饭。一个战役结束，又马上协助野战军首长运筹谋划下一个战役。对敌步步紧逼，让他们没有时间喘息，他早已习惯了这种战斗生活。他常说：“唯有在紧张战斗的胜利里，才能体会到真正的快乐和休息。”

1948 年，在辽沈战役中研究作战方案（左起：罗荣桓政委，刘亚楼参谋长；右为林彪司令员）

1946 年，在东北局高级干部会议上（左起林彪、彭真、刘亚楼、谭政）

1948 年，组织指挥辽沈战役（左起：刘亚楼参谋长、林彪司令员、罗荣桓政委）

在战争进程中，一个指挥员会享受到胜利的喜悦，但也会体会到失去战友的绞心悲痛。在攻打锦州外围的战斗中，于义县附近，炮兵司令员朱瑞同志意外地牺牲了。噩耗传来，刘亚楼感到万分痛心，热泪不由得夺眶而出。他们是朝夕相处的亲密战友。刘亚楼很钦佩朱瑞同志的指挥才能，喜爱他那诙谐爽朗的性格。他们曾共同指挥过战斗，展望过胜利后的美好前景。万没想到，正在胜利进军中，朱瑞同志却离开了大家。朱瑞同志牺牲后，在一次讲话中，刘亚楼义愤地指出要为千千万万个牺牲的战友报仇，让他们听到我们胜利进军的脚步声，含笑于九泉。

1948 年 11 月 23 日，第四野战军百万大军没有来得及休整就火速进关，拉开了平津战役的序幕。

入关后，12 月 11 日，中共中央决定，由林彪、罗荣桓、刘亚楼、谭政统一指挥东北野战军和华北参战部队；同时成立人民解放军平津前线司令部。29 日，刘亚楼任天津前线指挥部总指挥。在杨柳青，刘亚楼组织起一个精干的指挥机构，并迅速地提出了摸清敌情、定下指挥决心的方案。

刘亚楼根据天津的地形和国民党军的守备情况，提出了“东西对进，拦腰斩断，先南后北，先分割后围歼，先吃肉后啃骨头”的作战方针，并下达了具体任务。

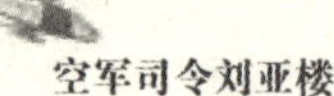

1949年1月14日，刘亚楼下达了总攻天津的命令。在人民解放军强大的炮火打击和指战员英勇的冲杀下，天津城防很快被突破。经29小时激战，全歼守敌13万，活捉敌首陈长捷。这是一场十分艰巨而又利索漂亮的攻坚战，使天津城回到了人民手中。

完成了解放天津的使命，刘亚楼赶回平津前线司令部。天津解放，北平陷入人民解放军百万大军的严密包围之中。1月22日，傅作义将军接受和平解决北平问题协议。31日，古老的北平宣告和平解放。此后，刘亚楼参与了对傅作义所属部队改编工作，部署了南下先遣部队出发前的准备工作和东北野战部队的整训。

刘亚楼与肖华（中）、张爱萍（右）合影

雨夜话天津战役

1961年，我和原《空军报》记者许钊群同志打算合写一部有关天津战役的电影文学剧本。刘司令员是天津战役的前线总指挥，当时正好在杭州主持空军条令教材的编写工作。我们通过秘书和司令员约一个时间，请他给我们详细介绍一些情况。

一个星期六的晚上，外边下着毛毛细雨。在晚七点多钟的时候，刘司令员把我们找去，兴致勃勃地给我们谈了天津战役。他首先对我们说：“听说你们想写天津战役，这很好！”他满意地笑着看着我们，接着说：“首先应该认识到，这是毛主席军事思想的光辉胜利，是个重大题材，值得热情歌颂，应该大书特书才是！”他在明亮的房间里踱来踱去，若有所思地凝望着窗外雨夜，深思着。我们的目光在追踪着他移动的身影。他回过头来，对我们说：“十二年了，真快呀！但是那次战役的情景我是永远不会忘记的，可以说历历在目。”接着他用那富于感染力的语言和动人的手势，绘声绘色地给我们讲了许多感人的故事。在我们眼前再现了十二年前硝烟弥漫的天津战场。

1949 年 1 月 14 日，天津前线总指挥刘亚楼下令向国民党陈长捷驻守天津部队发起总攻

他说：“我可以给你们介绍几个小插曲。有一件事，你们恐怕不会知道：我这个前线总指挥在发起总攻的头天夜里险些被陈长捷抓去当俘虏。”我们确实没有掌握这个情节，感到惊奇、费解。“我这个总指挥若是真被他们抓去，那真太有味道了，仗未打响，主帅被擒……”说到这里，他便爽朗地哈哈大笑起来。“记得那天深夜，我带了几个警卫员到准备作为突破口的和平门外视察地形，深入到真空地带，站在一个坟包上观察敌人情况。正在这时，敌人一个搜索队从暗夜里突然出现，他们用电筒四处无目的地照射着，灯光突然接触到我们的身上。因为距离较远模模糊糊看不清，但他们似乎察觉到有人，便问：‘什么人！……’我们见势不妙，立刻撤回，警卫员用驳壳枪回答了他们。”

“陈长捷，是国民党驻守天津的警备司令。他不像傅作义将军那样开明，他妄想凭他驻守天津的十三万军队负隅顽抗。他很不老实，直到我们发出最后通牒的前几天，他还在那里耍花招，想摸清我们的主突方向，了解我们前方指挥所所在地。为此，他以谈判为幌子派出一个工商联合代表团来摸底。我们早就掌握了他们的想法。记得，那天他们打着白旗先乘吉普车来到杨柳青，扬言要进一步谈判，双方再议条件。其实他们是死心塌地想拼到底了。我们将计就计，同他们演了一场‘斗智’的戏。他们到杨柳青以后，就到了我们的指挥所。当时我就在他们的隔壁，但并没有出来见他们。让他们先休息，有意叫一个联络参谋通知他们：‘刘总指挥正在路上，烦请各位稍等片刻。大约二十五分钟后才能赶到。’快到二十五分钟了，我才穿好衣服坐上一辆吉普车从后门出去，绕道从天津以北发电厂方向回来，而且有意叫他们看到，车轮上沾满泥巴，我也风尘仆仆。一进门就向他们道歉说：‘路太远，未能按时赶到。’后来查明，陈长捷确实听信了这个代表团摸到的‘材料’，误认为我主突方向在城北，调整了部署，这正中我们的下怀。当然陈长捷下决心调整部署不单单凭他们的分析判断。为了制造错觉，我们还采取了许多得力的措施，比如把重炮团调到城北进行佯攻，有意派我们的人去向陈长捷提供假情报，等等。但这次‘斗智’也确实起到了一定作用，起码进一步印证了我们上述的佯攻，使陈长捷产生了错觉。”

刘司令员在谈到天津战役时，一再强调“战士是真正的英雄。为了突破敌人制造的护城河天险，解决‘水障’难题，我们充分发动战士讨论渡河办法。真是人多智慧多，三个臭皮匠顶个诸葛亮啊！他们将长席捆起来当作舟桥工具，效果很好，解决了很大难题。”

刘司令员在谈到天津战役时，一再提到两个人。他说：“江拥辉是个英勇善战的师长，他就是担任主突师的师长，打得很漂亮。他是一个出色的指挥员。这个剧本应该以他为原型来写，集中写这个师。他这个部队有过硬的作风，很有战斗力，把任务交给他，能保证完成。你们一定要采访他。他现在是驻旅大三军军长。另外还有一个人，他是华北地下党的优秀代表，名叫乔新伯，听说在科学院工作。这次战役，华北地下党起了很大作用，在战役打响前夕，他通过天津地下党弄到了陈长捷的城防工事部署详图，使我们对敌人了如指掌，使陈长捷吹嘘的‘固若金汤’的城防成为我们囊中之物。摸清敌人的所有火力点和兵力配置情况，使我部队大大减少伤亡。我们应该感谢华北地下党的无名英雄！”

他谈到天津战役的作战方针时，提到了一个非常便于记忆的口诀：

东西对进，
拦腰斩断，
先南后北，
先分割后围歼，
先吃肉后啃骨头。

他说：“这就是当时制定的作战方针。它非常深入人心，每个战士都能背诵。整个战役从开始到结束只用 29 个小时。每步都是按这个方针打的。节节胜利，最后到金汤桥会师，把胜利的红旗插上金汤桥……

“当我们先头部队的战士攻占陈长捷指挥所，把乌黑冰冷的枪口对准陈长捷脑壳的时候，他还在电话上向‘傅座’求救呢。”

刘司令员的话像黄河之水，滔滔不绝，对我们启发很大。

三、神速创建人民空军的主帅

赴苏谈判组建人民空军

一封非同寻常的信

“我们必须准备攻台湾的条件，除陆军外，主要靠内应及空军。二者有一，即可成功。二者俱全，则把握更大。我空军要压倒敌人空军，短期内（例如一年）是不可能的，但似可考虑选派三四百人去远方（指苏联——引者注）**学习六个月至八个月，同时购买飞机一百架左右，连同现有的空军，组成一支攻击部队……”**

——摘自毛主席致周恩来同志的信

这封信写于1949年7月10日，这就是党中央毛主席正式决定建立空军的日子。

周恩来副主席根据毛主席的这一指导思想，立即行动起来。直接参加空军筹建工作的吕黎平同志，对苏联援华建立我军自己空军的历史记忆犹新。他在世时对整个谈判过程曾做了翔实、生动的描述。

历史的重托　千载难逢的机遇

1949 年 7 月初，吕黎平正在上海做接管华东航空处的准备工作，突然接到中央军委航空局的急电，要他立即回北平，和刘善本一道作为空军方面代表，随以萧华为团长的中国青年代表团赴布加勒斯特，出席世界青年联欢节。在出国人员短期集训时，周恩来副主席接见他们并讲了话。讲话时周副主席发现了他，会后，大声叫了一句："吕黎平同志!"吕吃了一惊。因为 15 年前在周副主席身边工作时不叫这个名字，1949 年 4 月 22 日在中南海接见并宴请他们时，吕才在匆忙中向他报告改了名字，而周副主席竟能过耳不忘，多么惊人的记忆力！他简要询问了吕在南京、上海等地接管国民党空军的工作情况，很亲切地说："我们很快就要建立自己的空军了，你要加倍努力啊!"当时，吕黎平还不知道党中央已做出建立空军的决定，不完全理解周副主席对他说这句话的深刻含意。

吕黎平几天后在航空局见到了第 4 野战军参谋长刘亚楼。刘亚楼对吕黎平说："正要找你，前些时军委召我来，周副主席同我谈话，中央指定我筹划组建空军，准备下月初去莫斯科，同苏方谈判请专家、买飞机以及请求他们帮助训练飞行员等问题。现在刘少奇同志率领的中央代表团正在苏联访问，就这个问题初步进行交涉，待得到苏方答复后我们就去那里进行具体谈判。你是东北航校的训练处长，调查过东北机场，又在天津、北平、南京、上海搞过航空接收工作，加上你是飞行干部，所以我认为王弼和你同我一道担负这项任务比较合适。此事已报中央军委定下来了，你不参加青年代表团的事，我同团中央和萧华商谈，你现在要做好两件事：

第一，把东北航校培训的空、地勤人员情况，机场、飞机、器材情况和已接收的国民党空军的人员、飞机情况，搞个详细调查统计；第二，怎么组建空军，你准备点意见，比如飞行员选调，如何速成训练，空地勤人员比例等，过后我们找个时间研究一下，以便为军委准备个方案，当好党中央的参谋。"

吕听后立即按照刘亚楼的指示去做准备。

刘亚楼与韩光（左）、肖华（右）合影

平津战役胜利后，由周总理推荐毛主席拍板决定，
任命刘亚楼为空军司令员

1949年，中央军委任命刘亚楼为空军司令员（右），肖华为空军政治委员（左）与罗荣桓同志（中）合影

中苏高层领导磋商、对话

1949年7月27日，刘少奇根据党中央26日电报精神，在莫斯科向斯大林、华西列夫斯基、布尔加宁等提出：为准备在一年左右建成中国空军战斗部队：

（1）拟向苏联订购雅克式战斗机100～200架、轰炸机40～80架，并配足各项备份器材及日式、德式重磅炸弹。

（2）拟请苏联航空学校在半年至一年内代我训练空军人员1700名，其中飞行人员1200名，机械人员500名。如便，拟请续办三年。如果同意，1700名学员拟于9月底集中，10月即可动身出国，一切费用由我们负担。

（3）拟请苏联派出高级空军顾问三至五人，于9月来华参加中国空军司令部及航空学校工作。

（4）若原则同意上述意见，拟派刘亚楼（将任空军司令）率小型代表团，于中共中央代表团离开莫斯科之前，来苏参加商谈这一计划，并组织1700名学员去苏联学习工作。

当日，刘少奇致电党中央："斯大林、华西列夫斯基、布尔加宁等对我方计划表示赞同，但说航空学校不必设在苏联，可考虑设在中国国内。”

构建空军框架

收到刘少奇的电报后，周恩来副主席通知刘亚楼、王弼、吕黎平以及翟云英（刘亚楼夫人）四人，于8月1日赴苏。

接到通知后，刘亚楼把王弼和吕黎平找来说：“在出发之前，要研究以下几个具体问题：国民党空军现在还有多少作战飞机？中央提出请苏联训练的空地勤人员比例是否合适？训练一名能作战的飞行员要飞多长时间？一个航校能训练多少人？需要开办几个航校？办在什么地方有利？吕黎平先谈谈意见，王弼作补充，我们拟出一个粗线条方案来供周副主席、朱总司令、毛主席参考。”于是吕黎平作了如下汇报：

（1）经过辽沈、平津、淮海三大战役和渡江作战以后，国民党空军有1/3到1/2受创，兵力由8万人减到4.5万人左右，现尚有P-51型战斗机150~200架、B-24和蚊式轰炸机40~50架。

（2）东北航校从1946年至今共训练飞行员60人、飞行学员50余人、机务人员100余人、领航员25人，其他保障人员近300人，缴获的日、美式各类飞机80架，可参战的约30架，其余能用于训练飞行。

（3）中央提出的请苏联训练飞行员1200名，机械人员500名的比例不切实际，应是飞行人员少，地勤人员多，比例1∶2较为合理。

（4）一名飞行员要飞150~200小时可达到作战水平，一个航校一期能训练60~80名飞行员。因此，除一个现有航校，还要组建5个新航校，速成训练时间十个月到一年，东北、华北地区机场多，交通方便，开办航校有利于速成训练。

（5）飞行人员应从陆军中选调政治条件好，具有高小、初中文化程度，年龄在二十岁左右的连排党员干部到航校学习飞行。王弼就航空理论教育、地勤人员选调条件及航校定点等问题作了补充。刘亚楼对吕黎平等人的意见基本表示赞同，在深入探讨以后，组建空军的初步方案基本形成。

行前受毛主席、朱老总接见

1949年7月30日，是吕黎平一生中最难忘的日子。当天下午四时，刘亚楼、王弼和他三人来到中南海。

朱德总司令首先接见他们，询问了他们的准备情况，扼要地介绍了当时全国的战场形势。在谈话中，康克清回来了。她听说他们准备去苏联商谈组建空军，高兴地说："多少年来就盼望有自己的飞机，建设一支强大的空军，希望你们早点把空军建设好啊！"当得知翟云英也要随同出国时，她特意找了毛主席、朱总司令的照片，要他们带给在莫斯科学习的女儿朱敏。

5点左右，他们来到周副主席办公室。周副主席太忙，没有要求他们详细汇报，只告诉他们："少奇同志尚在莫斯科等候你们，明天出发去哈尔滨，具体出国行程由那里的高岗安排。毛主席要亲自接见你们，同你们详细商谈，我就不多谈了。"

5点半，他们来到毛主席住宅，刘亚楼向毛主席介绍说，王弼是三十年代在苏联学过航空机械的工程师，吕黎平是我党选派的红军干部，是在新疆学会飞行的。毛主席听后，非常风趣地说："你（指刘亚楼）在苏联学过地面指挥，你们三个人既有地面指挥员，又有空军驾驶员，还有能设计、修理飞机的工程师，三位一体，难得呀！你们就是将来空军主要成分的缩影吧。"说完，便交代叶子龙通知炊事员准备四个人的便饭。

刘亚楼向毛主席作了约半小时汇报，毛主席一边吸烟，一边仔细在纸上记要点和主要数字。对一些技术性问题还要他们作了详细解释。毛主席认真听取汇报后问："噢！你们说中央电报提出的设想是飞行员太多了，地面机械人员太少了，飞机数量不够，不能夺取制空权，是不是这个意思？"

"是的！"刘亚楼回答。吕黎平又将苏联、美国空军的基本编制及构成情况，向毛主席作了简单汇报。毛主席说："你们谈的意见比较符合实际，就以你们的意见作为方案吧。我看可以归纳两个建军方针：

第一，建立一支强大的空军，歼灭残敌，巩固国防。

第二，我们经济仍很困难，苏联又不能无偿援助，因此买飞机、购器材、请专家，都要精打细算，现在是贷款建空军出钱买经验。组建空军是件大事。你们为中央出了好主意。希望你们努力工作，把空军建设好。至于空军领导机构的组建、飞行人员的选调等问题，我告诉恩来同志着手办理。”说到这，毛主席看已经七点多钟了，便笑着说：“刚才说了，请你们吃顿便饭表示饯行，走吧！”

在小餐厅里，毛主席拿起一瓶葡萄酒，给他们每人斟满一杯，高兴地说：“预祝你们顺利完成任务，为建立一支强大的空军——干杯！”

肩负重任　赴苏谈判

8月4日，刘亚楼一行四人到达哈尔滨。东北局书记、东北军区司令员兼政委高岗听取了刘亚楼汇报毛主席对建立空军的指示，表示拥护，并说在东北开办航校，条件比关内优越，东北局和东北军区一定大力支持。苏联专机一直在赤塔等候，专程送他们去莫斯科，要求他们尽快出发。

5日，他们乘高岗专列赴满洲里，在满洲里换乘苏联宽轨列车，到赤塔后，乘一架内部改装的美制C－47型飞机（联共中央政治局的专机），于11日到达莫斯科。

翌日上午，刘少奇和王稼祥在住处接见他们。刘亚楼汇报了临行前毛主席的指示和他们初步考虑的方案。刘少奇表示同意，并说：“我已同斯大林同志谈过了，具体计划由你们同苏联武装力量部部长华西列夫斯基元帅会谈商定。我尽快同华西列夫斯基元帅联系，约定会谈时间。原则商定以后，我要回国参加九月举行的全国政治协商会议和十月一日开国大典。”

8月13日，刘亚楼、王弼和吕黎平随刘少奇、王稼祥，由一名苏军少将陪同，来到苏联武装力量部办公大楼，华西列夫斯基元帅热情地接待了他们。

苏方参加会谈的还有空军总司令维尔希宁元帅，主管训练的空军上将副司令和中将空军训练部长。

“尊敬的刘少奇同志，现在开始会谈好吗?”双方就座后，华西列夫斯基很客气地说。“可以开始，元帅同志。”少奇同志答道。

“我们已得到斯大林大元帅的指示，由苏联援助中国建立空军。中国方面的设想和意见可以先谈谈。”

“我们党中央已经决定刘亚楼同志出任空军司令员，由他先谈谈吧。”

刘亚楼首先介绍了我们现有的飞行员、机务人员及其他地勤保障人员的数量和飞机数量，飞行员训练情况和技术情况等。还介绍了新掌握的国民党空军的主要情况。接着，详细谈了组建空军的设想和意见。最后他说：“无论从渡海作战、解放台湾的直接需要出发，还是从巩固国防战略考虑，中国都需要建立一支有战斗力的空军，希望苏联援助我们，在一年之内建立一支由 300 ~ 350 架飞机组成的空军战斗部队。这是我们组建空军的初步意见，请苏联同志帮助我们拟出一个开办航校、聘请专家、购买飞机和相应设备的具体方案来，以便共同商定。

维尔希宁元帅问：“你们要求组建由 300 ~ 350 架飞机构成的作战部队的根据是什么?歼击机、轰炸机比例如何?哪里机场最多、最便于飞行训练?”

吕黎平回答说.“我们渡海作战，解放台湾，空军的主要作战对象将是国民党空军的 200 ~ 250 架作战飞机。我们在数量、质量上均应占优势，故提出组建配备有 300 ~ 350 架飞机的空军战斗部队。歼、轰比例是否以 2∶1 较为合适。现在，哈尔滨、长春、沈阳、锦州、天津、北平、济南都有可用于训练的机场，各方面条件都比较好。”

刘少奇说：“方才刘、王、吕所谈意见，事先报告了毛泽东同志和党中央，因而也就是我们党中央的空军建军方案。请元帅同志据此意见拟出具体援助计划。”

华西列夫斯基元帅说：“听了中国同志的方案，我们有了初步依据。为使援助计划搞得更细一些，建议刘亚楼同志和维尔希宁空军元帅再进行一次详细的会谈。草签一份协议，我们再报请斯大林同志批准。刘少奇同志，您对会谈程序有何意见?”少奇同志说：“我同意，元帅同志。我近日将要回国，今后会谈就由刘亚楼同志全权代表了。”维尔希宁空军元帅同刘亚楼商定：次日在苏联空军总部再次举行会谈。

与维尔希宁草签协议

14 日，刘亚楼、王弼和吕黎平到苏联空军总部进行第二轮会谈。苏方参加会谈的人员，除空军总司令维尔希宁元帅外，还有上将副司令、中将训练部长和两位校级军官。苏方详细询问了中国东北航校的训练情况，飞行员技术水平，各类飞机数量，飞机工厂的修理能力，机场面积与完好程度，下步选用飞行员所拟条件，地勤保障人员的数量质量情况，国民党空军的作战能力以及对地面作战的支援程度，等等。刘亚楼他们还了解了苏联空军总部的机构名称，航校的体制编制，训练年限、课目、时间，教练机与战斗机种类，飞机维护修理程式，机场的保证机构与人员编制等。他们感到，除了喷气式飞机性能和某些属于作战指挥的机密项目外，其他内容苏方对我方基本上是开诚布公的。最后，维尔希宁元帅说：“好，情况就是这样了，双方心里都有了数。你们的要求可以得到满足，所提方案可以实现。具体援助计划我们三天之内提出来，到时再请你们来这里商谈。你们在莫斯科好好休息几天吧。”刘亚楼同意维尔希宁元帅的安排。

18 日，刘亚楼一行到苏空军总部举行第三次会谈。维尔希宁元帅说：“我们认真研究了你们的设想和方案，训练 350 ~ 400 名飞行员，应组建 6 个航校，其中歼击航校 4 个、轰炸航校 2 个。一年速成训练，每个飞行学员在初、中、高级飞机上各飞 50 ~ 60 小时，总共飞行 150 ~ 180 小时即可毕业。前半年使用一个机场，后半年可用两个机场平行训练。你介绍长春航校是日、美式飞机，须改装训练，否则使用三个国家制造的飞机，型号杂乱，不利于保证训练的进度和质量。你们自己已经训练出的 100 多名飞行员，可编入6个航校去，经半年改装和战斗课目训练，即可组建一个能担负作战任务的混合师（两个歼击团、一个轰炸团）。一年后，6个航校的飞行学员全部毕业，又可组建歼击师两个，轰炸师一个（均3团制）。飞机总数可达350～400架。航校训练飞机的配备问题，我们是这样考虑的：每个航校配用雅克－18初级教练机15架、雅克－11（轰教“乌特伯”）中级教练机15架、乌拉－9、乌拉－2高级教练机各15架。6个航校共配教练机270架。每个歼击航校配拉－9战斗机30架，每个轰炸航校配杜－2轰炸机20架。这样，作战飞机就有160架（歼击机120架、轰炸机40架），另配运输机4架。第一批援助飞机总数为434架。半年后混合师成立，可从航校抽歼击机80架、轰炸机20架。每校留作战飞机10架，训练可基本不受影响，一年后飞行学员毕业。3个作战师成立时所需飞机数量，建议明年上半年再行会谈商定。

专家的数目：每个歼校100人，每个轰校120人，有校级军官、飞行教员等飞行干部20人，其他是地勤、理论教员、航医、后勤保障人员。另有少量派驻空军司令部以及组建空降旅专家，共计878名。关于保证飞行的相应物资器材（如汽车、油料、充电设备、飞行装备等），我们亦将如数配备。以上就是我们制订的援助计划，请贵方研究一下，如果同意就双方签署，以便上报。”

刘亚楼觉得苏方考虑得比较周全，与我们提出的方案基本相符。但对飞机性能不摸底，又请苏方对拉－9、杜－2飞机的性能逐一作了进一步说明。他们作了比较，得知拉－9飞机的上升性能、转弯半径、火炮威力都优于P－51，而俯冲性能、载弹量、火炮射速、最大航程则不及P－51。总之，各有优势，各有所长。考虑党中央指示的谈判目的已经达到，因此刘亚楼向维尔希宁元帅说：“苏联方面所订援助计划，我们表示同意，这是国际主义精神的具体体现。”为此刘亚楼以代表团的名义，向斯大林大元帅、联共中央、苏联政府、苏联武装力量部致以崇高的敬意！接着又说：“我们对空军元帅同志及由您主持的苏军代表团的负责精神和高效率的工作，表示真诚的敬佩和衷心的谢意。有些具体问题，会后可继续磋商，求得解决。关于购买飞机、器材以及聘请专家的各项经费，请按世界通常价格计算，由中国政府核实结算，将来向苏联政府偿还。”

之后，刘亚楼、维尔希宁元帅分别代表中苏双方在协议上签字。签字后，维尔希宁说：“这个计划要报请斯大林元帅和联共中央批准后方能生效，在此期间你们可以参观一些地方名胜和航空设施等。如果有兴趣，请提出参观项目，以便安排。”会谈至此正式结束。

自从到达苏联，苏方一直待我方为上宾，会谈也进行得十分顺利，援助项目比较齐全，这是友谊的体现。另外，中国解放战争胜利在望，我国的国际地位大大提高，也促进了会谈的成功。

10 月 5 日，华西列夫斯基元帅告诉我方：援助中国建立空军的协议书，斯大林和联共中央已经批准了，苏联第一批专家 23 人已经集中，很快就要出发去中国。

刘亚楼热情地向华西列夫斯基和维尔希宁元帅表示谢意，然后在苏联空军司令部同苏联派驻中国的第一批空军顾问普鲁特科夫少将见了面。刘亚楼热烈欢迎他到中国来。

10 月 6 日，中共中央电告刘亚楼：与友方谈的一切计划都很好，中央完全同意。10 月 7 日，刘亚楼率团启程回国，16 日到达北京。组建空军的工作按计划全面展开。

快速建航校　高效育英才

雷厉风行确定航校领班人

被任命为空军第一任司令员的刘亚楼同志，谈判回国后立即着手研究 6

所航校校址和校长人选，经上报批准，很快确定下来：

第一（轰炸）航校	驻哈尔滨	校长	刘善本
第二（轰炸）航校	驻长春	校长	刘　风
第三（驱逐）航校	驻锦州	校长	陈　熙
第四（驱逐）航校	驻沈阳	校长	吕黎平
第五（驱逐）航校	驻济南	校长	方子翼
第六（驱逐）航校	驻北京	校长	安志敏

各航校绝大部分校长为我党培养出来的优秀飞行干部。在第一次航校负责干部会议上，刘亚楼司令员语重心长地说："你们这些校长是经过筛选的，虽然都有娴熟的飞行技术和丰富的领导经验，但是要你们领导刚组建的空地勤混合航校，组织正规的航空理论教育和飞行训练，还缺乏经验。我已经同苏联空军商妥，请他们派出6所航校的全套专家帮助我们办校和训练。譬如：校长、参谋长及航校司令部全套的专业人员，训练处长及其全套的专业航空理论教员，飞行大队长及其全套的飞行教员，机务工程师及其全套的机务人员，供应处长及其全套的后勤人员，等等。同时，由苏联卖给我们配套的初级、中级、高级教练机和战斗机，以及油料、弹药、特种车辆和备份器材。目前，专家即将来到，飞机、器材、车辆和油料正在进口，条件具备后即可开学。

"第一，下面谈具体问题——因为我们缺乏办校的成熟经验，初期阶段的教育、训练、管理、制度等，先按苏军的那一套办理，把他们的经验先原原本本学到手，即使有些东西不适合我们的实际情况，也不要急于抛弃。先拿过来再说，待苏联专家走了之后，再全面研究改进，以形成符合我军建军方针、原则和实际情况的训练体制。但我军有一条极端重要的制度，一开始就必须坚持，即党委统一的集体领导下的首长分工负责制，不应该搬苏军的一长制。

"第二，办学校白手起家。我是空军司令，但目前我也是两手空空，所能给你们的只有空勤学员和地勤学员、飞行教官和航理教官，飞机、汽油、特种车辆、训练计划、航校的编制表；至于其他的如营房、设施等，统统没有。但是，我可给你们开路条，写介绍信。你们去所在地区的驻军及地方党政机关那里叩门，请求他们的支持帮助。

“第三，要搞好各方面的关系。

①要和苏联专家搞好关系。苏联是社会主义国家，又是空军强国。派到中国来的专家是有丰富教学经验和工作能力的人员。他们是我们请来的，我们要很好地团结他们，照顾他们，尊重他们，向他们学习。关系搞好了，他们才会诚心诚意地帮助我们搞好教学，我们就可以加快空军建设的步伐。

②要和所在军区搞好关系。刚才说过，你的航校白手起家，一切具体问题都要依靠有关军区解决。所以要把所在军区当作直接上级看待，有困难和需要向他们请示报告，凡属航空技术以外的事情都要请示军区指导。

③要和军区来校工作的干部搞好关系。

④要把学员管理好，教育好，团结好。

⑤要把地方群众关系搞好。

⑥要搞好学校领导班子的团结。

“第四，掌握好建校方针。

“第五，要保证教学质量和飞行安全。”

最后，刘司令补充说：“今天是 10 月 30 日，从明天起，你们就是各航校的校长，限定你们在一个月之内建起航校，12 月 1 日开学！”

当大家听到“一个月建起航校”“12 月 1 日开学”的时候，在座的都面面相觑，有些不知所措。白手起家，百端待举，虽然谁也没有说话，心里却都在打鼓，要在一个月建起一所航空学校，这在世界上也没有听说过，怎么能行？大家都在问自己。

刘司令员看出大家的心思，平静地解释说：“这事是急了一点，但有可能。我们说的白手起家，并非一双空手，一无所有。我们有飞机，有燃料，有保障设备，还有苏联专家和所在军区的帮助。缺的只是干部、经费、机场、营房，但有人帮助，只要计划周密，真抓实干，就完全可能。”

最后，刘司令员斩钉截铁地说：“我们受命开办航校，一天一小时也不能耽误，12 月 1 日必须全部开学!”接着又强调一句：“按照时间开学是英雄，拖延时间开学是狗熊，12 月 1 日见分晓!”

听了刘司令的一席话，使大家增添了信心和勇气，同时也增加了压力。于是纷纷表示，回去抓紧时间立刻开始行动。会后，校长们急匆匆奔向自己的“战区”，开始了新的只争朝夕的战斗。

五航校校长方子翼，1930 年参加红军，1938 年被我党派往新疆学飞行，飞过多型飞机，上千小时，经多年的磨炼，成为我军不可多得的飞行领导干部。他智勇双全，善动脑筋，领会上级意图快，深受刘亚楼司令员的器重。当谈起空军的初建和抗美援朝时，他满怀激情地忆起当年的艰苦岁月和与苏联空军并肩战斗的日日夜夜。我们就以方校长的素材为依据，结合其他史料来讲述创业的艰难和胜利带来的欢乐。

欢迎苏联专家

1949 年 11 月 6 日上午，方子翼校长从北京乘火车来到天津西站，迎接苏联专家。午饭前，第 5 航校的专家所乘火车到站。方校长进车厢找到苏联校长杜洛夫中校，热情地说：“欢迎苏联同志来中国帮助我们发展航空，建设空军!”并自我介绍说：“我叫方子翼，奉空军司令刘亚楼的命令任第 5 航校的副校长，给您当助手，向您学习。”杜洛夫说：“啊……很好，我们会很好合作的。”

接着，杜洛夫向方校长介绍专家团的领导成员：

参谋长　　克略宁　　中校

供应处长　　塔拉先科　　中校

训练处长　　阿克晓宁科　　少校

飞行大队长	贺诺托夫	大尉
领航主任	彼得洛夫	大尉
射击主任	叶了明科	大尉
工程师	××××	少校

方子翼和他们一一握手，表示欢迎。但方感觉到他们在握手时并不热情，也不答话，并且有点傲气。看来，他们似乎对他有点不信任。因为方孤身一人，半路上车，穿戴平常，既无证件，又无人介绍，难免生疑。

接着便是一连串的提问。有人问："您会飞行吗？"

方说："会。"有人问："您在何时何地由何人教您飞行的？"

方说："1938—1942 年，在新疆省航空学校，由苏联教官于杰耶夫少将、里佐古甫少将、扎杜布洛夫斯基上校、谢苗洛夫少校教我飞行的。"

当方子翼说出上述这些教官的姓氏时，他们才开始显出悦色，气氛也有所缓和了。有人说："啊，您比我飞得还早呢！"有人羡慕地说："这些教官都是有名的飞行家。"又有人提问："您都飞过哪些飞机？"

方说："我飞过苏联飞机乌－2、艾尔－5、依－15、依－16；飞过美国飞机L－5、B－25、C－47；飞过日本飞机 99 高级教练机、99 攻击机、隼式战斗机、99 双发高练、100 号乘风侦察机等。"

当方说到飞过苏式依－15、依－16 时，他们都竖起大拇指表示敬佩。有人自言自语地说："他飞的机种比我还多。"有人插话："依－15、依－16 是第二次世界大战初期的新式驱逐机，曾经援助过中国抗日；特别是依－16 是很难飞的，能飞依－16 的技术是很不错的……"

至此，他们的傲气开始收敛了。但还有人饶有兴趣地接着问："您飞了多少时间，执行过什么任务？"

方子翼如实地告诉他们："我除了自己飞行以外，主要是带教学员飞行，总共大约飞了 2000 小时，除了驾驶术外，战斗课目飞过空中侦察、轰炸、射击、空战等课目，但都是训练飞行，没有执行过作战任务。"

此外，有人还问了些新疆航校的情况，东北航校的情况以及和日本人相处的情况等。大家一路上东拉西扯，一直聊到济南。在下午 4 点钟左右，专列到达济南车站，山东军区的接待人员将专家接到济南市交际处宾馆。

苏联专家到达的第二天即迎来苏联十月革命节，中方十分重视，决定一方面为来华的专家洗尘，另一方面也要为节日隆重地庆祝一番。当晚 6 点钟，山东军区、山东省委和省政府、济南市委和市政府联合在宾馆礼堂设宴并举办大型舞会，庆祝苏联十月革命节和欢迎苏联专家的到来。

出席晚会的有山东军区司令许世友、山东省委书记兼山东军区政委傅秋涛，以及军区、省委、省政府、市委、市政府的首脑。晚宴是在傅政委致祝词、杜洛夫致答词后开始的。一时间，斯大林万岁、毛泽东万岁、中苏友谊万岁的祝酒声不绝于耳，接着就跳起了交际舞。近千人跳交际舞，把个礼堂塞得满满的，摩肩接踵。苏联人爱唱，边吃边喝边唱边舞，气氛十分热烈。晚会一直持续了 5 个小时，至夜 11 点钟结束。苏联专家兴奋异常，不少人喝醉了。

快速创办航校　开学典礼隆重①

1949 年 11 月 7 日，5 航校校长方子翼早饭后，急忙去山东军区司令部晋见许世友司令员。见面后，方子翼将周恩来副主席的信和航校编制表一并呈上，一面报告说：

“我来济南前，刘亚楼司令对我说：‘五航校建在济南，就是山东军区的航校，实行双重领导。除了航空技术以外的事宜，统由山东军区管理，有事先向山东军区首长和机关请示报告，然后报空军知道……”许司令听罢说：“关于在济南开办航校的事，我知道，军委有指示，空军初建，没有基础，行政事务由军区负责。校址选在市郊张庄，原军大分校旧址。该校已经撤

① 1949 年 12 月 1 日，朱老总在刘亚楼司令员的陪同下，参加了北京第六航校的开学典礼。

走，营房已经空出，机场就在张庄跟前。有关机场和营房的修缮整理，两个工程队已调到了现场，就等你们来勘察确定方案后立即动工。开办经费由军区开销，所需干部由军区选配。军区已确定派司令部作战处的王处长全面负责。”说到这里，许司令拿起电话，把王处长叫了来，把航校的编制表给了他，并说：“你把航校的编制表交给参谋长，请他同政治部的王主任协助，按编制表上的职务和级别物色合适的人选去航校工作，确定一个调来一个，直接介绍到航校，交方校长分配。”

然后，许司令对方子翼说：“方校长，请你转告刘司令，就说济南航校的开办问题，包在我许司令的身上，请他放心！”

方子翼忙说：“感谢许司令的全面照顾，我一定如实地向刘司令汇报。”接着他又说：“许司令，我还有一件事求许司令照顾。前天，刘司令给我谈任务时指出，6 所新航校必须统一于 12 月 1 日同时开学。今天已是 11 月 7 日，离开学只有 23 天了。要在 23 天之内办起一所现代化的航空学校，这在世界航空史上是没有先例的。目前，济南航校百端待举，从零开始。可是，我是孤身一人，连助手都没有，我想请许司令派一个参谋给我当个临时助手，帮忙督导机场和营房的修缮事宜以及与军区首长和机关联系。”

许司令说：“这有何难。”随即对王处长说：“叫作战科长阎木欣同志从今天起，跟方校长当助手。”

当天下午，方校长和阎科长以及苏联专家领导人一同来到张庄校址。

首先察看机场。张庄机场年久失修，水泥跑道严重风化不能使用。跑道两侧的草地，草比人高，土地稍有凸凹，整平压实后可作飞机起降地带。方校长当场向工程队交代，立即动工，限一周内平整完毕。

接着来到张庄营区。张庄营区在解放前是骑兵部队的营房，全是平房。解放后，军大分校在此驻训，未加修缮，房子较旧，但能居住。经勘察后，当场向工程队限定了各种房屋修整的期限。

在机场和营房工程勘定后，专家们仍住在市内宾馆，方校长则住进张庄校区。从11月8日起，就开始忙碌学校的开办事宜。除了巡查督促工程队施工外，就忙内务。首先向军区请领专家和学员的被褥，请领采购厨具、餐具以及专家、学员的盥洗、饮水用具。

从10日开始，方校长的工作陡然紧张繁忙起来。空军分配给济南航校的几十架飞机和器材、油料、特种车辆一齐涌入济南火车站，车站要求48小时内完成卸货，而机场又无铁路专线。他急忙向军区请调车辆和人员卸货，并把它们运回学校。经过两昼夜的奔忙，总算把货物运回学校。货刚运到就有数百名空地勤学员陆续来到学校，方校长派人和他们进行逐个谈话，分配、编组、安置食宿。接着，山东军区调来的各类业务干部接踵而至，空军司令部也很快介绍来几十名航空理论助教。方校长都要与他们一一谈话、分配工作、安排食宿。这些人还没等全部定位，又有从东北俄专、哈尔滨工业大学抽调和从新疆招来的十几名俄语翻译人员前来报到。

这半个月来，方校长真是忙得不可开交，无一次按时吃饭，无一天按时睡觉。可他心情特别愉快，因为到11月20日止，学员和工作人员基本到齐，按编制整个航校的框架已然搭起，全校总计到位已近千人。

11月25日，方校长和杜洛夫、阎科长一起对机场及其他修建工程进行了全面检查，认为主要工程已基本完成，决定把工作重点转到准备开学典礼上去。

11月29日，方子翼向空军首长发电："5航校的机场、营房修缮已基本完成，学员和干部已基本到齐并分配编组就绪，按规定将于12月1日举行开学典礼。"同时，也向山东军区首长写了同样内容的报告，并请许司令员、傅政委莅临指教。

1949年12月1日上午，大操场布置得简朴庄重。主席台上悬挂着斯大林、毛泽东、朱德的肖像和"中国人民解放军空军第三驱逐航空学校（即5航校）开学典礼"红布横幅，会场四周插满了标语彩旗。

8时整，全校人员齐集操场。苏联专家和航校处级以上干部在主席台上就位，工作人员、空地勤学员、警卫部队以连为单位组成7个方队站在会场中央。

8时30分，山东军区首长许世友司令员、政治部王集臣主任、作战处王处长以及山东省政府、省工会、济南市政府等单位的代表来到会场，乐队奏起迎宾曲，全场鼓掌欢迎。

9时整，方子翼校长宣布："中国人民解放军空军第三驱逐航空学校开学典礼开始！"

会场四周立即鞭炮齐鸣。接着，方校长宣布："检阅开始！"

在解放军进行曲的乐声中，航校工作人员方队，学员营一、二、三连方队，警卫部队一、二、三连方队相继通过主席台前，接受检阅。

检阅完毕后，宣布军委关于组建航校的命令。

然后，请许世友司令员讲话。许司令说："今年是中华人民共和国诞生之年，也是中国人民解放军空军成立之年，今天又是空军第三驱逐航校开学之日，三喜临门，值得庆祝！在这航校开学的喜庆日子里，我以无限喜悦的心情向航校全体同志致以热烈的祝贺！苏联专家不远万里来到中国，来到山东，以国际主义的精神帮助中国建设空军，我再次表示热烈的欢迎和致谢！……中国人民解放军在中国共产党的正确领导下，从1927年诞生起，在二十几年中以单一陆军打败了国内的反动军阀，打败了国外的帝国主义侵略军，推翻了压在中国人民头上的三座大山，解放了全国人民，建立了中华人民共和国，取得了最伟大的胜利！但是，我们的任务还很艰巨，我们还要解放沿海岛屿，还要解放台湾，还要巩固国防，防备帝国主义再次侵略。未来的战争是多军种联合作战，是立体战，要注重空防，没有空防就没有国防，因此要大力发展空军。我希望航空学校的全体人员一定要勤勤恳恳地做好本职工作，培训出大批合格的航空技术人员；希望全体空地勤学员扎扎实实地努力学好航空技术，做一个技精勇猛的空军战士；希望苏联专家毫无保留地把你们精湛的航空技术教给中国的学员。总之，希望全校的各业干部和师生员工同志们，不分国籍紧密地团结在一起，努力工作，互相帮助，克服困难，把航校建设好，把教学训练搞好，培训出大量合格的航空技术人才，为建设强大的人民空军而奋斗！”

专家校长杜洛夫讲话说：“我衷心地祝贺第三驱逐航校成立开学！我们全体苏联专家受苏联大元帅斯大林同志的派遣，履行无产阶级国际主义义务来中国帮助发展航空，建设空军。我们所有的同志都是经过精选的技术优良的专家，都非常熟悉自己的技术和业务。我们保证将我们的航空理论知识、飞行技术和维修技术毫无保留地教给中国同志，保证高速高质地完成训练任务。我们希望中国同志亲密合作，努力学习，保证按时完成训练计划，共同建设起强大的中国空军！”

最后，方校长代表全校同志表态说：“我们第三驱逐航校，在几乎是白手起家的情况下，在短短 23 天之内建成开学，这在世界航空史上是空前的，绝无仅有的，也是来之不易的。这个成就的取得，除了军委的英明决策和空军正确的建校方针以外，是与山东军区首长的亲切关怀、实际领导和具体帮助分不开的，是与山东省政府和济南市政府的大力支援以及苏联专家的具体指导分不开的。我代表航校全体人员向山东军区首长、山东省政府和济南市政府首长，以及苏联专家表示衷心的感谢！我们将继续认真贯彻空军的建校方针和军区首长的指示，在苏联专家的帮助下，紧密团结，努力工作，克服困难，把第三驱逐航校建设好，培养出大量合格的航空技术人才，为建设强大的人民空军而奋斗！”

10 时整，方校长宣布：第三驱逐航校开学典礼圆满结束！

全场鞭炮齐鸣，掌声雷动，在军乐声中，学员队退出会场，进入教室，开始上第一堂航空理论课。

苏联专家和翻译的特殊功绩

1949年11月，我国聘请的苏联专家开始陆续到达各个航校。到1950年1月，先后来华的苏联顾问、专家共870名。据规定，对在各航校服务的苏联专家均委以顾问之职，如校长顾问、飞行顾问、地勤各个专业顾问等。苏联专家是按苏联空军航校的完整编制进入各个航校的，其中包括以校长顾问为首的全套机关人员，负责训练飞行员的教官，负责地面理论教育的各个专业教员，还有飞行大队、机务大队的各种勤务人员等。

最早抵达中国的苏联专家，到后立即与我国筹建航校小组人员到各地考察、遴选校址和修建飞机场。11月中旬，大批苏联专家陆续到达，他们分别到6所航校参加建校和教学准备工作。由于他们的参与与指导，才确保了在中央军委限定的时间，即于1949年12月1日，6所航校同时开学。

这6所航校都是以苏联空军航空学校为样板创建的。每所航校都是训练空、地勤人员的综合航校，其中有轰炸机航校2所，歼击机航校4所。按常规，航空学校培养空、地勤人员需要2～3年，而根据苏联的经验，即使在战时至少也需要6～9个月的时间。当时，中共中央根据空军面临的作战任务，要求空军以最快的速度建立一批航校，尽快培养出组建空军第一批部队所需的空、地勤人员。为此，航校采取速成方式，缩短培训时间，规定速成班学员学制为6个月。

然而，想要在如此短的时间培训出合格学员谈何容易！如此众多的苏方人员进入各个航校，首先遇到的就是语言问题。没有翻译作为“桥梁”，任何工作都无法开展，训练更是难以进行。而在新中国成立初期，西南、华南和沿海岛屿尚未解放，各方面人才奇缺，尤其是懂得航空技术的俄文翻译很少。在解放区，培养俄文翻译人才的院校也少得可怜。哈尔滨外语专科学校是从延安迁过来专门培养俄文翻译人才的学校，但在校生人数不多，而且接受俄语专门教育的时间不长，严格地讲尚未达到可以胜任空军翻译工作的水平。哈尔滨工业大学是用俄语授课培养工程师的大学。空军初创时期的第一批翻译就是从这两所院校调出的在校生，人数很少，1949 年年末调到 6 所航校的翻译总共才 82 人。1950 年年初，每所航校都配有 100 多位顾问专家，而翻译只分配 10 余名。可想而知，当时翻译人员将承担多么沉重的工作重担。虽然后来又陆续调入一些翻译，但总人数仍远远满足不了需要。尽管如此，由于创建空军部队的紧迫需要，苏联专家只能在翻译人员十分缺乏的困难条件下按规定时间开课。

从 1949 年年底至 1950 年年底，这一年是苏联专家帮助中国创建空军的特殊历史时期。在此阶段，航校的教学以苏联教员为主。由于这批年轻翻译不懂得专业技术，专家们以饱满的热情首先帮助翻译掌握教案内容，只有先把翻译教会，才有可能在课堂上正确转达教员的讲课内容。这样做，无疑会增加苏联教员的工作量，拉长备课时间。但他们对年轻翻译像老大哥一样一遍一遍讲解，十分耐心，任劳任怨。当时又没有现成教材，教员上课前先根据教学大纲写讲义，再由翻译翻成中文。备课时往往是边写、边译、边切磋。教员、助教通过翻译切磋教案，翻译则边翻边学。不懂之处由教员、助教反复讲解。这种备课虽然异乎寻常，但确是保证教学质量所必需。备课很辛苦，往往要拖到深夜一两点，第二天按时去上课。在整整一年的时间内，备课、上课都是如此循环。不仅翻译、助教夜以继日辛勤劳动，就是苏联顾问，一般比翻译人员要年长 20～30 岁，也那样不辞劳苦，充分体现出他们真诚帮助我们的决心和伟大的国际主义精神。

航空理论教学工作任务很艰巨，速成班和一期甲班的航理课，如飞行原理、飞机构造、发动机、仪表电器设备、空中射击等以及航空气象专业班，均由苏联教员通过翻译授课。由于翻译多数缺乏航空专业技术知识，授课中除了几张用墨水画的原理图外，没有任何教具，有些技术术语译不出来，如把“仪表”译成“器具”，把“电压”译成“紧张”，学员听不懂，翻译也觉得不对头，只得在课堂上同顾问讨论清楚，弄明白了再译出来。有时用词不准确，效率很低，影响教学质量和进度，使翻译承受了巨大的工作和精神压力。为了改变这种局面，年轻翻译们都抓紧时间刻苦学习航空技术和航空词汇，向有关技术人员学习、向速成班学员学习、对着飞机实物学习，真可谓夜以继日、废寝忘食，经过一段时间的努力，讲课效率大有提高。

航校刚开课时，担任教学任务的就是这样一个群体：专业素质高、经验丰富的苏联教员，少数懂一些航空技术的助教；军政素质高而文化基础较差的学员和虽然懂一些俄文但不懂航空技术的年轻翻译。所以一堂课的教学内容往往要花上五六倍的备课时间。他们常常不休息，连续战斗，直到形成完整的讲稿为止。上课时，顾问和翻译还要坐在那里，随时准备答疑。

为提高教学效果，在顾问指导下，开展实物教学和形象化教学，如组织学员在飞机旁，边看、边讲、边操作。顾问、助教和翻译齐动手制作战术沙盘、各种练习器材、各类图表和立体模型等，从而明显地加快了教学进度，也提高了教学质量。

配合苏联专家完成飞行训练任务的翻译人员，是在更艰苦的外场环境中工作的。在上完理论课后，最紧迫的任务是尽快完成速成班的改装训练任务，以适应组建航空兵部队的急需。

飞行训练由苏联教官通过翻译进行，训练科目按起落、特技、编队、仪表……顺序进行带飞和单飞。飞行日的安排以天气状况为准，只要能飞就飞，而且分上下午两班飞行，学员和教员换班，翻译则要连续作战。当时在外场工作的翻译戏称自己是“跑机场”的飞行翻译。

一般“跑机场”，就是如果白天训练，飞行翻译早五时便要起床，抓紧时间吃完早饭，跟部队乘上大客车，早六时前必须赶到机场。若是夜航训练，从夜幕降临时开飞，在机场要熬到午夜一两点才能回来。随部队到达机场后，翻译都要跟随苏联教官检查学员的准备情况。

飞行学员飞行训练是从起飞降落开始的。每次起飞前，当学员和教官坐进教练机的前后舱后，飞行翻译便跑上飞机，站在机身一侧前后舱中间，听教官对学员提问检查，然后进行翻译。空、地勤人员开飞前准备就绪后，指挥车打出绿色信号弹训练开始，飞机依次滑上起飞线，准备飞行。

在飞机起落过程中，飞行翻译是相当辛苦的。因为教官带学员每到起飞线，飞行翻译都要赶快跑向起飞线，跳上机翼，站在前、后舱中间，翻译教官对学员的讲评。一个飞行教官通常要带 4 个学员。一个飞行日教官带一个学员飞 3～5 个起落。也就是说，教官带 4 个学员就要带飞 12～20 个起落，那么，飞行翻译也就要跑向起飞线跳上飞机翻译 12～20 次。有的航校，当时飞的都是螺旋桨强击机，翻译跳上飞机时，还要忍着螺旋桨带出气流的吹打，稍不留意就会被气流吹下飞机，摔倒在地，爬起再上……

这些年轻翻译天不亮就随同学员到机场，从飞行前准备、飞行过程中的讲评，直到飞行后讲评，每一个飞行环节都要准确无误地予以沟通。工作中不但要克服不懂航空术语的困难还要经受体力、耐力和饥饿的考验。飞行训练时，中午饭由食堂送到机场，空、地勤人员一律在机场就餐。正在执行任务的翻译，有时一顿饭尚未吃完，空中的飞机已经着陆。教员就要到机舱前给飞行员讲评，此时翻译只好放下饭碗赶紧跑过去待飞机再次起飞后再到送饭车前继续吃饭，没等吃上几口后一架飞机又开始着陆，只得放下饭碗赶紧再跑过去。这样跑来跑去好几趟，饭菜都凉了，最后只好拿个馒头就着酱菜，凑合一顿了事。

在一次航校工作视察中，刘亚楼司令员说：“从去年 11 月开始筹备到今天，不过 5 个月，一批崭新的航空学校迅速建立起来了，能够达到今天这个规模，这在世界航空史上是前所未有的，是很不容易的。这主要是有苏联专家的实际参与和具体指导的结果。苏联专家真是功不可没啊！……”在一次会议上，刘司令员还特别强调指出：“翻译工作在空军建设的各个阶段都起了很大作用……翻译对空军建设是有功劳的。”

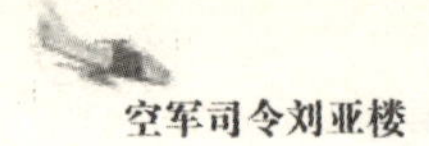

正是由于有斯大林和苏联政府派遣来那样一批精干的，有深厚航空理论知识、丰富办学经验和高超飞行技艺的苏联专家的无私奉献和帮助，还有这样一批年轻有为，充满一片爱国心的知识青年——年轻翻译夜以继日的勤奋工作，才使得我们在这么短的时间里培训出一批批合格的飞行和地勤学员。因此在空军创建史上，在颂扬苏联专家不朽功勋和辉煌业绩的同时，也不能忘记年轻翻译人员的特殊功绩。

1959 年，在大连设宴欢送空军首席顾问比比可夫中将回国（左起：刘亚楼空军司令、南京军区空军司令陈华堂、政委余立金、比比可夫、翻译孙维韬、常乾坤空军副司令员）

国民党狂炸上海　苏空军万里驰援

——记苏联空军协助上海防空

敌机肆虐　百姓遭殃

蒋介石率国民党残部逃到台湾后，1949 年 5 月 27 日上海解放，然而蒋介石不甘心失败，趁我国尚无空军作战部队，防空高炮数量少、配置分散，尚不能进行积极主动有效防空之机，曾多次派遣战机频繁到上海、广东沿海地区窜扰。

仅在1950年1至2月间，国民党空军利用舟山群岛的定海机场作中间加油站，就对上海连续轰炸了8次，而且轰炸规模不断升级。其中，1月25日中午，国民党空军出动B-24轰炸机12架及其他战斗机，先后侵入上海市区上空，以江南造船厂为主要目标，同时沿黄浦江对十六铺、高昌庙、杨树浦、杨家渡等处狂轰滥炸，投放重磅炸弹52枚。致使江南造船厂损失各种舰船18艘，被毁码头1000米，沿江地区400余间民房被毁，死伤市民370余人，造船厂一度被迫停产。

更大规模的一次轰炸是在1950年2月6日12时15分至13时25分，国民党空军从台湾、定海、岱山出动包括B-24、B-25等14架轰炸机在内的混合机群20余架，以上海电力公司、沪南及闸北水电公司为主要目标，进行轮番轰炸，投弹共计84枚，多座发电厂遭到严重破坏，发电量由15万千瓦骤降至4000千瓦，职工、群众伤亡1400余人，毁坏厂房、民房2500余间，致使市区大范围停电，许多工厂企业几乎全部停工，一度市面萧条，物价波动。加之潜伏特务乘机破坏，引起人民群众严重不安。

中央军委对上海等城市屡遭轰炸和台湾国民党空军的动向高度重视，除指示各地立即采取一切有效措施加强要地防空外，还对上海防空进一步做了部署；2月8日，紧急调高射炮第17、18团增援上海，并立即纳入上海防空序列；指示上海警备司令部于3月1日成立上海防空司令部，由淞沪警备区司令员兼政治委员郭化若兼任上海防空司令部司令员兼政治委员。上海防空司令部成立后，立即展开了空中设防的各项组织指挥工作，建立指挥机构，调整兵力部署，建立对空情报和沟通指挥通信等。

雪中送炭　痛歼豺狼

有鉴于上述情况，1950年2月下旬，中国政府商请苏联政府派空军部队来华协助防空。苏联政府立刻应允，同意首先派一个混成航空兵集团到上海。为了迎接苏联航空兵的到来，上海警备司令部、华东军区航空处组织了好几个工作班子进行了紧张的准备工作。首先，紧急动员大量军民突击整修了江湾、大场、龙华三个机场。3 月 14 日，国民党空军混合机群 26 架飞机，突然轰炸了江湾和大场机场的施工现场，投弹 194 枚，其中还有定时炸弹，致使伤亡 17 人，修好的场道又遭破坏。但在我军民共同努力下，在苏军航空兵进驻前，胜利完成了三个机场的整修任务。同时，还为苏空军监视空中情况的雷达选择了阵地。2 月中旬，由上海警备司令部第 4 警备区通信科长佐光带领几个干部，在有关省、市、县政府的帮助下，在南汇县、启东县、苏州市、海盐县选定了阵地，并由华东军区航空处负责建设了虹桥、江湾引导雷达阵地，在黄浦江东西两岸选择了探照灯阵地。

苏联混成航空兵集团是在巴基斯基空军中将率领下来华的，它是由苏联防空军第 106 师组成的部队。该部队参加过第二次世界大战，战功赫赫，战斗力很强。这支部队编成包括：一个由 38 架米格 －15 喷气式飞机组成的歼击机团；一个由 38 架拉 －11 螺旋桨式飞机组成的歼击机团；一个由两个大队的 25 架伊尔 －10 强击机和一个大队的 10 架杜 －2 轻轰炸机组成的突击团。此外，还有一个探照灯团，装备 72 部探照灯；一个雷达营，装备 16 部雷达，共 3500 余人。这些部队自 2 月 26 日起，分别由地面和空中进入中国国境，两个驱逐机团于 3 月 27 日至 30 日飞抵上海，米格 －15 驻虹桥机场，拉 －11 驻江湾机场；图 －2 轰炸机大队和伊尔 －10 强击机大队分别于 5 月至 8 月飞抵南京和徐州机场。

四战四捷　扭转乾坤

巴部混成航空兵集团的空、地梯队，是以准备遭遇国民党飞机进行空战的临战姿态向上海转进的。3 月 13 日，当第一梯队米格 －15 飞机飞抵徐州时，突然遇到国民党 2 架 P －51 飞机空袭，巴部立即起飞截击，当即击落 1 架。次日，国民党空军又派 B －25 飞机进行侦察，巴部又起飞双机截击，将

B－25击伤，并迫使其迫降于徐州东大湖车站附近，机上除1名射击员在空中被击毙外，其余6名空勤人员全部被俘。

3月20日，巴部两个驱逐机团先遣队飞抵上海，当即接受了作战任务。3月23日，国民党P－51飞机飞临上海郊区扫射，巴部驱逐机团迅即出动，在空战中击落1架敌机。首战告捷，引起台湾国民党空军震惊。

4月2日，国民党空军又派出2架P－51飞机试探性进袭上海，巴部驱逐机起飞追击，将其1架击落于杭州湾，并重伤了另1架，该机在逃窜中坠毁于浙江四明山区。

4月28日，国民党空军派出2架P－38侦察机，从上海以东海上进入，企图侦察上海区域机场，其中1架被巴部驱逐机击落于横沙岛，僚机亦被击成重伤，飞机起火，残骸坠落于岱山机场海边。

三次空战，连续击落5架敌机，沉重地打击了国民党空袭上海的嚣张气焰，迫使敌机改变了以白天为主的空袭方式，转而采用夜间偷袭。

5月21日夜21时，国民党空军B－24重轰炸机2批2架，携带重磅炸弹偷袭上海。顷刻之间，上海防空部队全部进入一等战斗准备，严阵以待。当第一架敌机刚进入探照灯照射区域即被几部探照灯先后照中，并被不间断地跟踪。巴部夜航驱逐机和高射炮紧密协同，交替轮番射击。瞬间，敌机被击中起火坠落于浦东唐桥，机上第8大队大队长和作战课长等被击毙。另1架敌机未及到上海近郊即仓促丢掉炸弹，调头向台湾狼狈逃窜。

上海市空中设防短短42天，4战4捷，连续击落国民党空军飞机6架，从根本上扭转了上海市防空的被动局面。巴基斯基航空兵集团来华助战，在行进间连续战斗，仅在两个月零六天时间内，击落击伤8架敌机，横扫妖雾，威震敌胆，名扬中外，取得了重大胜利。

四旅成立　接替空防

国民党空军在连遭沉重打击后，再也不敢轻易窜犯宁、沪、杭地区了。

台湾当局不得不命令空军采取“避免深入”的方针，并明确规定“空军主力应置于防守，攻势要暂停，活动需减少”。

1950年5月19日，舟山群岛全部解放，我军夺取敌定海机场，彻底解除了对上海的威胁。

就在同一时间里，我空军正积极筹建自己的第一支空军部队。1950年5月中旬，在一次飞行干部会议上，刘司令员向大家通报情况说：“……逃到台湾的蒋介石集团不甘心失败，前段时间他们凭借海空军优势，从海上和空中对华东沿海大城市特别是上海及沿海重要交通运输线进行轰炸破坏，引起了人民的恐慌。为了解决华东地区防空和防海问题，军委已请苏联派一个混合防空部队（巴集团），帮助防空中和防海上袭击。但是，不能长期依靠友军的力量，长远之计还得靠自己。因此，军委决定在华东地区尽快成立一支空军部队，以接替苏军的空防部队。”接着他谈到了具体的组建方案。他说：“我空军虽建立不久，但已培养出一批干部。目前，各个航校来自老航校的速成班学员行将毕业，准备以这批毕业学员来接收苏联部队巴集团的装备，成立第一支空军部队。

“这第一支空军部队的建立，准备仿照毛主席成立红军从第4军开始的思想，也从第4开始，定名为中国人民解放军空军第4混成旅，跟巴集团一样，管辖4个不同机制、不同性质的战斗团。

“当前重要的问题是选配干部。因为是第一支空军部队，干部配备必须得当，特别是旅长和团长，既要从当前任务的需要来考虑，又要从长远建设的需要来考虑。旅部的干部还在酝酿之中，各团团长基本上肯定用原八路军总部航空队（也就是新疆航空队）的同志担任。他们是一批红军干部，都打过仗，飞行技术又都比较全面。至于选用哪个人担任哪个团的团长，则要用其所长。根据4月份我在沈阳同吕黎平研究的结果，初步确定：

“第10团团长拟由夏伯勋担任，因为他飞过苏式战斗机依－15、依－16、拉－9，飞过日本隼式战斗机，飞过美式战斗机P－51，他飞的都是战斗机，由他来担任喷气式米格－15截击机团的团长合适。

“第12团团长拟由刘忠惠担任，因为他飞过苏式战斗机依－15、依－16、拉－9，飞过日本的隼式战斗机和双发重型战斗机（轻轰炸机），由他来担任杜－2轰炸团的团长合适。

“第11团团长拟由方子翼担任，因为他飞过的机种较多，他们飞过的机种方子翼都飞过，而且他还飞过日本的乘风号侦察机和美国的B－25轰炸机，特别是苏联的拉－9飞得多，11团装备的是拉－11，由他来担任全程护航团的团长合适。

“第13团的团长人选尚未确定，因为这个团的任务特殊，进攻战中他要为陆军开路，作战要飞超低空，你们中有谁能担此任，可以推荐。”

在座的听了刘司令员的讲话都很兴奋，一是觉得他保持着红军的作风，非常诚恳，信任下属，尚在拟议中的计划都对大家公开；二是觉得他考虑问题非常全面细致，用干部很讲究因才施用，对几个团长的人选都进行了深入的研究，谁飞过什么飞机、适合当哪个团长，都作了考虑。而且建立我国第一支空军战斗部队，是大家梦寐以求的。特别是被点了名的几位干部，更是摩拳擦掌等待上任。

1950年7月24日，经毛泽东主席批准，由中国人民解放军有关单位接收苏军巴基斯基航空兵集团全部武器装备，并由苏军帮助训练3个月，待我军能够熟练使用这些装备后，准备自行担负防空战备任务。人民空军第四混成旅第10、第11团，于1950年7月25日、29日先后进驻上海虹桥、江湾机场后，即分别在苏军帮助下，进行改装米格－15、拉－11歼击机的训练。

华东军区空军于4月22日在南京成立的第一个雷达营（后称101营）和上海防空司令部于5月25日成立的雷达营（后称141营），也于6月3日至9月20日在苏军帮助下掌握了雷达使用技术。临时组建起来的探照灯部队也于同时接受了苏军的训练。后来，雷达101营和141营在我军雷达部队建设中，成为部队建设的骨干和雷达技术的“种子”。

1950 年 10 月 17 日，由陈毅市长主持，在空军副司令员常乾坤、华东军区空军司令员聂凤智等人参加下，我军正式接收了苏军全部装备，同时举行了盛大的欢送仪式。陈毅市长代表中方讲话，感谢苏联政府和人民，感谢斯大林，在我们最困难的建国初期，向我们伸出援手，给予中国人民援助……巴基斯基航空兵集团圆满完成了任务，于 10 月分批离沪回国。

雄鹰展翅高飞　空军战果辉煌

筹建空军大西洋部队

担任第四混成旅 11 团团长的方子翼，上任不久就被刘司令员召回到北京，见面后刘司令向他通报形势说："现在告诉你两个情况：一个是舟山群岛的敌人撤走了，定海机场的飞机也撤走了，这可能是敌人发现华东地区驻有空军部队，怕遭打击而吓跑了。这样，舟山战役就不用打了，这是一件好事，下一步就是准备打其他的岛屿和台湾了。另一个是朝鲜打起了内战，美帝国主义和其他帝国主义及一些资本主义国家都来帮助南朝鲜打北朝鲜，美国的海军舰队开进了台湾海峡。这样，朝鲜的内战就变成了帝国主义的侵略战争，变成了国际战争。可是，这就牵涉到中国，中国的安全受到威胁。中国既要在东南防备蒋介石集团的捣乱，又要在东北防备帝国主义的侵略。因此，军委决定在东北建立边防军，边防军内要建立特种兵部队，其中要建立 6～9 个飞行团。这些飞行团需要大量的空地勤人员，所以我要你回航校履行校长的职责，主持飞行训练，尽快培训出更多的飞行员。这是大局，希望你立刻回学校抓紧工作。"

就这样，方子翼急匆匆地返回 5 航校抓他的飞行训练去了。1950 年 8 月 14 日，空军党委却又下调令让方子翼正式离开第五航校校长岗位，赴京接受新任务。

在筹建空军第3驱逐旅的干部会上，刘司令员指出：“美帝国主义发动的这场战争，把手伸进了中国，其空军的飞机进入了中国的台湾岛，其海军的舰队进入了台湾海峡。为了防备帝国主义将朝鲜战争之火烧进中国东北，军委决定在东北地区成立边防军，同时要求组建边防军的特种兵，如炮兵、装甲兵、航空兵等。关于航空兵，上级决定先成立1个驱逐旅，担任防空。这个驱逐旅的番号已经确定为‘中国人民解放军空军第3驱逐旅’，代号为‘大西洋部队’，下辖3个喷气式米格－15飞行团，由方子翼任旅长，军委已经批准。”接着，他直接面向方子翼说：

“可是，你这个旅长，当前是个光杆司令，什么都没有，因为机构尚未确定来源，空地勤人员尚未毕业，机场和营房目前住着苏联部队，飞机还在苏联部队手中，所以当前你还要打一阵子光棍。你要把困难估计得足一点，很可能比去年冬季开办航校还要艰苦。”然后面向大家说：“目前，在我们的空军部队未建立起来之前，为了保卫东北地区领空的安全，军委紧急请苏联派来一个防空驱逐师进驻东北。该师原为保卫莫斯科的近卫军第5驱逐师，进入中国后改为151师，师长是别洛夫上校，师辖3个喷气式米格－15团，现驻沈阳于洪屯、辽阳、鞍山三个机场。空3旅成立后，将由别洛夫的部队帮助改装训练，训练完成后，接收其装备，接替其防空任务。”最后交代说：“方子翼你到沈阳后，向东北军区空军段苏权司令报到，由他安排空3旅的筹建事宜。同时，尽早与苏联151师师长别洛夫取得联系，商讨空3旅的改装训练问题。”

1950年8月18日，方子翼到沈阳后立即晋见段苏权司令员，向段司令报告了刘司令派他来筹建空3旅的情况。段司令说：“我知道空3旅将成立，这是件大好事。可是目前，东北军区空军只是一个空架子，我们的空军部队还未成立，苏军151师的主要任务是保卫沈阳、鞍山、本溪、抚顺等工业城市，有时也出动到国境线上巡逻。关于空3旅的组建，怎样筹措，空军没有

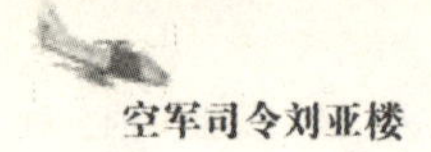

具体方案。首先，房子问题就不好解决，飞行团当然要住机场，可是机场的营房都被苏军部队占了；旅部应住沈阳市，住哪里合适尚未选择。”

方子翼听了段司令的讲话，心里凉了一半，没想到起步如此艰难，看来一切都要自己去“创造”了。

8月20日，方子翼到东北军区专家招待所找到了苏联师长别洛夫。见面后，方子翼报了职务和姓名，别洛夫也介绍了自己的姓名，叫依万·瓦西里耶维奇·别洛夫。别洛夫说：“我听说你们要在沈阳成立一个空军旅，接收我的装备和任务。你们已经有一个团的新飞行员在我们28团进行米格-15的改装训练，希望你们快点进展，早一点让我们回国，战争打得厌烦了。”方子翼说：“我们正在紧张地筹备，我的部队会很快组织起来。不过，还要烦你帮助我把部队的改装训练完成，还要教会我指挥作战哪。”别洛夫说：“不成问题，我相信我们会很好合作的。”

接着，别洛夫把方子翼引到东北防司指挥所，他的师指挥所就设在这里，又向方子翼介绍了指挥所的设备、值班人员和指挥程序。其实，航空兵师的指挥所，没有那么大的摊子。离开时，别洛夫建议说：“今后，我们每天来这里值班。”接着又约方子翼下午去于洪屯机场看新飞行员的改装训练。

下午，方子翼和别洛夫一同来到于洪屯机场151师28团参观。团长萨波什尼可夫介绍说，他的部队负责保卫沈阳、抚顺的安全，目前正在帮助中国空军第7团新飞行员进行改装米格-15的训练。

此后，方子翼每天上午到于洪屯机场进行改装米格-15的飞行，下午到辽阳或鞍山机场催促修建机场和交涉飞行团的营房。方子翼心想：“这比我筹办航校和11团还不知辛苦多少倍。”

9月初的一天，空军司令部来电要方子翼去北京汇报情况。方子翼到北京后直接向刘司令汇报情况，并说他已和苏军151师师长别洛夫取得联系，正在向他学习对空指挥。刘司令说：“空3旅的机构已经定下来了，军委决定华北军区步兵独立第209师师部及其625、626、627团的团部充任空3旅的旅团机关。你回去赶快把旅部和各团的营房交涉下来，准备接收209师的机构。各团的营房不要挤苏军部队，可以在机场附近另觅。旅部营房不一定住沈阳市里，东塔能行就住东塔。”

方子翼向刘司令请求给他调三个飞行团长，他建议把袁彬、林虎、孟进给他。方子翼解释说，袁彬是他的老同学，先当团长，然后当副旅长，他需要一个助手；林虎和孟进，据他在老航校的观察，林虎可能是个战将，孟进比较稳重。刘司令说：“可以答应你。”

事情就这样决定了，但是有些事还得方子翼自己出面交涉。首先他勘察了东塔机场的房子，住一个旅部没有问题，并当即把它定下了。各团的营房，方子翼同别洛夫商量说，他的部队机关即将到来，请苏方的部队稍让一点房子给他，别洛夫满口应允。这样，一个重要问题就算解决了。

9月28日，华北陆军独立第209师的师团机关来到沈阳。师部由师长高厚良率领进驻东塔机场，625团团部进驻沈西于洪屯机场，626团团部进驻辽阳机场，627团团部进驻鞍山机场。

1950年10月5日，空3旅旅部召开干部会议，宣布中国人民解放军空军第3驱逐旅（代号大西洋部队）及其所属7、8、9团和7、8、9供应大队正式成立。

火速组建空军太平洋部队

1950年10月27日午夜，空军首长急电：奉军委命令，驻沪的第4混成旅旅部暨第10驱逐团于10月底移防东北辽阳，改编为第4驱逐旅，请方子翼接电后立即赴辽宁接应4旅，并任旅长。

次日上午，方子翼先告别了空3旅的领导班子，来到东北空司晋见段苏权司令。他问是什么情况这么紧急？段说情况来得急促，据说是志愿军要空军派飞机掩护作战，而苏联空军部队不准飞过鸭绿江，军委便将华东的第4混成旅及第10团调来东北，补充、改编为第4驱逐旅，准备参加抗美援朝，支援志愿军作战，详情不清……方子翼问东北空军由谁到辽阳去布置空4旅的宿营问题？段司令说东北空军无人可去，还是由你自己去张罗吧。

方子翼从段司令处出来，便到苏军151师向别洛夫师长告别。别洛夫说："前两天我就听说华东空军的第4旅要来东北辽阳，但不知是你去当旅长。你走后，第3旅谁来当旅长？"方摇头表示不知道。别洛夫怀着惜别的心情，友好地说："你快去吧，我的副师长阿列柳亨上校带领着72团住在辽阳，团长是沃尔可夫中校。你的第4旅，将由阿列柳亨和沃尔可夫帮助改装训练和战斗训练。你们会成为好朋友的，而我们也会常见面。"看来，苏军的空军师长比中国的军区空军司令了解的情况还要多而详细。

当天下午，方子翼又是光杆一人来到辽阳。

首先，方同空3旅第8团的参谋长商量，请他将8团的营房让出一部分给4旅旅部进驻，顺利得到了解决。

接着，方到北大营同苏军151师副师长阿列柳亨商量，请他挪一部分房子供10团进驻。阿列柳亨说，别洛夫已来过电话，明天就可腾出房子给10团，这个问题又顺利地解决了。

29日，方子翼到辽阳市政府，向市长说明中国空军第4旅进驻辽阳，尚差两个团的营房，希望在市的边沿找点空房进驻。市长很慷慨，当即答应将火车站附近的仓库给他做营房。

没想到，到处开绿灯。不到两天，旅部、飞行团、供应大队、旅直的营房就基本解决了。

10月31日，混4旅旅部、第10团、第10供应大队一齐来到辽阳，按安排的住地进入营房。

混4旅在辽阳驻定后，即按空军10月31日的电示，改番号为："中国人民解放军空军第 4 驱逐旅”，代号为“太平洋部队”。

1950 年 11 月 5 日，空军首长电令：为了统一部队的番号和便于保密，自 11 月起，将飞行部队番号中的机种名称取消，并将空军部队的旅改为师。据此，空 3 旅改为空 3 师，空 4 旅改为空 4 师，方子翼的职称由旅长改为 4 师师长。

1950 年 11 月 20 日，军委决定由东北军区监督空 3 师和空 4 师分别接收苏联空军 151 师和 28 师的装备。据此，空 4 师接收了驻辽阳基地的苏联空军第 28 师的全部装备，计：

喷气式米格 -15 驱逐机	60 架
活塞式雅克 -12 通信机	2 架
指挥雷达 π -3	1 台
对空指挥电台	3 部及其他地面设备

11 月 25 日，在沈阳专家招待所，由东北军区司令员高岗监督，4 师师长方子翼和苏联空军 28 师师长阿列柳亨完成了签字仪式。就这样，在苏联空军官兵鼎力帮助下，在这么短的时间里完成了空 4 师的改编组建工作。

战地见学　指挥空战

1950 年 11 月 7 日晚，方子翼接到刘司令的紧急电话，要他带上精干的指挥班子，于 8 日晨 6 点赶到沈阳报到。军令如山，方子翼接电话后，于 8 日凌晨 2 点乘吉普车出发，天不亮就到了沈阳交际处。

当日清晨 6 点准时，他们见到了刘司令员，司令员说：

“朝鲜战争很紧张，美国空军出动大量飞机，不仅对志愿军的部队进行狂轰滥炸，而且对平壤、新安州、新义州、老义州等城镇以及交通干线、交通枢纽进行大规模的轰炸，特别是对安东（现为丹东）江桥进行了试探性轰炸。苏联方面对这个情况很重视，远东空军司令克拉索夫斯基昨日飞来沈阳，今天要到安东（丹东）去现场观察研究形势，我要陪同前去。

“另外，苏联派驻中国东北的空军部队已经升格扩大，以151师为基础，升格为64军，别洛夫升任少将军长。同时，从151师抽出一个团，另成立一个28师，原28团团长萨波什尼可夫升任151师师长，原151师副师长阿列柳亨升任28师师长。目前，别洛夫在安东设立了一个前方指挥所，那里可以现场观察情况、指挥空战。我和别洛夫说好了，让你到他的前方指挥所去学习指挥空军作战。这是一个最实际的学习机会，明白吗?”

刘司令不厌其烦地一口气说了这么多新情况，还特别说得这么详细。方子翼理解刘司令的良苦用心，连忙说：“明白，明白!”

他们在交际处吃了一碗面条就去沈阳火车站。不一会儿，克拉索夫斯基和别洛夫一同来到。他们一齐上了一节运油专车，向安东驶去。

本来，运油专车是特别快车，但因途中军用列车很多，一列接着一列向安东开去。他们沿途让路，一直挨到晚上9点钟才蹭到安东。别洛夫陪同克拉索夫斯基直接去了64军的前方指挥所，方子翼随刘司令在安东市住进了辽东军区招待所，王连生司令员接待了刘司令员一行。

9日一早，方子翼一行就来到浪头镇64军的前线指挥所。真是巧得很，他们刚到，64军指挥所所长向克拉索夫斯基报告说：雷达发现在朝鲜东海岸和西海岸上空都有低速度的机群北上，别洛夫已下令鞍山、辽阳的部队各准备12机到安东地区迎敌。

大约9点钟，从鸭绿江口上来一大群小飞机，都是螺旋桨式的单发俯冲轰炸机，就像一团蜜蜂，密密麻麻地挤成一团，约在1500米的高度上，直冲江桥而来。一接近江桥便成双成对地俯冲下来，先放火箭后投弹，投弹后就超低空向黄海逃去。可惜，米格机来得太晚，让它们都跑掉了。那么多的高射炮开火，也未打上一架。

这一群小飞机退出后，接着从新义州方向在3000米的高度上飞来一群B－29，拉着浓浓的黑烟，分为5个4机菱形编队，平平稳稳地朝江桥飞来，投完弹后也向黄海飞去。在B－29的编队上面有许多小型喷气机活动。当

B－29轰炸江桥时，米格－15才赶到。

在整个敌机轰炸的过程中，新义州、安东市及江桥周围的高射炮的发射声像煮粥一样地响个不停，此时天空中飞机的嗡嗡声、机关炮的轰隆声和高射炮弹的爆炸声，以及地面上高射炮的轰隆声和飞机炸弹的爆炸声响成一片，既分不出声音的个数，也分不出是什么弹药的响声，只听到轰隆声一片。

这次空战的规模很大，双方投入的飞机合起来100多架，俯冲轰炸机的动作非常灵活，进入目标就俯冲，投完弹就逃走。而B－29则是平平稳稳地进入，平平稳稳地投弹，平平稳稳地转弯退出。战斗机在轰炸机周围翻上翻下。这一幅图景十分壮观，只可惜没有见到一架敌机当场坠落，而江桥紧靠新义州的一节桥梁已被炸坏。

方子翼是第一次看到这样大规模的轰炸和这样激烈的空战。俗话说：来得早不如来得巧，今天他一来就赶上了这个激烈的战斗场面，大开眼界，心想，真是百闻不如一见啊！

在空战期间，别洛夫拿着话筒在室外目视指挥。整个过程不过30分钟。战斗结束后，一切恢复了正常。空战原来就是这么一回事，来也匆匆，去也匆匆，战斗一会儿就结束了。看似简单，组织起来却是很不容易的。

下午，刘司令和克拉索夫斯基返回沈阳了。方子翼带着指挥班子在别洛夫的指挥所开始学习。

从11月9日至18日，一连10天，每天都有小型机群到新义州、安东江桥地区活动。别洛夫不断地令鞍山、辽阳、沈阳的部队轮流出动小分队来安东地区巡逻，每天都有小的空战，每天都有战果。据统计，64军151师和28师在11月份的空战中共击落、击伤美国飞机50余架，真是战果辉煌。

方子翼在安东学习了半个月，亲眼看到别洛夫军长的指挥程序和方法。方子翼注意到，别洛夫每天起得很早，先检查询问各师的作战实力、准备程度，而在敌机活动的时间内，及时命令部队进入等级值班的兵力，再视敌情活动趋势适时令部队起飞，飞机飞抵战区后则实施对空指挥。晚上发电报告

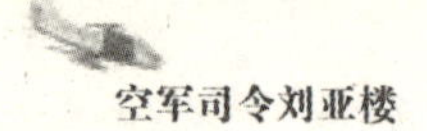

知各部队当天作战中发生的问题，根据敌情活动特点提醒部队注意事项。此外，还不定期地向远东军区发报报告战场上的新情况。

方子翼亲眼看到，在前方指挥所工作的别洛夫将军在敌机不断进犯震耳欲聋的炮火和飞机的轰鸣声中，竟那样镇定自若，指挥有方，真是训练有素的苏联空军的精英啊！

方子翼一行在这十几天中学到了很多宝贵经验，满载而归。

友军相助　首战告捷

第10团28大队的10名飞行员，遵照空军首长的命令，肩负着“揭开空战之谜”的使命，于1950年12月21日驾着10架米格－15战斗机，飞赴安东浪头基地，进行实战锻炼。

在这里，与在上海帮助第10团改装米格－15的苏联空军第151师29团的老朋友重逢，大家特别高兴，格外亲热。经过几天的准备，28日正式开始战斗值班，执行作战任务。

克拉马仁科将军曾参加抗美援朝战争，同中国空军三师并肩作战，掩护过王海大队和刘玉提大队，他本人击落美机13架，其中3架B－29空中堡垒，曾见过刘司令员

战斗值班的序列，按照与友军协商的方案，同友军29团的部队混合编组。友军出动，28大队亦出动：友军出动一个中队，28大队出动一个双机；友军出动一个大队，28大队出动一个中队；28大队的编队居于机群的中间。

从值班开始，每天都有战斗出动。每次出动中，起飞、集合、编队、爬高、出航等动作都很正常，很顺利。但是，每次出战中，临到接敌阶段时，就不正常，不顺利了。每当地面指挥员向空中编队通报敌我关系位置和敌我相距30公里时，友军的前后编队就都加速向敌机方向冲去，而将28大队的编队丢在后面，既打不上仗，也看不见敌机，还看不见友机。空战怎么打，还是一个“谜”。

1951年1月29日，终于迎来了第一次空战。上午，雷达发现平壤西面有数批敌机沿铁路线北上，苏军师长令其29团出动8机截击，方师长也令28大队出动8机迎敌。李汉立刻率队起飞。

李汉为争取在友军前面发现敌机，高度不足3000米就出航过江。编队接近安州时就发现敌机在攻击清川江桥，遂即迂回到敌机的后面，在距敌400米处，用固定光环瞄准，三炮齐发，将美国空军的一架战斗轰炸机F－84击落。

空军首长刘亚楼司令员对初次空战的胜利非常重视，来电说：“这次空战的胜利，证明年轻的中国人民空军是能够作战的，是有战斗力的。这是友军帮助的结果，在此要向他们致谢，相信这是志愿军空军继续取得更大胜利的开端。”

从1950年12月至1953年7月，志愿军空军在朝鲜作战2年零8个月，共击落敌机330架，击伤95架；我方被击落231架，被击伤151架。

新中国成立后，空军不仅担负北京、上海等大城市的防空任务，还完成了支援陆、海军歼灭国民党残敌，以及进军西藏的空运空投等任务。

从20世纪50年代初到60年代末，空军在国土防空作战中，共击落美国和国民党窜入大陆侦察、骚扰的F－86、F－104、P－2V、RB57D、U－2、

1952 年，刘亚楼在西郊机场接见放单飞的第一批女飞行员

F48 等型飞机 99 架、击伤 184 架，保卫了国家领空的安全。

就这样，人民空军在以睿智的主帅刘亚楼将军为首的空军党委的正确领导下，在苏联空军的直接指导和具体帮助下，神速地成长壮大起来，创造了世界空军史的奇迹。刘司令员是人民空军的主要创建人和奠基人。我们要永远铭记他的教诲，努力奋进，使人民空军永远走在世界的前列。

1959 年 10 月 7 日，我地空导弹二营在北京通县上空一举击落国民党高空侦察机 RB－57D。刘亚楼陪徐帅、贺帅到现场视察时留影（右起：岳振华、×××、蔡畅、刘亚楼、贺龙、王秉璋、李富春、吕正操、徐向前、张伯华）

1952 年，刘亚楼（前右）陪同朱德（前左）在西郊机场视察

1952 年 3 月 8 日，刘亚楼陪同朱德在北京西郊机场参加
中国第一批女飞行员起飞典礼，向女飞行员招手致意

接见第一批女飞行员合影留念

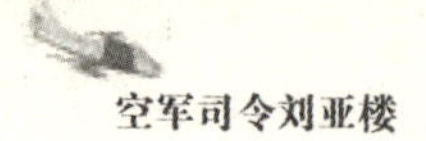

用陆军的宝贵经验创空军奇迹

凡是在刘亚楼同志身边工作的人都了解，他虽然是空军司令，但从不以技术军种自居。相反，在空军党委会上，在向全体干部作报告时，在印发文件、指示中，从来都明确指出："在陆军基础上建设空军"，"任何强调空军特殊或表现空军突出的想法都是错误的"。他着重指出："一定要向陆军学习。只有把陆军的传统、经验、机构、人员，结合空军建设的具体条件，加以正确运用，才能使人民空军很好地建设起来。"这是他的一贯思想。

他不仅宣扬了这种思想，更重要的是他作为空军司令员能以身作则刻苦学习空军专业技术，深入钻研，不耻下问，用在陆军积累的宝贵经验，举一反三创造了空军的奇迹。

比如抗美援朝初期，他在安东前线指挥作战，根据志愿军空军的战斗实践，结合对美军空军战术的研究，创造出一套适于自己、反制敌人的空战战术原则"一域多层四四制"。

《当代中国空军》评述："'一域多层四四制'空战战术原则的提出，是志愿军空军空战战术从实践到理论的一次飞跃。在当时的技术装备条件下，这一空战战术原则能够比较好地体现在空战中争取兵力优势和战术优势的思想，对于适应喷气式飞机高速机动的特性起到了明显作用……它对人民空军战役战术思想的形成和战术理论的发展有深远的影响。它在世界空战战术史上也应当占有一席之地。"这个实战原则，受到有多年飞行经验的空军总顾问卡塞赫的称赞，受到苏联防空军军长斯留萨列夫中将和阔日杜布师长的高度评价。

刘亚楼根据陆军作战的经验，灵活地和创造性地将四野在辽沈战役中创造的"一点两面三三制"的战法巧妙地运用到空军中。他号召参战部队边打边建，在战斗中成长。当志愿军空军与美国混合机群打了几次大规模空战后，刘亚楼觉得解决空战战术问题的条件已经成熟。他亲临安东机场，参加空战指挥，参与战斗讲评，反复与参战指战员研究，草拟了歼击航空兵“一区两层四四制”空战战术原则，下发部队讨论并在战斗中试行。以后，这一战术原则在表述形式上改为“一域多层四四制”。

他解释说，“一域多层四四制”战术原则的基本含义是：同批同梯队机群以4机为单位，按不同间隔、距离、高度，采取层次配备，构成小编队、大纵深的战斗队形。按照统一的作战意图，以长机为核心，在目视和战术联系的范围内，保持一域，相互协同作战。1952年2月份，是志愿军空军灵活运用“一域多层四四制”空战战术原则最为成功的一个月。全月作战26天，击落美机37架，击伤7架；我方被击落12架，被击伤14架。敌我被击落飞机之比为3∶1。

1956年10月，刘亚楼陪同毛泽东主席在南苑机场参观苏联图－104大型客机时留影

刘司令员在1957年我军建军30周年之际，经总政批准写给苏联《红星报》的征文《年轻的中国空军在成长》中，当谈到抗美援朝取得的赫赫战果时，也着重谈了王海、刘玉堤等空军战斗英雄的优良战斗素质，说明他们之所以能在短时间内迅速掌握一流的先进飞机，且面对强敌之所以毫无惧色，不仅因为他们都具有孤胆英雄的品格，更是同他们在陆军中经过战斗考验是分不开的。因为组建空军时，从陆军抽调的连排干部大部分都是战斗英雄和模范，都经受过枪林弹雨的磨炼和考验。正是因为我们有陆军的宝贵经验，才使得我们的年轻空军能在如此短暂的时间内组建起来并很快投入战斗。

1962 年，在中南海刘亚楼向毛主席、刘少奇汇报击落美制 U－2 高空侦察机的经过

1954 年冬，在他的主持下，空军党委认真学习了毛主席关于“在英勇的经过了考验的人民解放军的基础上，我们的人民武装力量必须保存和发展起来。我们将不但有一个强大的陆军，而且有一个强大的空军和一个强大的海军”的指示，结合空军的具体情况，确定了“在陆军基础上建设空军”的方针。

他大胆地运用我们仅有的几个地空导弹营，沿国民党美制 U－2 高空侦察机飞行的航迹，在几个省份，打游击打伏击，先后击落敌机五架，令世界刮目相看，堪称奇迹。

1962 年，刘亚楼在空军指挥所向叶剑英元帅汇报战备情况

原空三师师长袁彬（左）和空军
一级战斗英雄特等功臣王海合影

1964 年 11 月 15 日，驻遂溪空 1 师中队长徐开通，运用并发挥刘司令员创造的“甩上去”的战法，在广东雷州半岛上空首次将一架美军无人驾驶高空侦察机击落，此战再次说明刘司令总结的战法取得了可喜的成果，将防空作战能力提高到了一个新的水平。

刘司令员不仅是一位指挥若定的具有睿智韬略的优秀军事指挥员，也是一位优秀的政治工作者。他根据空政的调查研究，结合基层实际，1963 年 9 月在空军政工会议上正式提出解决现实思想问题的三个环节。“及时发现，确实弄清，正确解决”。这“三个环节”是空军政治工作的重大创新，受到军内外的好评，防微杜渐，防止了很多飞行事故的发生。

当刘司令员发现有些空军飞行员由于掌握了技术，流露出看不起陆军的情绪时，便在大会上严厉地批评说：“这是忘本思想。”他非常风趣地说：“要知道决定战争胜负的，还是靠陆军老大哥！飞机上不了刺刀，飞机抓不了俘虏。……”用极其通俗的语言告诫空军人员：“你们要永远记住陆军是老子，空军是儿子。”

他在任何场合都谈这种思想。1961 年他率领国防工业代表团赴苏谈判，

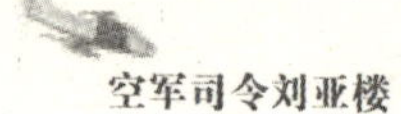

在中国驻苏大使馆宴请苏联空军司令、空军主帅维尔希宁时，也十分明确地阐述了陆军和空军的关系，说明中国空军飞行员和干部都是来自陆军部队的，中国空军部队也都是从陆军部队改编过来的，他们具有陆军的作战经验，又掌握了空军指挥作战的本领，“真是如虎添翼”。

1958 年，刘亚楼接见空军作战有功人员，并授予奖章

1963 年 3 月，周恩来（右二）、邓小平（左二）、李先念（左三）、邓颖超（左一）和刘亚楼（右一）在北京西郊机场

1964 年 7 月，在福建漳州观看被我地空导弹击落的美制 U－2 高空侦察机残骸（右起：刘亚楼、叶飞、岳振华、徐深吉、李进安）

四、军事外交中的风采

翻开近百年来中国革命战争史，立刻映入眼帘的，是中国将帅指挥千军万马，南征北战，席不暇暖，纵横捭阖，所向披靡，百战不殆的光辉战绩。他们不仅是军事家，也是历经复杂政治斗争考验，立场坚定，机敏睿智的政治家，同时，也是不亢不卑，有理有节，审时度势，善于处理错综复杂外交事务的军事外交家。刘亚楼将军就是他们之中杰出的代表之一。

1955 年 10 月 1 日，授衔后，在天安门城楼上，刘亚楼上将与张爱萍上将（中）、李克农上将（右）合影

作为他的翻译和秘书，我深切体会到，刘司令员不仅是一位杰出的军事家，而且也是一位睿智的政治家和优秀的外交家。他在与苏联专家顾问接触中，带团出国访问和与国外人士谈判过程中，都充分发挥了明察秋毫、审时度势、有理有节、不亢不卑、冷热适度，既坚持原则又灵活机敏的军事外交风采；他才华出众、踔厉风发、处事决断、机智果敢，具有纵横捭阖、运筹帷幄、决胜千里的大将风度。

常言说得好："观一斑而知全豹"，"一滴水可以反映出太阳的光辉"。

刘亚楼将军于20世纪30年代后期，曾奉中央委派赴苏深造，就读于莫斯科伏龙芝军事学院，后来又参加苏联伟大卫国战争，前后在苏历时八年之久，精通俄文。但他后来代表国家和军队出国访问，以及接待苏联等外国代表团来华访问期间，在谈判过程中，在正式场合，从来不讲俄文，一切都通过翻译传达。他说："这是一个维护国威、军威的重大原则问题，不该为显露自己的语言才华，或为了沟通方便而擅自放弃说国语，那将有损伟大祖国的尊严，这要作为一条严肃的外事纪律定下来。"

在苏联卫国战争时期，刘亚楼与苏军战友合影

刘亚楼将军在外事活动中严格遵守了这条纪律。他非常敬佩周恩来总理的外交风采，他时时、处处、事事都向周总理学习。他说："总理虽精通英文、法文，但在正式场合从来不讲外文。总理讲得非常正确，外交无小事，事无巨细都要认真对待，绝对不能掉以轻心，对外事工作而言，谨慎从来不嫌多，多一分谨慎少一分错。”

我有幸曾在将军身边工作十年，谨通过切身体会到的感人至深的点滴故事来介绍刘亚楼将军在对外交往中，表现出来的军事外交才华和夺目的风采。

拜访卡塞赫将军

中国人从来不忘老朋友，既重亲情，也重友情。1957 年，刘司令员在随军事友好代表团访苏期间，利用活动空隙时间，专程拜访了卡塞赫将军。记得刘司令员对我说过，不能小看这些活动，这既是政治，又是外交。

卡塞赫将军曾在中国工作三年多时间，1955 年回国，又担任一段时间苏联空军副总司令，于 1957 年退休，在家中安度晚年。他的住宅在市中心政府军政要人聚居的库图佐夫大街上，是一栋黄色的五层小楼。当我们叩响了二层 203 号的房门时，一位朱颜鹤发的老者开门站在我们面前，他就是我们要拜访的卡塞赫将军。他穿一件刚浆洗过的白衬衫，外罩浅灰开衫毛衣，看来，好像着意打扮了一番。我们的出现使他惊喜激动，手有些颤抖地迎上前来，“快请进，快请进！”一边说一边把我们让进门厅。一进门，我立刻感受到这里充满着中国文化的气息。这四室两厅的套间，室内布置得很讲究。虽说是以俄罗斯风格为主，但许多摆设却来自中国。壁毯和地毯都是中国生产的。墙上的挂毯图案是万里长城，而地毯是二龙戏珠。在珍宝架上，有一个精雕细刻的十三层象牙球，摆在最醒目的地方。这是他 1955 年胜利完成任务，离开北京时，刘司令员代表空军全体人员赠送给他的礼物。

刘司令员这次登门拜访，令卡塞赫喜出望外。他们见面后，彼此紧紧拥抱。刘司令员满怀深情地对他说："您好啊，老朋友，我们今天来看望您，也是给您祝寿来的！如果我没记错的话，11月12日正是您60岁华诞。我们特意选这个日子来为您祝寿！我们按这里的风俗，为您特制了一个大蛋糕，还从中国给您带来两件小礼物，略表心意，不成敬意，请老朋友笑纳。"司令员说完，我和秘书将大蛋糕端到将军的面前，那两件礼物也展示在桌上。

卡塞赫将军和所有苏联朋友一样，十分珍重友情，见到这种场面，令他激动不已。他紧紧握住刘司令员的手，眼泪夺眶而出说："谢谢您，谢谢你们，我万万没有想到您还记得我的生日，而且还……"他不知说什么才能表达他此时的心情。

刘司令员带来的两件礼物都是经他精心挑选的，很有特色。一件是徐悲鸿画的奔马图的水印复制品，另一件是彩瓷老寿星。

卡塞赫是骑兵出身，与马结下了深厚的友谊，对马情有独钟。刘司令员十分了解他的偏爱，才送奔马图的。另外一件足有半米高的彩瓷老寿星，也是寓意颇深的，祝愿他像老寿星那样健康长寿。

卡塞赫接过礼物，反复端详，让儿子立刻把奔马图挂在客厅正面的墙上，认真仔细地欣赏，并对司令员说："谢谢您送给我的这匹战马，使我想起了三十年代横跨战马，手持战刀，驰骋沙场的情景！您看，这匹马四蹄生风，栩栩如生，简直画活了！好极了！"他赞不绝口。

卡塞赫将军问我们喝茶还是喝咖啡。刘司令员十分了解俄罗斯的习惯，他说："入乡随俗，今天咱们就喝咖啡吧！"卡塞赫将军的夫人，一位富态、颇有风度的乌克兰女人，给我们端来了散发着浓香的咖啡和她亲手制作的苹果夹心点心。我们边吃边听卡塞赫将军给我们介绍他退休后的隐居生活，好像一家人一样促膝谈心。

后来，卡塞赫把话题一转，谈起他在中国工作时留下的印象。他说："中国朋友是真诚的。在中国工作几年，给我留下了深刻的印象，中国人勤劳、聪明、刻苦、勇敢，有一种大无畏的精神。用那么短的时间，掌握了那样复杂的航空技术，令人敬佩。应该说句公道话：中国飞行员创造了人间奇迹，面对美国那样最强大的敌人毫无惧色！我清楚地记得，在抗美援朝战争中，一个年仅 19 岁的飞行员，”他停顿片刻，想不起那个飞行员的名字，司令员立刻猜透了他的心思补充一句：“那年轻飞行员叫韩德彩！”卡塞赫立刻记起，“对，那个韩德彩在米格 - 15 飞机上只飞了 45 个小时，就击落了美国第五航空队的双料王牌飞行员爱德华上校，这不是奇迹是什么！还有一位飞行员驾驶拉 - 11 螺旋桨飞机硬是把美国最新式的 F - 86 佩刀式喷气式战斗机打下来啦！真了不起！”老将军越讲越激动。

刘司令员接着说：“卡塞赫同志，中国人民永远不会忘记苏联朋友的援助！没有苏联飞行员的认真教练，没有你们无私的真诚帮助，我们不会掌握那么快。将军同志，中国有句谚语说得好：‘名师出高徒’啊……”

说到这里，卡塞赫将军打断刘司令员的话，也引用了中国的一句谚语说：

“司令员同志，记得我在中国时，您还告诉我另一句成语，叫作‘青出于蓝，而胜于蓝’对吧？我们认为中国飞行员一定会超过我们的飞行教官，事实也充分证明，他们的战绩如此辉煌，像英雄的王海大队能击落击伤敌人 29 架飞机，就是一个明证啊！请您代我向所有中国朋友，向勇敢的中国飞行员致以崇高敬礼，希望他们获得更大的成就！”

临别时，卡塞赫将军赠送给刘司令员一个克里姆林宫和红场全景的水晶玻璃雕像。他说：“司令员同志，我赠送你这个小小礼物，象征着苏中两国人民和两国军队之间的友谊，像水晶一样纯洁和磐石一样牢固！”两位将军的手又一次紧紧地握在一起，久久没有松开。

会晤列宁女秘书福季耶娃

1957 年 11 月，我军事友好代表团访问十月革命发祥地列宁格勒。其间，列宁格勒州党委为表示欢迎，在冬宫宴会大厅里为各国代表团组织了一次盛大的宴会，苏方一些老布尔什维克也应邀出席作陪。

记得，那天在那座用五颜六色的大理石装饰的金碧辉煌的大厅里，集聚了来自五十几个国家的友好代表团成员，人们熙来攘往，很是热闹。宴会前，许多人站在那里交谈。有两位年逾古稀的老人，正在人群中穿行，目光不断地扫视着每张面孔，好像在挤满人的月台上焦急寻觅久别后即将重逢的亲人似的。当他们一看到身穿中国人民解放军将军军服的刘亚楼司令员时，脸上立刻露出了欣喜的笑容。他们来到刘司令员的身旁，亲热地伸出手来，高兴地说："可找到你们了！你们好啊，年轻的中国将军！"

刘司令员也很有礼貌地伸出手，亲切地回答："你们好！"

在分别与他们握手时，刘司令员向我示意，仿佛在询问：

"你认识他们吗？"

结果是我们谁也弄不清面前这两位老人究竟是谁。在疑惑中，我定睛注视着他们。这位老妇人头发灰白，整齐地梳理在脑后。她满脸皱纹，眼窝深深凹陷，但眼里却闪着智慧的光芒。她身穿质地柔软而合体的黑色晚礼服，肩上披着银灰色羊毛大披肩，显得高雅大方。另一位老者童颜鹤发，身穿崭新军装，戴海军少校荣誉军衔。他们的热情令我们费解，莫非是认错人啦！在我们脸上刹那间掠过一丝莫名其妙的表情……这两位老人立刻猜透了我们的心思，他们便互相介绍说：

"同志，你们可能不知道这位女同志是谁，"老少校先开口说，"让我来给你们介绍一下，她就是当年列宁同志的女秘书福季耶娃，是 1904 年入党的老布尔什维克，今年已经 76 岁了。"

这时福季耶娃转过身去，指着安德烈耶夫介绍说："这位是当年领导'阿芙乐尔号'巡洋舰起义的英雄水兵安德烈耶夫，也是老布尔什维克，现在是纳希莫夫少年海军学校的名誉校长。"

听到介绍后，刘司令员怀着敬佩的心情再次伸过手去，紧紧地和他们握手，刘司令员高兴地说：

“今天有幸见到二位老革命，非常高兴！”

福季耶娃也紧紧握着司令员的手一直不放，兴奋地畅谈起来。

福季耶娃虽已上了年纪，但身体仍很硬朗，也不像一般俄罗斯妇女那样发胖，两眼炯炯有神，思维很敏捷。她说：

“同志啊，来自世界东方的中国同志啊，我要告诉你们列宁同志早在几十年前就预见到：世界革命的中心今后不是在欧洲，而是在亚洲！”

说到这，她的双眼射出锐利的光芒，继续说：

“如今列宁的伟大预言正在变成现实！看太阳不是从东方升起了嘛！伟大的中国人民在毛泽东同志的英明领导下已经站起来了，巨人已经迈开了大步，在迅猛前进！我真想在有生之年到中国去，亲眼看看太阳怎样从天安门升起的……”

说到这里，她突然停下来沉默片刻，接着说：“我要用亲眼看到的事实来批驳那些谬论和陈腐观念！不久前，有位意大利朋友到我家来做客，一提到中国，她马上说‘那里女人都裹着小脚，男人留着长长的辫子……毛驴、人力车，还有贫困、落后、愚昧……’我当时就打断了她的话，我告诉她，那是旧中国，不能再保留那陈腐观念，要正视现实……”

她停顿一下，以充满信心的口吻坚定地说：

“伟大的中国人民已经在阔步前进了，真是一日千里，望尘莫及啊！”

刘司令员十分佩服这位老人的见识，听着老人的慷慨陈词频频点头称赞，并以肯定的口气说：

“是的，旧中国是一穷二白，贫穷落后。但是解放了的中国正在迅速改变面貌，中国人民有信心有力量，一定能用自己勤劳的双手把祖国建成社会主义强国。”

安德烈耶夫听到刘司令员说得铿锵有力，信心坚定，也按捺不住自己高兴的心情，在一旁插话说：

“是的，我们不仅要建成社会主义，还要建成共产主义。我们虽然老了，但我们不服老，我们雄心犹在，要贡献出自己的余热，还要和年轻人一起迈进共产主义的大门，共度人类的青春呢！”

福季耶娃这时插话说：

“今年我虽然已经76岁啦，但我不愿休息！”

安德烈耶夫打断她的话，抢着向我们介绍说：

“福季耶娃同志把自己全部存款都捐献给了教育部门。”福季耶娃接着说：

“是的，我不需要钱，我不计报酬，我要的是革命事业！我还想在我有生之年，为建设共产主义再做出一点微薄的贡献……我要工作，但我不想挡年轻人的路，不占任何职位，我要做教育工作，向青年人好好讲讲列宁同志当年是怎样生活、工作、学习和战斗的。我发言不用准备讲稿，列宁同志给我留下的这份宝贵财富，是一辈子也用不完、讲不完的……”

刘司令员被这两位老人感动了，他热情地称赞他们说：“我们非常钦佩你们这种可贵的精神，我们确实应该像列宁同志那样生活和战斗！应该用这种精神去教育年轻一代，让十月革命精神永远发扬光大……”

当我们谈兴正浓的时候，扩音器传来请客人入席的声音，我们搀扶着两位老人，随着人流步入灯火辉煌的宴会大厅。

巧遇黑人歌王罗伯逊

在紧张谈判之余，苏方为了表示友好，邀请我们到大剧院观看芭蕾舞剧《巴黎的火焰》。该剧是根据1870年法兰西革命、成立巴黎公社等革命史实创作的。客随主便，我们接受了邀请，来到了大剧院。剧院门前挤满了人，都在那等退票。莫斯科人和外地来出差的人都很想看大剧院上演的节目，他

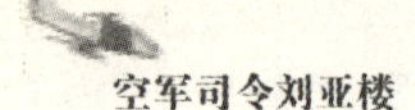

们不惜花高出票价20倍的高价来购买退票，以饱眼福。

演出半场中间休息时，我同刘司令员离开大厅，随着人流信步走进位于地下的休息室。前去欣赏芭蕾舞的人文化素质一般都很高，都能自觉遵守纪律。在演出过程中，三千多观众，鸦雀无声，人人都凝神静听，没有交头接耳大声喧哗的人，也没有人吸烟。宣布中间休息后，人们依然是静悄悄地鱼贯而出，有的到吸烟室吸烟，有的到休息室喝些饮料。

我们刚一走进休息室大门，就被一只黑人的大手给拦住了：我抬头一看，在我们面前站着一位个头足有1.9米，身材魁梧的黑人。他身穿一套笔挺的高档黑毛料礼服，雪白的衬衣上系着一条绛红色的领带。他牙齿洁白，嘴唇宽厚，给人一种诚实、憨厚、淳朴的印象。他站在那里，比一般个子较高的西方人还要高出一头，十分出众。

他面带笑容，用不十分流利的俄语说："看你们穿朴素的中山服，我就断定你们是中国朋友。我没有弄错吧……我相信自己的眼力和判断……"

"是的，您的眼力和判断都不错，我们是中国人。您好，黑人朋友！"

那人听后，立刻把两只大手伸向司令员和我，和我们的手紧紧相握。

刘司令员凝视着站在我们面前的这位似曾相识，眼熟的黑人，思考片刻，接着反问道："如果我没有认错的话，您可能是世界上最著名的男低音歌手保罗·罗伯逊①先生吧！"

当眼前这位高大的歌王看到，来自万里之外的中国将军把他认出来时，

---

① 美国著名黑人歌手保罗·罗伯逊，1976年1月26日在费城离开人世。他的祖先是被人从非洲抓到美国去的。他父亲威廉·罗伯逊，年轻时候仍像祖辈一样，在种植园里当奴隶，后来，他父亲从美国的南方逃到北方，参加林肯领导反对南方奴隶主的斗争。战争胜利后，他的地位得到改善，经过努力，后来当上了牧师。虽然如此，作为一个黑人，在那个种族社会里依然经常受到歧视和迫害。保罗于1896年出生在这样一个家庭里。年轻时，他酷爱足球，从27岁起，他才显示出杰出的歌唱天赋，从此以后，持续了几十年歌唱活动。1930年，罗伯逊曾在歌剧《奥赛罗》中扮演奥赛罗而一举成名。他特别喜欢唱世界各国的民歌，他能用二十种语言演唱二十几个国家的民歌，其中包括用俄语唱俄罗斯著名的民歌《伏尔加船夫曲》，用中文演唱《牧羊姑娘》《凤阳花鼓》和《哥哥骑马骑龙》等中国歌曲，由于他的男低音举世无双，被誉为"黑人歌王"。

高兴地连忙点头称是，并张开大嘴，爽朗地笑起来，边笑边问：

“先生，您怎么会认出我是黑人歌手呢？”

“因为我看过您主演的电影《微笑的群山》，听过您演唱的《老人河》。您的歌声优美动听，像洪钟一样低沉洪亮，是世界上最好的男低音，真是百听不厌，中国人都喜欢听您唱的歌呢……”

罗伯逊听到刘司令员说的这番话后，更加兴奋，心里非常得意，从他眼神里流露出对司令员的敬佩之情，我在一旁听了也感到很吃惊，心想刘司令员知识面真广，今天作为一名高级指挥官，不仅能指挥千军万马驰骋沙场，而且还懂音乐，在与黑人歌王意外相遇的情况下，能处理得如此恰到好处，真是了不起。罗伯逊好像突然想起什么似的，松开了紧握着刘司令员的手，目光注视前方，显然是在酝酿感情，演员每次登台表演前都是这样，他停顿片刻后，突然放声高唱《东方红》，而且是用汉语唱的：

东方红

太阳升

中国出了个毛泽东

……

他是人民的大救星

……

这时，休息大厅的四壁都回响起低沉响亮的歌声，开始还有点嘈杂的大厅，顿时静了下来，好像是进入了无人之境。有人听出这是著名男低音歌手罗伯逊的声音，当罗伯逊刚唱到一半，不知是谁一声呼喊：

“罗伯逊！罗伯逊！”

“黑人歌手！男低音！”

人们立刻向我们这里围拢过来，把罗伯逊和我们紧紧地围在中间。

刘司令员紧紧握着他的手说：“罗伯逊先生，谢谢您！”

黑人歌手余兴未尽地说："我再给您们唱一首中国民歌"说罢就唱起来：

说凤阳道凤阳
凤阳本是好地方
自从来了国民党
人民从此遭了殃
……

这首民歌，罗伯逊虽然还是用不太地道的汉语演唱的，但我们听起来却感到格外亲切。我和司令员全神贯注地洗耳恭听，完全沉浸在他那动人的歌声里。

罗伯逊唱完第二支歌，微笑着走过来说："今天为什么要学用汉语演唱这些歌呢？我想告诉你们，我一直准备到伟大的中国去演出，所以才下功夫专门学了一些中国歌……我的心早已飞向北京，梦里我已经攀登上了万里长城……"

说到这里，他突然停顿了片刻，脸上掠过一丝愁云，目光里流露出失望的神情。他接着说道：

"可惜，美国政府不给我办理护照，说没有外交关系，不准去……"他感到既懊丧又愤怒。

正在这时，一些年轻人拿出小册子，递过来请罗伯逊签名留念。他低头看看争先恐后伸过来的手和祈求的笑脸，但没有心思去把小册子接过来，他只抱歉地说：

"对不起！今天我只给中国朋友签名。"他主动给我们签了名，留作永久的纪念。刘司令员听说他想到中国来，心里很高兴；又听说美国政府从中作梗，也感到很气愤，便安慰他说：

"朋友！我们一定把您的深情厚谊带给中国人民！……他们可以刁难您，不给办护照，不让您到中国来，但是您的歌声他们无论如何也是无法阻拦的。事实上也是如此，您优美动听的歌声早就在亿万中国人民的心中回荡了……我深信，终有一天，我们会在北京重逢，在中国听到您用汉语高唱的《东方红》……"

罗伯逊听到刘司令员这番感人肺腑的话，激动得眼睛都湿润了，只是点头，紧紧地握着司令员的手，一句话也没有说出来。

转眼间休息时间过去了，大厅里响起铃声，罗伯逊拉着我们的手，随着人流向演出大厅走去。这时大厅里的灯光已经熄灭，大幕又徐徐拉开。舞台上，巴黎起义者正在街垒旁进行着如火如荼的激战，而起义者的旗帜已在前进的道路上高高飘扬。

历史性碰杯

1956 年 6 月，刘亚楼司令员率领航空代表团参加苏联航空节，并指派我为该团首席翻译。这个代表团的成员有当时的空军政委吴法宪、华东军区空军司令员聂凤智、防空军副司令员成钧、防空军华东军区司令员陈华堂、总参作战部部长王尚荣、海军航空兵参谋长梅嘉生、广州市长朱光等。我们得知，这年航空节苏联邀请的国家最多，面也最广，其中包括美国空军参谋长特文宁、英国空军大臣伯奇、法国空军参谋长布洛克、埃及空军司令、朝鲜空军司令，等等。

那时我们还没有与美国、英国、法国等资本主义国家建交，特别是美国对新中国还存有敌意。针对这样的国际形势，周总理对我团即将在莫斯科进行的活动十分重视，行前专门接见了代表团团长刘亚楼，叮嘱他做好充分准备。

总理说："和美国人打交道要有理有节，不亢不卑。比如，他伸出手来，我们也不要不理人家，是可以握的嘛，怕什么！这对我们没什么损失，但要提防他们恶意挑衅，那是要坚决据理斗争的。不过，在大庭广众之下，量他们也是不敢的……宴会上，他们要同你们碰杯怎么办？我看也可碰嘛，但不要主动找他们……"总理考虑问题非常周到、严密，把一切问题和可能出现

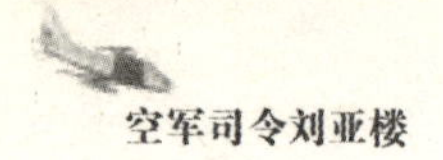

的情况，事先都估计到了，后来的事实也充分证实了这一点。

我们注意到，苏联领导人安排这次航空节是有其目的的，他们想沟通和西方国家的关系，有意打破僵局，同时也想进一步摸清美英等国的脉搏。当时，苏联领导人对中国还是采取非常友好的态度，这对我们进行外交斡旋和斗争十分有利。由于刘司令员事先传达了周总理的讲话精神，我到苏联后对美国代表团格外关注。在观看苏联飞行表演时，我们距美国代表团很近。我看到身高近1.8米的美空军上将在仰头认真观看表演，这人就是特文宁将军。据说他是西点军校毕业的，美空军参谋长，参加过第二次世界大战，是重型轰炸机资深飞行员。我心里想，这位将军看上去彬彬有礼，不知在与我们打交道时能否有这种风度?

在各国空军主帅参加苏联航空节庆典、观看完飞行表演之后的第二天，东道主特意安排了一次苏联国家党政领导人同各国代表团在中央苏军之家花园中会面的露天宴会。可惜天不作美，晴天霹雳，突降暴雨，不得不将宴会临时移到室内进行。

这次宴会非常隆重，当时苏联党和国家的领导人几乎全部出席，在正桌上落座的有赫鲁晓夫、布尔加宁、马林科夫、卡冈诺维奇、莫洛托夫、谢皮洛夫、什维尔尼科、朱可夫、布琼尼、伏罗希洛夫等。外国代表团中，只有中国、美国、英国、法国等几个主要代表团的团长坐在正桌。

当时苏联领导人对中国表现出十分友好的姿态，有意安排刘司令员坐在赫鲁晓夫和朱可夫中间，特文宁坐在朱可夫和布尔加宁中间。指定在大会上祝酒的有中国航空代表团团长刘亚楼和美国空军代表团团长特文宁。主持这次宴会的是苏联元帅朱可夫。他首先举杯祝酒，而后请刘司令员讲话。刘司令员讲话从来都不事先准备讲稿，他不愿意死板板地照本宣科，但心里早已打好了腹稿。为了使我能译好，事先就将所讲的大致内容告诉了我，并让我围绕这些内容选好词句。多年跟随司令员工作，我深有体会，司令员最体谅翻译的辛苦，是会使用翻译的，也十分注意实际效果。他在宴会的前一天晚上对我说：“宴会上人们听到的声音、内容是你翻的，而不是我讲的，因为他们谁也听不懂中文，好坏全在于你的翻译。我斟酌得再周到，考虑得再严密也没有用，若是你翻不出来，或者译得稀里哗啦，不也是白搭嘛……在宴会上我说得慢一些，一句一译，不要慌。”遵照司令员指示，我认真地做了充分准备，事先写成书面的文稿，再译成外文，找几位同志帮助推敲，又下工夫全部背诵下来。这样心里有了底，临场就不慌了。

刘司令员在宴会上的讲话是即席发言，讲得自然、得体，一句一顿，译起来很容易。

司令员的讲话大致内容是：

“亲爱的同志们，亲爱的朋友们！

我们中国人民解放军航空代表团应苏联国防部长朱可夫元帅的邀请来到苏联首都——红色莫斯科参加航空节活动，感到十分荣幸。首先感谢主人的盛情款待和给我们提供的良好机会，使我们能同世界各国空军同行接触，增进航空人员之间的友谊。我们希望加强了解，增进友谊……”

刘司令员落落大方地举起酒杯祝酒：“让我们为世界各国航空人员之间的友谊干杯！”

席间把刘司令员的讲话译成两种语言。我先将中文译成俄文，而后由一位苏联翻译再将俄文译成英文。司令员的祝酒词译成英文后，坐在朱可夫和布尔加宁中间的美国四星上将特文宁也站起身，伸过酒杯，和刘司令员碰杯。

在这一刹那，合众社、美联社和路透社的记者抢到主席台前，向刘司令员争相提问：

“请问，这是不是朝鲜战争结束后，中国将军同美国将军第一次碰杯？”

刘司令员回答：“是的。”

记者进一步逼问：“这是不是象征着友谊？”

刘司令员胸有成竹地答复：“当然是的！”

全场顿时活跃起来，赫鲁晓夫也和刘司令员碰杯。那些惯于抢头条消息

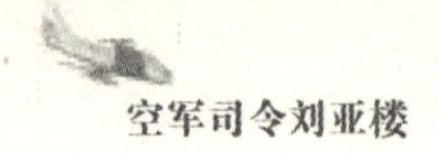

的记者们顾不上碰杯，立刻用屋角早已准备好的电传打字机向国内大型报纸发拍这个重大消息。

其后，在莫斯科近郊土申诺空军机场参观新型飞机过程中，美国空军代表团团长特文宁有意想和刘司令员握手，事先让他副官从手提包里取出一些照片和详细简历材料，认真看了一遍。看来，他们来参加这次航空节前是预先有准备的。我们当然也一样，来前详细地收集了他们每个人的材料。

特文宁将材料看完后递给他的副官，脱下白手套，友好地凑上前来，先开口说："刘亚楼司令员，您好！"

"您好！特文宁将军！"

刘司令员握住特文宁伸过来的手。这时我不由得想起了临行前周总理的嘱咐和预见，内心中油然升起对总理的无限崇敬。

就这样，由于刘司令员的机智果敢，我航空代表团顺利地完成了周总理的重托，打了一场胜利的外交战。

1956 年，刘司令员率航空代表团参加苏联航空节，返回途中在兰州短暂停留，去长城尽头嘉峪关参观时留影（右起：吴法宪政委、刘亚楼司令员、总参作战部长王尚荣、海军航空兵司令梅嘉生、南空司令陈华堂、苏联机长斯托尔尼可夫（戴墨镜者）、孙维韬）

巧批赫鲁晓夫谬论

航空节正式宴会结束后，主人宣布，请客人们再到苏军之家花园里进行自由活动。各国代表团都三三两两走进花园里，有的有说有笑地漫步，有的坐在摆放许多水果、点心、饮料的桌旁聊天。我注意到苏联国家领导人像寻找猎物似的东张西望，正在找寻什么人。赫鲁晓夫和布尔加宁的眼睛盯视着远处草坪的方向，我顺势一看，美国的特文宁和英国空军大臣伯奇一帮人正坐在草坪上摆设的茶桌旁议论着什么。

苏联两位领导人很快就主动凑了过去，同美英代表团一边喝茶，一边海阔天空地大侃起来。宣布自由活动后，不知那些苏联头面人物都到哪里去了。一些社会主义国家的航空代表团坐在那里没人理睬，遭到了冷遇。中国代表团也不例外，除下级军官和服务人员外，再没有人过来同我们打招呼。作为会议的东道主，他们的做法显然有失外交礼仪。我们站在花园一角，感到进退两难，若立刻走开吧，显得不够礼貌，也有失大国风度；不走吧，又觉得很尴尬。正在这时，苏方联络军官拉夫洛夫少校向我们走了过来。这位年轻少校是茹柯夫斯基航空学院副博士讲师，也是中国空军留学生的辅导老师，对我们非常友好。当他了解到我们的情绪时，一再表示歉意并主动跑去向赫鲁晓夫报告。赫鲁晓天听罢立刻站起身，走过来，满脸堆笑地同我们代表团成员一一握手。而后，神秘地向刘司令员递个眼神，亲切地说：“中国将军同志，我们不妨过去坐坐，同他们聊聊天。”在往那边走的路上，赫鲁晓夫与我们同行，他见我年轻就拍拍我的肩膀开玩笑说：“你人年轻，长得也帅，俄语说得又好，不少姑娘会爱上你的，就在这里找个俄国姑娘做未婚妻吧!”我知道俄国人爱开玩笑，也就一笑了之。

中国空军司令的出现，使那里的气氛更加活跃起来。赫鲁晓夫以主人翁的姿态首先讲话：“请允许我给各位介绍一下，这位上将是中国人民解放军的空军司令员刘亚楼同志，是文武双全的将军，赫赫有名的战将。”美国空军参谋长特文宁马上回应说：“我们是老相识了，方才刚刚碰过杯，表达了我们的友好愿望！”接着又说：“中国空军发展很快，战绩辉煌……”也许特文宁本想提一下抗美援朝的状况，猛然想起美国空军惨败的事实，便刹住车。赫鲁晓夫接过话茬说：“中国空军确实发展很快，国民党空军早已不是对手。”谈到这里，他为表示友好，说蒋介石逃到台湾，想负隅顽抗，是没有用的，八百万军队都被打败了，在台湾一小块地方会有什么作为呢！接着，就信口开河起来。他说：“我想用一个生动例子来描写一下蒋介石。我们天天吃土豆，我们知道，土豆有皮，也有瓤，皮不能吃，我们从来都把没用的东西扔掉。中国的蒋介石跑到台湾去了，蒋介石就像土豆皮一样，是没用的东西，应该扔掉！我看他要死抱住台湾不放，就把他和台湾一块丢进太平洋算了。”他满以为说得幽默，会引起听众的共鸣，人们却没有什么反映。

“总书记同志！您说蒋介石是土豆皮，是没用的东西，应该扔掉，我没意见。但是由于他抱住台湾不放，就把台湾也扔掉，那就错了！台湾不是土豆皮，它可是中华人民共和国不可分割的一部分，怎么能扔掉呢！”刘司令有理有节，不亢不卑地驳斥赫鲁晓夫。

“噢，我不过是做个比喻，说得不够贴切。当然台湾是不应该扔掉的。”赫鲁晓夫颇为圆滑地为自己辩解，并把错话拉回。

“总书记同志！这个比喻，恐怕不是贴切不贴切的问题，应该说是错误的。您也承认台湾不应该扔掉！”

赫鲁晓夫看刘司令员的话柔中有刚，抓住他的谬误，当众指出，令他难堪。他听后有点愠怒，站起身来，替自己辩解说：“我从来都支持中华人民共和国，在我的比喻中，也肯定中国台湾是土豆瓤，是有用的，说蒋介石是土豆皮，并没有说台湾是土豆皮嘛。所以，中国组建空军，我们愿意并积极帮助了，刘亚楼将军正是中国空军司令，对这点应该是非常清楚的。”

刘司令员看美国人和英国人都坐在那里，不动声色地察言观色，不想给他们留下话柄，并给主人一点面子，便很礼貌地说：“总书记同志，对苏联的帮助我们从来都是感谢的，这点非常清楚，既然您一再肯定台湾不该扔掉，是中国领土不可分割的部分，那我们还有什么分歧呢?”刘司令员巧妙而委婉地让他体面地下台了。

赫鲁晓夫还是一脸尴尬。布尔加宁在一旁插话说：“刘亚楼同志，别误会！别误会！您说得对。尼基达[①]只是开了个玩笑!”

于是，赫鲁晓夫和刘司令员又都坐下来，心平气和地继续喝茶聊天。

这件事使我体会到，刘亚楼将军作为我军一位高级将领，他时刻把祖国统一大业放在心上，无论何时何地在原则问题上绝不妥协，再一次表现出他坚定的原则性和有理有节的斗争艺术。

宴请反殖民统治的勇士

我们赴莫斯科前不久，埃及在纳赛尔总统领导下，经过多年的抗争，终于从殖民主义者手里，收回了苏伊士运河的主权。当时不少老牌殖民主义国家群起反对，而中国政府坚决支持，为此毛主席还专门发了贺电。电文写道：“我们坚决支持埃及政府收回苏伊士运河公司的完全合法的行动，坚决反对任何侵犯埃及主权的行为并对埃及实行武装干涉的企图。”临行前，周总理叮嘱我们要主动与埃及空军代表团接触一次，以表示对他们的支持和声援。遵照总理的指示，在大型集体活动结束后，我航空代表团在中国大使馆

① 尼基达是赫鲁晓夫的名，指赫鲁晓夫。

专门设宴，宴请埃及空军代表团。

那天，埃及空军代表团一行 8 人准时赴宴。为首的是该团团长艾米尔·阿卜杜拉空军元帅。他身材高大魁梧，浓眉大眼，黑里透红的脸庞和一头棕色的卷发，若不是在这里相遇，我会误认为他是一个长得很帅气的男演员。宴会是在友好欢快的气氛中进行的。我们对纳赛尔率埃及人民收回苏伊士运河，维护埃及主权表示支持和敬意。他们对此表示十分感激。

我们的埃及客人都显得十分活跃。他们毫无拘束地边吃、边喝、边唱。有一位年轻军官高兴得主动到宴会厅中央为大家跳起了民族舞，从而使宴会气氛达到了高潮。

谈判桌上的较量

当年赫鲁晓夫代表苏联政府单方面撕毁协议、撤回专家，给正在对我国进行的援建项目造成了巨大损失。他干这一手的目的，无非是想拿当年压服南斯拉夫的办法来对付堂堂的伟大中国。他实在是有眼不识泰山，打错了如意算盘。后来的事实证明中国的确不是南斯拉夫，当突如其来的乌云压顶，中苏关系骤然恶化的时候，伟大的中国岿然不动。中国人民不但没有俯首帖耳，反而顶住压力，克服因撕毁协议造成的严重困难，自力更生，艰苦奋斗，在各条战线上都取得了令人瞩目的成果。

面对我国的凛然豪气，赫鲁晓夫无计可施，于 1961 年又摆出一副求和的面孔，答应卖给我们新型飞机和导弹，主动邀请我们派团赴苏谈判。中央领导决定派团，并对中苏关系破裂后派出的第一个代表团非常重视，确定以国防工业代表团的名义出访。中央军委指定空军司令员刘亚楼为团长，选定的团员有：公安部八局局长严复、航空工业部徐昌裕司长、112 飞机制造厂总设计师叶正大、空司军务部副部长刘克江、中国驻苏商务参赞王力、冶金部副部长陆达、五机部部长陶涛，此外还有发动机制造、仪表等方面的专家共20余人，其中大部分人是留苏的，懂俄文。

临行前，周总理专门召见代表团团长刘亚楼，研究分析了种种可能发生的情况，根据预见的几种情况提出几种处理方案。总的精神是不亢不卑，有礼有节，以平等互利的态度谈判，要表现出中华民族的气概，人不犯我，我不犯人，如果蓄意挑衅，那就坚决据理还击。此外，总理还让我们代表团从各方面，通过一些微末细节、蛛丝马迹，观察和摸清苏方各类人员的态度，了解他们对撕毁协议的反应，要求我们把每天的谈判内容都做详细记录，而后通过大使馆信使专门送回来。谈到这里，周总理着重指出："不要发电报，即或密码电报也不可靠，更不准打电话，那更容易被窃听。总之，只能靠特派信使传递，最可靠。"而且要直接送给他。

谈到作记录时，还专门嘱咐说："记得越全越好，不仅正式谈判内容要记，席间对话，谈判外的寒暄、聊天的对话也要记下来。总之，要把他们的一言一行，一举一动都记下来。切不可随心所欲地擅自删减那些你们自己认为没有价值的小事情。对我来说，事无巨细都有价值。"

刘司令员向代表团全体人员原原本本地传达了这个重要指示，并提出："总理的指示要坚决执行。"

1961年严寒的冬季，我随国防工业代表团一行22人赴苏联谈判，购买米格－21歼击机和P－13型响尾蛇"空对空"导弹。我过去曾多次赴苏，可这次却是在中苏关系破裂后的新形势下首次随团出访，心情难免有些紧张。

我们到达莫斯科后就开始进入谈判前的准备，分头了解情况并很快地进入正式谈判。根据总理的指示，刘司令员不仅向我们提出了要求，而且带头执行。每天谈判后，除掉翻译以外，代表团中几位精通俄文的团员如五机部部长陶涛、112厂总师叶正大等立刻在一起回忆情况补记材料，充实记录。

1961年3月，刘亚楼率领国防工业代表团赴苏谈判，购买米格-21和P-13空空导弹，在欧姆河畔留影（右起：高晓飞秘书、孙维韬、刘亚楼司令员、王力商务参赞、保健医生金经得）

我们一边整理，刘司令员一边看并动笔补充、修改、充实。他改得非常仔细，一丝不苟。我们经常要搞到翌日凌晨两三点钟，有时甚至通宵达旦。

有一次我加班到第二天早晨五点，那次险些发生火灾。那天，我们用铝制特大水壶，在大功率电炉上烧水，别人都走了，只留我一人最后誊写。可由于我过度劳累，笔尖插到稿纸上睡着了，那边炉上的水烧干，铝壶烧化，幸亏刘司令员及时发现，关闭电炉，才未酿成大祸。因为要求字大行稀，每天整理出的记录几乎都有几十页，最多的达100页以上。司令员亲自抓这项工作，还研究修改，直到最后完全符合要求。然后，按来前总理指示，由特派信使及时将材料信件亲自带回祖国，直接交到周总理办公室，使总理能及时看到材料，以便研究对策，作出新的部署。

使用特派信使，有其来由。那是由于中苏关系破裂后，苏联克格勃把我国视为潜在的敌人，在我们下榻的宾馆等地到处安装窃听器，以截取情报。使馆向国内发回的材料，即使用密码也常被他们截取破译。他们破译密码的手段高明，速度快，这对我们谈判十分不利。因此周总理决定，凡是给国内汇报和反映情况的全部材料，均由特派信使来携带传递。于是，由外交部和总参二部协商，从军队中派几名具有敌后斗争经验的营团干部共产党员，作为外交部的信使，担负这次神圣而艰巨的特派信使任务。

在这次谈判过程中，由于工作需要，我有机会同几位特派信使打交道，进一步了解到他们的苦衷。他们说，在和平的天空下，在美丽动听的乐曲声中，他们却在无形的战线上进行着一场艰苦卓绝的斗争。他们携带机密文件，都用手铐，一只手铐锁在自己左手上，另一只手铐锁在信使袋上。信使袋是用能防火的石棉特制的。他们执行任务特别艰苦，按照严格规定，旅途中，信使袋时刻不准离身，甚至上厕所都要携带。一般都是二人同行，以便相互照应。两人轮流睡觉，轮流值班。经常吃不上饭，睡不好觉，而且随时有生命危险。

这次执行任务，相当艰巨，克格勃到处设置人为障碍。他们在同克格勃斗智的过程中，表现出超人的智慧和过人的勇敢，一次次顺利完成了保证我代表团传递信件的光荣任务。对此，刘司令员代表全团向国务院为这些无名英雄请功，周总理对我国特派信使的出色工作也感到满意。

我们在莫斯科期间，由苏方安排住马雅柯夫斯基广场附近的北京饭店。刘司令作为代表团团长，给安排一个大套间，其余的人住两人一间的标准客房，在楼下就餐。

根据刘司令员的分析判断，苏方在他的房间里和拨给他使用的专车上可能都安装了窃听器，所以告诉我们在这两个地方不要随便说话，他自己也是倍加小心。我们的碰头会都是在餐厅里开的，那里声音嘈杂，估计苏方无法窃听，比较安全一些。事实证明，刘司令员判断完全正确。代表团团员中有公安部派来的八局局长，就是专门对付苏联克格勃的。他具有丰富的反侦察经验，他认为刘司令员的警惕性很高，判断也是完全正确的。

20 世纪 50 年代，我曾多次随我国代表团赴苏访问，那时两国间的关系好，不存在提防谁的问题，从来没有这样小心翼翼，处处提防。而这次访苏，总觉得周围有种无形的压力，好像有许多只监视的眼睛在盯着我们，有许多个窃听器在偷听我们谈话似的，所以人人都十分警觉。代表团比较重要的会议，都到友谊街我国大使馆里召开。那里有一个特别建筑的房间，屋内装有干扰设备，打开机器，房间四壁都能发出连续的“嘟嘟”声，遥控的窃听器就无法听清我们在房间内的谈话了。据使馆同志介绍，自从中苏关系恶化后，克格勃在我们使馆周围安插了许多密探。有些卖水果、冰棍的街边小贩都是克格勃的耳目，我使馆的汽车一外出，马上就有汽车跟踪。在友谊街尽头苏联国防部还专门在旁边修建了一座招待所，其实那里是监视中国使馆活动的大本营。尽管这样，由于采取了许多防范措施，使馆内还是最安全的。于是根据大使的建议，我随刘司令员从苏方安排的北京饭店搬到了大使馆来居住。

谈判一开始气氛就很紧张，首先要解决的是翻译问题。苏方有一位东方大学中文系毕业的老翻译，年纪大约有40多岁，上校军衔。他口语水平不高，特别是刘司令南腔北调的口音他更是掌握不了，他先打了退堂鼓。于是决定由我担任会谈的首席翻译，中苏双方发言均由我来翻译，如有不妥或疏漏之处，再由苏方翻译提出更正。为了稳妥起见，他们还准备了两台录音机。

谈判刚开始，就遇到了棘手的问题。在苏方准备的协议书文本上，他们别有用心地写上“向中国派遣专家”的字样。自从苏方无理撤走在华工作的苏联专家后，我们对“派专家”这种提法是很反感的，再说我们再也不想请苏联专家了。因此，刘司令员正式提出从协议书文稿中去掉“专家”这个词，并表示我们不同意再派什么“专家”之类的苏方人员来华工作。刘司令员非常机敏，他提议用“工程技术人员”来取代“专家”这个词。苏方航空工业部长斯米尔诺夫上将坚持说，专家和工程技术人员这两个词没有本质区别，不需更改，其实他们心里明白，这两个词反映的概念是有差别的，他们是别有用心的，想把“专家”一词写到文件里去。表面上这仅仅是选用哪个单词的争论，其实质反映的却是一场政治斗争。他们为了掩饰自己不可告人的目的，专门搬来乌沙柯夫详解辞典，说这个词别有涵盖内容，同“工程技术人员”没有什么区别，相反还简练。词典中对“专家”一词的解释是“凡从事某一专门技术工作的人员则统称之为专家”。刘司令员一眼就看穿了他们的用心，既然他们如此坚持使用这个词，更说明了他们选这个词的目的。司令员非常客气，但柔中有刚地回敬他说：“既然您一再表示，这两个词没有区别，词意是相同的，那您为什么又不同意改呢？难道还有什么难言之隐吗?”

刘司令员这样一说，苏方代表有点沉不住气了，失态地说：“您何必吹毛求疵呢，反正我们是不想改了。”

刘司令员根据周总理指示精神，原则问题决不能退让，故继续同苏方代表据理力争。苏方代表仍态度强硬地坚持自己的意见。

刘司令员见谈判一开始就陷入僵局，于是步步进逼地说：“如果是这样的话，我要严肃地告诉您，在这份协议书上我们是不会签字的。我请您把我们的意见呈报给赫鲁晓夫同志。好了，今天的谈判到此结束，我们等待您的最后答复。”

刘司令员这招真是立竿见影，第二天谈判时，苏方按照我们的要求，将文件中“专家”一词乖乖地改成了“工程技术人员”。

后来，我们把这次谈判桌上的斗争情况及时向周总理作了汇报，得到总理的赞许。

在谈判过程中，刘司令员和专家小组商量，认为需要去伏尔加河畔的高尔基市米格飞机制造厂参观，了解其生产过程中可能出现的问题，再争取观看米格－21试飞情况，以便为我们今后生产这种飞机做技术准备，面对目前要购置的米格－21飞机来说，更不能光在谈判桌上“纸上谈兵”，不该“隔山买老牛”啊。于是，就向苏方谈判首席代表航空工业部部长斯米尔诺夫提出了参观要求，对方表示同意，并答应马上给安排。

第二天，我们便从莫斯科喀山火车站上车，前往高尔基市。陪同前往的，是航空部外联司司长德沃连钦柯。我使馆武官韩振纪告诉我们，那位德沃连钦柯是苏军总参谋部情报部派到航空工业部来掌管技术出口的军方代表，同时也是克格勃派来搞情报的，对他应倍加提防。旅途中，刘司令员与叶正大交谈时说："过去这个工厂对外是不开放的。1956 年参加航空节时，我们曾想参观都遭到婉言谢绝。这次赫鲁晓夫居然同意我们去参观，这机会很难得，我们一定要格外珍惜。"他对我们大家说："这次去，对每个车间，每道工序，每条生产线，我们都要认真考察，不要漏掉任何一个细小的环节。大家十分清楚，过不久我们也将生产制造米格－21 这种超音速喷气式歼击机和研制P－13型空对空导弹。"

我们是乘坐夜班火车去的，翌日清晨很早就抵达高尔基市。为了抓紧时间参观访问，大家在火车上都洗漱完毕，简单吃过随身带来的早点。工厂副厂长派车来接我们直接到工厂，先到厂部会议室。厂长耶尔马索夫对我们很友好，问我们是否需要先洗漱休整一下，吃完早点再说。刘司令员代表大家表示谢意，并希望抓紧时间马上参观。厂长简要介绍了一下工厂情况后，就亲自陪同我们进厂参观。这个工厂很大，占地面积足有几百公顷，设备齐全，是苏联重点飞机制造厂，有自己的试飞队伍和厂属飞机场。我们的各行专家按自己的专业，认真地观察，仔细地询问生产中的具体问题。他们大部分都在苏联学习过，没有语言障碍，交谈起来很方便。由于我们参观仔细、认真，走走停停还不时提出一些问题，厂长耐心地一一解答，所以到下午两点，快吃午饭时，才参观了两个车间，午餐后，由副厂长陪我们继续参观。这里的室外气温在零下 14 度左右，我们都穿皮大衣，戴皮帽子，可这位年轻的副厂长却只穿衬衣和一套西服，扎着领带，走起路来精神抖擞。厂里工人在外作业也穿得很少，我们实在佩服俄罗斯人的这种耐寒能力。

参观过程中，陪同我们的德沃连钦柯司长在一旁紧紧跟随，却默默不语，只是不时地抬起胳膊，看看手表，好像有什么心事。一天紧张的参观结束了，回到工厂给我们安排的下榻宾馆，刚想休息，那位陪同司长便走进来对刘司令员说："团长同志，代表团全体成员必须在今晚乘火车返回莫斯科。”他的这一番话令所有人感到突然。我们大家谁也没有思想准备，走时不是说得清清楚楚，要在这里参观三天吗？

这时空气像铅一样沉重，人们把目光立刻投向团长。刘司令员轻蔑地瞥了那位司长一眼，而后转向我说：“小孙，你告诉他，斯米尔诺夫部长正式通知我们参观三天，他有什么资格改变这个计划。现在刚参观一天，而且，还要同厂方座谈讨论一些问题。我们是不能‘遵命’的！”

我刚译完这段话，司令员又转过身来，用威严的目光逼视着德沃连钦柯，质问道：“司长先生！你违背部长的指示，今天就让我们回去，这是什么意思！”

德沃连钦柯身材瘦高，一头棕发，鹰钩鼻子，一双兰幽幽的眼睛透出一股奸诈、倨傲的冷光。他面对刘亚楼的质问，漫不经心地回答：“斯米尔诺夫部长是同意参观三天，这不假。但是根据苏联法律规定，外国人不随身带护照不准在莫斯科以外的城市居留，必须当天返回去！”

来厂后，这里从厂长、总工程师，到每一位设计师和工人对我们都十分热情友好。当听到顶头上司派来干部说的一番话后，不知如何是好，看得出，有人对德沃连钦柯的说法很反感。他们私下议论说，克格勃派的人往往强词夺理，明显是想用法律规定来压人，是别有用心的。但谁也没有公开替我们说话，都站在一旁注视着事态的发展。

听了德沃连钦柯以法规压人、强硬得毫无商量余地的回话，刘司令员发火了。他蓦地站起身子，满脸怒气地反击这个克格勃的挑衅：“我们是赫鲁晓夫请来的客人，你们这样对待我们，难道是友好的态度吗？”

“这是法律，谁请来的客人也不行！谁没有护照也不能在外地过夜！我们要按章办事！”德沃连钦柯倚仗克格勃后台，也站起来，挺直脖子，同刘司令员针锋相对，并想用气势压倒对方。

“你是我们代表团的陪同人员，你既然知道去外地住宿需要随身携带护照，为什么事先不提醒我们，这是为什么？既然你认为赫鲁晓夫请来的客人也不行，那只好去找赫鲁晓夫评评理啦！请马上打电话请示赫鲁晓夫。如果他下命令，我们马上就返回莫斯科。”

刘司令员虽然满腔怒火，但出言有理有据，咄咄逼人，把这位不可一世的克格勃逼到了死胡同，使他只有招架之功，没有还手之力。双方唇枪舌剑，剑拔弩张，屋里充满了火药味。工厂厂长耶尔马索夫为了缓和气氛，出面调停说，一切都好商量，请大家不要动气，坐下来心平气和地研究个妥善解决办法。他说：“既然是赫鲁晓夫同志请来的客人，斯米尔诺夫部长又同意中国朋友在这参观三天，由于不了解情况，忘记带护照，这应该可以变通一下。我看，留住的时间不长，又有德沃连钦柯司长陪同，这个问题应该是不难解决的。”

他说完，小心翼翼地看了一眼克格勃，生怕触犯了自己的顶头上司。当然，他心里也想，他出面调停，也是替德沃连钦柯找个体面的台阶下。

德沃连钦柯知道自己遇上了强硬的对手，明明知道给赫鲁晓夫打电话是不必要也不可能的，厂长出来讲话给他解了围，找到了一个体面的台阶。他马上换了一副脸谱，谦卑地说：“当然，那好商量，那好商量……”

最后，通过我们的斗争达到了预期的目的。此事的处理经过及时汇报上去，受到了周总理的表扬。

皇家医院会诊

“亚楼！你这次赴苏谈判，一定挺紧张，务必注意身体。谈判完，不要急着回来，要利用这个机会，彻底检查一下身体，可不能掉以轻心哪！”临行前，刘司令员向总参谋长罗瑞卿辞别时，总长语重心长地再三叮嘱。

1961 年 4 月，刘司令员率国防工业代表团在莫斯科谈判结束后，经与苏方联系同意安排到克里姆林宫皇家医院，请著名的专家教授会诊。为此，罗总长事先通知刘司令员保健医生金经得和协和医院放射科专家徐佩兰教授提前赴莫斯科等候。这是一次非同小可的会诊。因为司令员在协和医院会诊时发现食管上有两处亏损阴影，有人怀疑是恶性肿瘤，占位性病变；而有人认为是良性肿瘤，争执不下，经过活检又没有发现癌细胞，一时难下结论。对刘司令员来说，这件事也是一块心病，希望能早日确诊。

通过俄方接待人员与克里姆林宫皇家医院院方联系，我方金经得医生与苏联医学科学研究院的著名教授共同商定，邀请有关学科共 7 名专家来会诊。那时中苏关系处在紧张阶段，专家会诊费收得很高，每小时每人 1500 卢布。这事罗总长有交代，让金医生结算，不必惊动刘司令员。

关于会诊的翻译问题，我虽是首长的翻译，可这次会诊专业性太强又是生命攸关的大事，生怕完不成这个任务，故向首长建议，请一位中国学医的留学生来担任翻译。刘司令员经认真考虑，还是决定由我来担任。他说："正因为事关重大，才不能让他们来担任。我深知留学生有一个毛病，常是听懂翻不出来，他们的总体水平和综合翻译能力是比不上你的。至于专业词汇问题，你抓紧时间，尽快熟悉一下医学术语，我相信你能胜任。何况一旦遇到困难，也没有关系，金医生和徐教授的英文都很好，他们可以救驾，因为苏联医学专家大部分都懂英文。"

刘司令员决定让我来担任翻译，看来是经过深思熟虑的。为了圆满完成这项艰巨任务，不辜负刘司令员的信任和期望，我抓紧一切时间，踏实地进行了学术准备。我把刘司令员病情和体检所涉及的部位和可能遇到的术语、惯用句型，都一一查找出来，认真记忆，而且请金医生和徐教授事先把争论焦点和怀疑的问题告诉我，力争翻译准确，不说外行话。我深知，对翻译来说隔行如隔山，完成这次任务，难度很大，因此，必须突击掌握对我来说十分陌生的单词，唯有掌握了这些词汇和惯用句型，我才能面对医学专家的分析阐述，不至手忙脚乱。

会诊那天，刘司令员在金医生和徐教授的陪同下，步入摆放着先进检查设备的会诊室，与等在那里的专家们见面，我则像进入考场一样，迎接新词新专业领域翻译的考验。双方礼节性寒暄后便进入正题。

首先是由金医生介绍病情，徐教授详细阐述协和医院会诊后两种意见分歧和各自理由。苏联专家组的阵容强大，其中有胸内科、肿瘤科、放射科、心血管科等各有关学科的一流专家学者。他们认真听取情况介绍，中间还不时提出问题，而后对照灯箱观看X光胸片和食道局部片，并让我将国内胃镜钡餐检查的报告单再次口译给他们，专家们边听边仔细看X光透视片。这时胸内科教授叶菲莫夫除观看食管部位外，还扩大了观察范围，观看胸片上主动脉和冠状动脉的走向。他回过头来，询问徐教授何时发现阴影，跟踪观察有无病理性病变。同时又反复询问刘司令员进餐时，在这两个阴影处有无梗阻感觉，刘司令员说："没发现以前，感觉不明显；发现后，进食略有不适，但并无梗阻障碍感觉。"

这时，该院X光放射医师走进来，说他将刘司令员1949年来莫斯科时拍的X光透视片从历史档案馆找了出来，也放在灯箱上，请和徐教授带来的近期底片相比较，比较结果未见明显变化。

一位满头白发、鼻梁上架副金边眼镜的学者，慢条斯理地问徐教授："做没做过活检？结果如何？"徐教授答复他说："做过，没有发现癌细胞。但对这两个明显的阴影无法解释。"为了进一步确诊，苏联专家建议再作一次钡餐检查，以便进一步观察食管内部蠕动情况和弄清那两个引起争论的亏损阴影。

由于准备充分，我翻译起来充满信心，使用的都是医学术语，没有说外行话。刘司令员用俄文询问各位专家学者，能否听明白我说的话。他们都异口同声地说："翻译挺在行，不简单，他大概在我们这里医学院学习过吧！"另一位教授有点夸张地说："正由于他翻译得准确，而且懂医学术语，才打消了我的顾虑，如果他翻得不好，我就不敢表态了。因为译的对错，人命关天哪！他译得恰当，用词准确，真是难得，难得。”刘司令员听到这些赞扬后，好像为他增了光，脸上露出满意的微笑。

刘司令员的病，经苏联众多医学专家6个小时的精心仔细会诊，认为食道里的阴影是由于冠状动脉血管畸形，压迫在食道上造成的假象，没有实质性病变，完全排除了患癌症的可能性，也不是良性肿瘤。刘司令员听罢，如卸重负，脸上立刻显得轻松，眼里也闪动着愉快的光芒。

会诊结束时，几位知名专家都过来与刘司令员握手，说些友好祝福的话。作为译员，我又经受了一次考验。令我欣慰的是这次没有辜负首长的期望与信任。

后来，刘司令员用半开玩笑的口吻对我说：“孙翻译！我就知道你没有问题，一定能胜任。因为我曾预言过，你什么都知道，地上的全知道，天上的也知道一半，因为你不会飞嘛！哈哈……真叫我言中了！”说实在的，这次参加会诊，翻译医学专业的东西，我使出了全身力气，现在听到刘司令员信任、鼓励的话语，心里感到暖融融的。

谁也不曾想到，4年后的1965年，年富力强的刘司令员却因肝癌英年早逝，国失干城，我失师友，此痛何极！

刘司令员逝世后的这些年，特别是中苏恢复友好关系后，我又有许多机会同俄罗斯朋友见面。他们谈起中国空军司令刘亚楼将军，无不钦佩，也为他的早逝而惋惜。

莫斯科奇遇

1960年，中苏关系因赫鲁晓夫擅自撕毁协议而紧张起来。1961年我们去莫斯科后，感到有一种咄咄逼人的紧张气氛，和过去迥然不同。苏方接待我们的人员，也失去了往日的热情，总是满脸冰霜，或故作姿态，表现出一种不自然的表情，令人啼笑皆非。然而淳朴的苏联人民待我们依然如故，还是那样热情、诚恳，所不同的，好像有些顾虑，和我们说话不像过去那样坦然，说话总要放低嗓门，左顾右盼，似乎有不少令人生畏的“克格勃”的眼睛在监视着他们一样。但他们那颗善良友好的心并没有变，对赫鲁晓夫恶化中苏关系的反动宣传持怀疑和冷漠态度。

我们代表团到莫斯科后，遇到了几件感人的事：

在电梯里

到莫斯科后，苏方安排我们住马雅柯夫斯基广场旁的“北京饭店”。刚到不久，有一天我们乘电梯，刚巧都是我们自己人，正要关门的时候，有一个苏联女工挤进来了。关上门以后，她一看周围都是中国人，就高兴地拉着刘司令员的手，深情地说：“中国好！毛泽东好！”她告诉我们：她家里只挂毛主席和列宁的相片，别的什么也不挂！她的话不多，但是它却表达了苏联人民热爱中国人民的一片赤诚心意。刘司令员紧紧握着这位女工有力的手，深情地看着她那热泪盈眶的眼睛……

在高尔基公园

有一天下午，刘司令员带我们在高尔基公园的林荫道上散步。有位苏联老工人，看我们都穿中山服，断定我们都是中国人，便满脸怒气地冲我们走来。一到我们跟前，开口便问：

“请问，你们是中国人吗？”

刘司令员看他来者不善，便反问了一句：

“是中国人，有何贵干？”

“你们凭什么把《中苏友好杂志》停刊啦？”他很不礼貌地质问，接着又补充一句：“不准在苏联发行？这是谁决定的？”

刘司令员这时认真地打量着这个工人，听到他这个无理质问后并没有动气，反而心平气和地回答了他的问题：

“老同志，关于这个问题，我们还想问问您呢。因为连我们自己也莫名其妙，本来是出得好好的刊物，突然不让在苏联发行了，实在令人费解。看来只有赫鲁晓夫同志才能回答这个问题……”

听完刘司令员寓意颇深的对话，这位老工人，若有所悟地说：

“现在我完全明白了。看来咱们的心情都是一致的。这又是尼基达干的！”

说罢，脱下帽子行了一个九十度的鞠躬礼就蹒跚离去了。刘司令员望着工人背影说：“多么淳朴的人民哪！”

在列宁山上

中国大使馆位于列宁山上。

刘司令员就住在大使馆里。有一天傍晚，刘司令员带我走出大使馆，在友谊街上散步。刚走出不远，就看见一个苏联人向这边急促走来。这个人，上身穿一件褪了色的旧军服，下身穿一条骑兵马裤，脚蹬一双高筒皮靴，头戴鸭舌帽，年龄五十岁上下，满脸络腮胡子，走起路来，腰板挺直，像青年人那样。

他一见我们是中国人，好像故友重逢一样，格外亲切，热情地握住刘司令员的手，自顾自地说起来，边说边回头张望。这时我们发现十几米外，有一个年轻便衣警察正在监视他。

他说：“他们说莫洛托夫是反党集团的，是反党分子，我不同意。莫洛托夫是斯大林的战友。他是布尔什维克！……他们说我是斯大林分子！……我打过仗，在战争中，我们是呼喊着斯大林的名字投入战斗的！但我们呼喊的是斯大林，想的是整个俄罗斯。胜利了！那有什么不好……说我是斯大林分子，我感到光荣！……”他越说越激动，“今后一旦爆发世界大战，我一定志愿到中国去！我相信，呼喊着毛泽东的名字投入战斗，也一定会取得胜利！……”我们一边听他说，一边朝大使馆方向走去。他跟着我们，边走边说。当他快走近中国大使馆正门的时候，突然中断了谈话，整理了一下装束，按着军人的习惯，下意识地扣好风纪扣，而后迈着正步从悬挂有五星红旗和中国国徽的大使馆门前走过去。他大声疾呼：“我尊敬伟大的中国！我热爱中国人民！这有什么错！”这时，那个年轻便衣紧跟过来，对我们说：“他是醉鬼，别听他胡说八道！”那个人回过头，厉声说：“年轻人！我没醉！是你醉了！”这句话显然激怒了便衣警察。于是那个便衣上前一步，硬是把他揪走了。这个人一边挣扎，一边回头呼喊：“中国朋友！我没醉，是他醉了！他在胡说八道……”人在暮霭苍茫中消失了，“我没有醉……”的喊声一直在我的耳际萦回。

刘司令员站在那里凝望着两个远远离去的背影，陷入沉思。最后，他坚定地说：“周总理说得对，中苏两国人民用鲜血凝成的战斗友谊，是任何人也破坏不了的！黑夜即将过去，曙光就在前头……”

要做有心人

1961年，我们到莫斯科后，我和司令员没有住在主人给安排的“北京饭店”，代表团其他成员都住在那里。根据我大使馆的要求，刘司令员住在列宁山的中国大使馆，我给首长做秘书工作，跟首长住在一起。

为了联系工作，我们经常要到市内“北京饭店”找代表团其他成员研究事情，开会，碰头等。几乎每天都要往返两次。有一天，司令员把我叫到跟前，问我：“你知道从我们住处到北京饭店有多少公里？”我张口结舌，答不上来。又问：“走最近的路要经过几个路口？”我仍然是无言以对。他接着又问：

“经过几条街？哪条街容易堵塞？”“下雪天路面滑，吉斯车一般保持多少公里时速？” “平时路上需要多长时间？” “汽车司机老李有什么习惯？”……他给我提出的一连串问题，我都答不上来。于是，他耐心地告诉了我，使我感到很吃惊，不知道他是怎么知道的，为什么我一点不知道呢？心里感到十分内疚。他说：“想给首长当好秘书、参谋，就应该处处留心，要做有心人。俗语说得好，‘处处留心皆学问’。”他从眼神里猜到了我的心思，便自问自答：“你可能要问，司令员怎么都知道呢？长期来，我养成了观察周围事物的习惯。第一天坐车从大使馆到‘北京饭店’，我一上车就看了表，注意计算了时间，注意了车速、街道上汽车的流量……平时车速，高峰时的车速，下雪时的车速我都暗暗记下来了……”接着他认真地指出：“生活就是战斗！平时要养成这个习惯，到战时就得心应手了。……切不要以为这都是些小事，到战时分秒之间都会决定胜负，弄不清时间，分秒之间都会给部队造成无谓的牺牲……人命关天哪！”

刘司令员这番语重心长的教诲至今仍萦绕在我耳边，使我终生难忘。

五、英雄相惜的战斗友谊

“一定送给毛主席！”

1961年初春，刘司令员率国防工业代表团出国谈判。客方送给他一件礼物，学名叫“空气离子分离器”，恐怕就是今天的“高氧离子生成器”之类的东西。据客方介绍，这是他们高加索长寿研究所经过多年研究才研制出来的，是一种能助人长寿的电气化设备。这个设备放到屋里，注水加电，就能使水中的氧分离出来，使屋里的空气保持清新，“像高加索山区一样”① 能使人长寿。刘司令员虽知客方介绍有言过其实的夸大成分，但也认为这是一种有益的东西。他拿到这个东西后，便对我们说：“一定送给毛主席！让他老人家长寿，比什么都重要！”回国后，马上送给了毛主席。

通过这件事，使我联想起司令员给我讲过的另一件令人难忘的动人故事。那是在红军进行艰苦卓绝的两万五千里长征过雪山、草地之后，刘亚楼所在的师经过激战打退马步芳的袭击，缴获了几匹马。当时刘亚楼和其他师领导研究后，立刻下令把马送给毛主席等中央首长，让“革命骑着马前进”。

① 苏联高加索山区里的人平均寿命最长。

时间过去几十年了，可刘司令员“还是那颗心，还是那个念头”，一心想着革命事业。

要学习周总理的工作作风和思想作风

刘司令员十分敬佩周总理。他常说：“总理办事非常认真。每次呈送给总理的报告，无论长短，他都字斟句酌，反复推敲、修改，甚至连标点符号都不放过。而且，处理问题雷厉风行，从不积压，回答问题明确，决不含糊其辞，工作效率非常高。总理还要求他办公室的工作人员不准有官气，待人要和蔼、有礼貌。不论谁去办事，都一视同仁。办完事每次都送出大门，一直看车离开才能回去。”

他要求身边工作人员要向总理办公室的工作人员学习，学习人家的工作作风和思想作风。

记得，关于周总理的工作作风和思想作风，司令员曾给我们讲过这样两件小事：

有一次，周总理到西郊机场欢送一个友好代表团回国。在停机坪上，周总理和代表团成员握别后，他们就登机了。于是飞机沿滑行道向起机线滑去。这时，有些来送客人的军兵种首长以为客人已走，便转身想回去，可总理一直站在那里举手向客人致意。当他发现有些首长想离去时，马上制止，并提出了批评。他说，这样做是不礼貌的。客人这时还在透过机窗向我们招手呢。飞机没有离地前不该走。后来，他让外交部规定一条纪律：凡是到机场送客的首长，在客机没有离地前不准走开。

另一次，刘司令员亲自起草了一份急电，电文总共才有二十三个字。他心想，这份电报没几个字，又经过了反复推敲，总理该不会有什么改动了。他直接把电文送到总理办公室，请秘书呈送给总理。因为事急，他在那里等总理批示。拟电报的时间是二十三点五十分。他在那里等了十几分钟，很快就批下来了。司令员拿到电报稿后，发现总理又改了几个字。他将原电报稿上的“二十三点五十分”改为“零点零三分”。刘司令员敬佩地说：“总理看得可真仔细呀。”

与朱可夫元帅的会晤

1956 年 6 月，刘司令率团参加了苏联航空节。根据东道主的安排，大会期间，朱可夫元帅在他的办公室里接见了中国航空代表团团长、空军司令员刘亚楼上将。

那是六月下旬莫斯科不冷不热，风和日丽的一天，刘司令员按约定好的时间，准时来到苏联国防部大楼。当时朱可夫元帅是国防部长，就在那里办公。他的少将副官穿着笔挺的将军服，守候在大门旁。一见我们乘坐的“吉斯”汽车开进来，立刻走下台阶，恭恭敬敬地向刘亚楼上将致举手礼，并自报姓名说：“我是朱可夫元帅的副官，名叫乌什奇诺夫，奉元帅之命，前来恭候将军。”

我们在副官的陪同下进大门，步入正厅，把衣帽存放在衣帽间后，便顺着铺在大理石地面上的红地毯走上二楼。楼内非常肃静，没有一点声音。凡是迎面碰到的军官都很有礼貌地靠边，停下脚步，向司令员行注目礼。

朱可夫元帅的办公室在二楼。一走进去，使人感到异常宽敞明亮，房间面积不下一百平方米，仿佛走进空旷的电影厅一样。他的办公桌放在靠窗的一个角落里，桌上整齐地放着办公用具和红白黑三种颜色的十几部电话机，随时可以与国内外联系；大厅中间有一个十多米长的椭圆形会议桌，桌上铺着绛红色天鹅绒台布……一面墙上有六扇宽大的窗户，另一面墙上，悬挂着一幅大比例尺世界地图和苏联地图，很是气派。

我们一走进这个宽大、敞亮的办公室，顿时产生一种庄严、肃穆和井然有序的感觉。身着元帅服、留有灰白短发的朱可夫元帅从办公桌后边健步走过来，笑容可掬地同我们亲切握手。简单寒暄以后，便在椭圆形会议桌旁坐下来，谈话马上进入正题。刘司令员这次来，想利用这个难得的机会解决几个有关空军建设的重大问题。

朱可夫元帅开门见山地对刘司令员说：

"将军同志，您有什么要求请尽管全部提出来！"

刘司令员把事先准备提请朱可夫元帅帮助解决的几个问题，一股脑地提了出来。

朱可夫元帅办事认真，思维敏捷，听得非常仔细，还亲自用笔记下了要点。元帅有一个特点，为了表示尊重对方，从不打断别人的谈话。

刘司令员谈完后，朱可夫元帅沉思片刻，开始逐一回答我方提出的问题。凡是能立刻解决的，马上给予明确答复，干净利落，毫不含糊；凡是有待找人研究的，也明确提出第二天上午由谁来答复。朱可夫元帅确实是位统率千军万马"运筹帷幄，决胜千里"的伟大统帅，办事当机立断，雷厉风行，说话用词，简洁洗练，没有半句废话，甚至可以说没有一个废字。可以毫不夸张地说，把他的话记录下来就是一份电文。这是他长期指挥作战养成的良好习惯，分秒必争，高效率。这次谈话总共只用了二十几分钟，但解决了不少至关重要的难题。谈完话后，朱可夫按电铃让副官送客。刘司令员对这次会见很满意，对朱可夫元帅的作风钦佩不已。他说："元帅说话这么干脆利落、办事效率这么高，这种雷厉风行的作风确实值得我们好好学习。"

会晤老朋友维尔希宁空军主帅

1949年，维尔希宁主帅根据斯大林的指示，在莫斯科与刘亚楼将军谈判，帮助中国组建空军，首先派专家来华帮助创建航校，培训中国的飞行员。他对中国人民十分友好。谈判后一个月内，就保证技术人员、教员和航空器材全部到位。于当年12月1日，中国人民空军六所航校同时开学，创造了航空史上建立航校的奇迹。这一切同维尔希宁主帅的热情帮助是分不开的。

1961年，刘亚楼率国防工业代表团赴苏谈判期间，在我国驻莫斯科使馆宴请他，并对他深表感谢。当时中苏关系因赫鲁晓夫擅自撕毁协议、撤走全部专家而恶化，但身为苏联空军总司令的维尔希宁主帅，对刘亚楼将军依然很热情友好。在宴会的发言中，他称赞了中国飞行员入朝作战取得的辉煌战绩。他说："中国飞行员聪明勤奋，仅用几十个小时就掌握了世界上最先进的喷气战机；中国飞行员英勇善战，在朝鲜战场上击落了美国飞过几千小时的王牌飞行员戴维斯和费希尔。"这时，刘亚楼插话说："苏联教官培训得好。严师出高徒！"接着又真诚地补充说："苏联空军教官、专家和顾问对我们的帮助，我们永远不会忘记！"大家举起杯，为友谊干杯！一饮而尽。

宴会结束时，维尔希宁元帅同刘司令员热情拥抱，依依不舍。

在第比利斯与罗科索夫斯基元帅难忘的会晤

1957年，我们中国军事友好代表团乘专机到黑海海滨索契逗留一夜之后，便继续南下到格鲁吉亚的首府第比利斯进行访问。

到梯比利斯后，新到任的外高加索军区司令罗科索夫斯基元帅设宴热情地欢迎我们友好代表团。在欢迎宴会上，他赠送我们代表团每人一个镶有银边银链的牛角酒杯，并亲自为每个人斟满一杯格鲁吉亚特制的红葡萄酒。元帅举起牛角杯祝酒，开始他先向我们讲了格鲁吉亚人民的风俗：这里用牛角杯喝酒，是表示对最尊敬客人的真诚欢迎，同时杯中酒要一饮而尽，以表示情深意长。另外，牛角杯是弯曲带尖的，只能拿在手里，一次喝光，不然杯就放不下，更无法吃菜肴了。说罢，他举杯带头一饮而尽。我们入乡随俗，个个效仿罗科索夫斯基的样子，把酒喝尽。

宴会席间，东道主盛赞苏中两国军队的兄弟般的友谊，说只要我们两国军队联起手来，必将无往而不胜，宾主频频举杯祝贺。

我们来这里之前听刘司令员讲，罗科索夫斯基元帅是苏联军队中著名的年轻统帅之一，刘司令在伏龙芝军事学院学习时，还听他讲过课。伟大卫国战争开始时，元帅当时是保卫莫斯科某集团军司令。在保卫莫斯科的会战中，他建立了不朽的功勋，从而受到斯大林和朱可夫的赏识，被委以重任，先后在布良斯克方面军、顿河方面军、中央方面军、白俄罗斯方面军担任司令员。在指挥作战时，充分表现出他的统帅才能。他亲自参加了斯摩棱斯克会战、莫斯科会战、斯大林格勒和库尔斯克会战，都取得了辉煌战果，并在解放白俄罗斯、德国的东普鲁士、东波美拉尼亚和攻克柏林等战役中，也都立下赫赫战功。

刘司令员非常熟悉这位年轻元帅走过的光辉战斗历程，他还告诉我们说，第二次世界大战胜利后，1945 年 6 月 24 日在红场上举行胜利阅兵式，斯大林把检阅部队总指挥的荣誉给了罗科索夫斯基，而朱可夫元帅担任接受检阅的总指挥。他们骑着高大的白色骏马指挥检阅部队，顺利地完成了这项光荣的历史使命。

罗科索夫斯基元帅是有波兰血统的苏联人。1949 年，他应波兰政府的邀请，并得到苏联政府的批准，去波兰担任部长会议副主席兼国防部部长。1956年波兹南事件后返回苏联，担任苏联国防部副部长兼外高加索军区司令。罗科索夫斯基元帅是苏军中有口皆碑的最有才华的将领之一。他很谦虚，从不居功诿过。他善于体察下情，善于调动部属的积极性。苏联著名统帅朱可夫称赞他说："……他比任何人都善于评价和发挥他手下军官的主动性。"著名作家爱伦堡写道："在我所认识的所有人中，他是最谦虚的将军。"

我团访问梯比利斯时，罗科索夫斯基元帅和安东诺夫总参谋长陪同我们观看了坦克部队的射击表演，还参观了高山顶上的斯大林公园和格鲁吉亚著名的香槟酒厂。该厂有150多年的历史，酿造各种上等名酒，而所酿的香槟酒更是驰名世界。元帅兴致勃勃地请我们参观了占地上千平方米的大酒窖，里面整齐地排列着数不清的木制酒桶。我们看到每个桶上有一标签，上面标明酿造时间、成酒日期和订货国家或单位。厂长还指给我们看专为中国酿造酒的大酒桶。厂长是位热情好客的人，他把我们让进很大的会议室，那里摆满了各种酒。厂长介绍说，为纪念十月革命节40周年，特制了二十种香槟和葡萄酒。他随手拿过来，让我们一一品尝。他说他厂里出的酒质量好，香醇可口，少含酒精，不上脑子，接着他风趣地补充一句说："请各位元帅、将军大胆地品尝，我们的酒保证不上脑子，而且越喝越清醒，但是要提醒各位，这酒可是对脚起作用，对脚我可不敢担保，如果喝多了，尽管头脑清醒，难免脚就站不住了！……"他这一番话把在场人都逗笑了。刘司令员这时开玩笑地对厂长说："厂长同志，按你的话来说，那就是酒不醉人，人自醉了！"听后厂长频频点头，说他就是这个意思。临走时，厂长赠送每人一瓶香槟，作为友谊的象征和访问的纪念。

在访问香槟酒厂时，刘司令员用刚刚学会的一句格鲁吉亚语的问候话对该厂工人大声说："阿姆哈那沟，干巴里骄吧！"（意思是："同志们，你们好！"）工人们听到用格鲁吉亚语问候时，倍感亲切，以为刘司令员会格鲁吉亚话，便立刻兴高采烈地将刘司令员团团围住，讲起格鲁吉亚话。在这种情况下，我立刻去解围说明情况后，才让工人们散去。刘亚楼随团访问格鲁吉亚期间，罗科索夫斯基元帅一直陪着我们，他的谦虚谨慎，平易近人，他的渊博学识都给我们留下了深刻的印象。

“罗帅是我们的好榜样”

刘司令员从心眼里敬佩罗荣桓元帅。

他常说：“我这一生中能结识这样一位良师益友，是很幸福的。他那为革命呕心沥血、置个人安危于度外，一心为工作；对同志肝胆相照、宽厚诚笃、满腔热情；生活艰苦朴素、一生廉洁，两袖清风；不贪功、不诿过，严于律己、宽于待人的优良思想作风、工作作风和高尚品德，是堪称师表的。罗帅是我们的好榜样。”

我们在刘司令员身边工作，经常听他讲述罗帅的故事。现将其中几段记述如下：

为革命呕心沥血，置个人安危于度外

记得，1937 年夏天，罗帅和林月琴同志刚刚结婚不到半个月，就临危受命，奔赴抗日前线。临行前，毛主席亲自找罗帅谈话，关心地问他有什么困难，他坚定地回答：“什么困难也没有！”在离开延安的前夕，他和月琴促膝谈心到深夜，嘱咐她好好学习，永远忠实于党的事业。月琴同志深知战争是无情的，生怕发生意外，心中有些忐忑不安。他猜透了月琴的心思，安慰她说：一定会胜利凯旋。但罗帅心中却早已下定了纵然“战死沙场”也“毫无顾虑”的坚强决心。

罗帅在抗日战争的艰苦岁月里，因操劳过度，积劳成疾，患了肾炎，天

天尿血，但他仍然不顾医生的劝阻，忍着剧痛忘我地坚持指挥作战。实在支撑不住了，就躺在担架上指挥。战友和同志们看到这种情景，心里都十分难过，异口同声地劝他休息，他总是风趣地回答："能和战士们在一起，我的心情就非常愉快！这比吃药还重要！每打一个胜仗，对我就是一剂良药！"

抗日战争胜利了，罗帅也没有来得及好好看病，由于革命形势迅猛发展的需要，他不顾个人的安危，再次受命奔赴东北战场。这时，他的病情一天天恶化。后来到大连苏军医院检查，确诊为肾癌。根据中央的决定，马上去苏联就医切除。手术后，病情稍有好转，他立刻要求回国参战。按正常情况，做过这种大手术后，至少应该休养半年，可他却不肯休息。全国解放后，百废待兴，工作十分繁重。他担任总政治部主任兼总干部部部长的要职，又是夜以日工作，直到1963年12月16日去世，他把毕生精力献给了革命事业。

对同志肝胆相照，满腔热情

罗帅作风淳朴，平易近人，处处替别人着想，关心他人比自己为重。当他忍着病痛忘我奋战的时候，他对战士却格外关心，要求照顾好病号，保证部队休整，把同志们送给他的营养品叫人送给伤病员。他听说刘亚楼参谋长在双城指挥所因连续作战，很少睡觉，熬红了眼睛。非常着急，立刻叫人转告"亚楼同志，要注意休息！"为了解除刘亚楼的"后顾之忧"，他在大连养病期间，对留在大连的刘亚楼的爱人翟云英同志给予无微不至的关怀，情如亲人。据翟云英同志回忆，在大连和哈尔滨时，罗帅一家待她非常好。当时她很年轻，只有二十来岁，缺乏经验，在各方面都得到罗帅和月琴大姐的帮助。罗帅待人诚恳，善于做人的思想工作，"他好像能看透你的心思一样，再愁的事，我找他一谈，马上豁然开朗。在他面前，软弱的人会坚强起来；失望的人会鼓起勇气、振作起来；愁眉苦脸的人会破涕为笑，使你吸取到无穷的力量。"

据刘司令员讲，在罗帅当总政治部主任的时候，有一天晚上，罗帅已经休息了，突然有一位同志打电话来要求谒见。电话是林月琴同志接的，她怕影响罗帅休息，说另约时间再见。罗帅知道这件事后，严肃而耐心地批评说："这样不好，过去山沟里打游击，什么时候来人就什么时候见，睡着了还叫起来呢！这个同志晚上要来，可能有急事，时间晚了一些，那有啥关系？能谈就谈，不能谈，见见面也是好的嘛！你这一挡驾，恐怕他一宿都睡不好。"第二天一早，罗帅主动去看望那位同志，并当面道歉，使那位同志深受感动。

一生廉洁，两袖清风

罗帅在生活上对自己的要求是非常严格的，从不搞特殊化。记得，1947年夏天，他从苏联治病回到哈尔滨。当时从没收敌伪房产中给他找了一幢三层小楼，独门独院，楼房是俄式建筑，比较考究，有舞厅、会客厅、洗漱间、卧室和花园。按他的身份和地位，住这幢房子并不过分，加之他身体不好，需要一个良好舒适的生活环境。但是，他却觉得很不舒服，他常对林月琴和孩子们讲："住的房子大小，看来是不起眼的事情，但我们是党的干部，要时时想到生活在基层的人民大众，决不能脱离群众。"后来，他硬是放弃了这个优越的住所，搬到谭政同志楼下去住了，把这幢楼改作公用。在病危弥留之际，他还把林月琴和孩子找到身边，语重心长地说："我没有遗留给你们什么。我愿给你们留一句话：坚信共产主义这一伟大真理，永远干革命！"罗帅的这句宝贵遗言，胜过黄金万贯！它不仅是给他爱人和子女的宝贵遗产，也是留给我们每个人的宝贵财富。

还有一件特别感人的事情。那是在罗帅逝世前一天发生的。有个老工人名叫闫增福，12 月 15 日，在北京龙潭湖破冰逮三条大活鲤鱼，委托罗帅警卫员转送给罗帅，让罗帅补养身体，希望罗帅早日恢复健康。他万没想到，第二天罗帅就与世长辞了，没有吃上鱼。但是，第二天警卫员就给龙潭湖公园的老工人送鱼钱来了。他们无论如何不收，警卫员认真地说："罗帅生前指示，凡是收东西都要如数付钱，如果你们不收，就对不起罗帅了。"于是只得收下。后来，这个故事不胫而走，传为佳话。

叶剑英与刘亚楼

我在刘司令员身边工作多年，深深感到刘司令员十分敬佩叶帅。毛主席对叶帅的评价是"诸葛一生唯谨慎，吕端大事不糊涂"，最早我是从刘司令员那里听到的。他们之间存在着可贵的战斗友谊。"心灵的吸引产生友谊，智慧的吸引产生尊敬"。两颗对党无限忠诚的心灵相互吸引产生了彼此由衷的尊敬。我为出版这部书在整理历史照片时，惊人地发现叶帅和刘司令员在一起的照片最多，叶帅应刘司令员之邀到空军部队检查工作的次数最多，指示也最多。

一、抓条令编写，为正规化建设立法

空军创建初期使用的条令教材基本上是照搬苏联空军的，这在当时是必要的。随着空军建设的发展，迫切要求有一套科学的适合于自己情况的条令教材，作为作战、训练和各项技术、业务工作的依据。1958 年 5 月，毛泽东主席指示："一定要搞出我们自己的战斗条令来。"同年，叶帅在军委扩大会议上作指示："在一两年内编写出适合我军情况和需要的条令。"遵照这些指示，空军党委和刘亚楼司令员把编写条令教材作为一件大事、一项基本建设来抓。1959 年 1 月 16 日，空军党委根据中央军委的决定，成立了空军条令编审委员会，负责统一领导空军综合性条令的编写工作，发动群众，组织力量，编写出自己的条令、条例，彻底修改不适用和不合理的规章制度。

同年 11 月，空军党委二届六次全会决定加强领导力量，确定由刘亚楼、曹里怀、常乾坤3人组成空军条令教材编审小组，刘亚楼任组长。翌年5月，又将刘震、谭家述两人确定为编审小组成员。

空军的条令教材，就其性质来说，分为条令、条例和大纲、操典、教程、教材两类。刘亚楼司令员根据叶剑英元帅在全军条令会议上确定的原则精神，提出条令、条例是部队的行动准则，思想性、政策性强，首先应确定一个编写的方针原则，以确保质量。经与编审小组和办公会议的其他同志多次研究后，刘司令员归纳了4条编写原则：一是以毛泽东思想为指针，以中央、军委的指示为依据，以我军的优良传统和空军10年来的经验为基础，参考苏联和其他国家的有关资料进行编写。对于空军建军、作战的经验，凡比较成熟的，即加以提炼、整理，列到条令中来；对于外军的经验，经过推敲、权衡，适合我军情况的予以采纳。二是体现现代条件下的人民战争的特点。帝国主义国家已经有的装备和作战方法，在我们的条令中要提出对付的办法；写我军的武器装备，以目前使用的为主，要适当照顾今后三五年内的发展。三是既写具体要求、具体规定，更要写方针、原则、指导思想。凡是用于统一思想的东西，在条令里要写全写好。战斗条令要更多地写战术思想方面的问题。四是文字要尽量简明精练确切，便于理解、记忆和使用。

5月，刘亚楼将这些编写原则提交空军党委七届三次全会正式通过，又分别呈送叶剑英元帅和罗瑞卿总参谋长。7月3日，叶剑英召见刘亚楼和曹里怀，口头批准了这些编写原则，明确表态说："空军党委正式通过的这几条编写原则是正确的。"10月13日，罗瑞卿总参谋长也肯定地说："空军的想法和方向是对的。"后来，中央军委审查空军党委《关于编写教材和训练大纲的报告》后，认为这样安排很好。叶帅建议立即将报告转发给各军种、兵种、各军区和院校，并指出："对于编写训练教材和训练大纲的研究和安排是下了功夫的，军委同意他们的计划和做法。"并号召其他军兵种向空军学习。

编写工作开始后，经过一段时间摸索，空军又总结出了编写一本书的5

个步骤："第一，汇集材料，研究内容，列出纲目；第二，读书拉条，列出细目，拟写初稿；第三，查漏洞，查重复，查矛盾，拾遗补缺；第四，统一用语，精练、修饰文字；第五，审查验收。编写小组主要是完成前 4 个步骤，编审小组和办公会议主要是抓好审查和验收。"

刘亚楼司令员在领导小组会议上，及时传达叶帅的指示和要求，并说叶帅十分赞赏我们的这些做法，要求各编写组在汇集材料时，要采取"古今中外"法，即把古今中外的有关材料尽量搜集到手。为了及时掌握外军材料，他下令，调动全空军翻译人员，全部投入编写保障工作，先后将 1200 万字材料翻译出来，提供给编写人员阅读参考。在阅读材料时，要采取"上山采药"法，而不能"游山玩水"；利用材料时，要采取"沙里淘金"法，而不能照搬照抄。大家认真按照刘亚楼的要求去做，在编写《空军战斗条令》时，就搜集了世界各国的空军战斗条令、作战纲要和中国古今有关资料 186 份，数百万字。叶帅曾表扬空军说："亚楼这些做法，很有远见，几年的编写工作，不仅出了成果，而且确实培养训练了干部，通过认真阅读研究几百万字的材料，丰富了理论知识，等于上了几年军事学院。"

由于刘司令员决心大，编写队伍很快地组织起来。空军副参谋长姚克祐为秘书长，副秘书长后增加至 10 名。办公会议具体负责编写工作和协助编审小组对条令教材进行审查。刘司令员还从机关、部队、院校抽调一大批既有实战经验，又有较高理论水平的干部编成若干个编写小组。随着编写条令教材数量的增加，编写人员也不断充实，最多时达 1112 人，形成了一支强大的编写队伍。在中央军委和叶帅的领导下，空军条令教材编写工作历时 5 年多，共编写完成条令教材 306 本。这是空军建军以来一次开拓性的大规模的理论建设，也是一项很大的、复杂的系统工程。

有了这些条令教材，加上军委、总部颁发的条令教材，这样空军所需要的条令教材，上自国家的航空法、飞行基本规则和空军的战斗条令、飞行教令，下至基层所需的兵器装备的驾驶守则、操作规范和各专业教材，基本配套齐全，初步形成了一个性质区分清楚、内容完整衔接、相互关系明确的空军条令教材体系。

这个条令教材体系具有鲜明的中国空军的特色，继承和发扬了中国人民解放军的光荣传统和优良作风，体现了“以我为主”的思想，凝聚了空军建设十多年来的经验，体现了现代条件下空军的特点和要求，充分估计了原子、导弹等武器对战斗行动的影响，并根据现代军事科学技术的发展探索了今后空军作战的指导规律。1965 年 5 月，根据叶帅的指示，总参谋部将空军编写的条令教材在大连全军院校会议上展出。与会人员反映：空军成套地完成条令教材编写工作，是一项重大的基本建设。

二、抓军事训练，为千秋大业奠基

叶帅要求全军各军兵种开展军事训练，必须坚持贯彻理论联系实际的原则，做到“四个结合”。这是叶帅系统总结新中国建立后人民解放军的宝贵训练经验，也是对军事训练提出的总目标、总要求。

“四个结合”的内容首先是“红、专、健结合”。1961 年 5 月，叶帅在海军训练会议上，对“红、专、健”问题做了精辟的阐述。他说，我们所说的红、专、健，就是毛主席指示的“德、智、体”，必须向着这个目标努力，三者缺一不可。只红不专不行，是空谈的政治家；只专不红更不行；但光有红有专，没有健也不行，这是“物质基础”。所以，除了抓红、专之外，还要抓健。

“技术训练与战术训练结合”。叶帅深刻而辩证地论述了技术与战术的关系。他说：“技术决定战术，战术是技术和人相结合的运用。技术训练是战术训练的基础，只有掌握了技术，才能进而学会运用战术。战术是人掌握和运用武器进行战斗的原则和方法，也只有学会掌握战斗行动的原则和方法，才能充分发挥技术的效能。因此，技术训练和战术训练必须很好地结合起来。”总括起来说，就是要在技术训练的基础上进行战术训练，在分练的基础上进行合练，二者不可偏废。叶帅将技术训练概括为三句话：“开得动”

"打得准""联得上"；将战术训练也概括成三句话："摆得开"（正确地部署兵力、兵器）、"捏得拢"（实施坚定而不间断的指挥，掌握部队，形成拳头）、"合得成"（各兵种在战斗中协同一致，发挥整体力量）。

"训练与科研结合"。叶帅指出：训练过程也就是研究过程。在训练的过程中，出现的问题，及时集中起来，进行科研；将科研成果，再运用到训练中去。如此不断反复，总结提高，发展理论，指导实践，从而达到有机的结合。

"院校训练与部队训练结合"。叶帅强调，院校要根据部队的需要来训练干部，部队则应选送优秀的、有培养前途的干部到院校深造，并热情支持和帮助院校毕业的学员尽快熟悉部队的情况，掌握本职工作。这样，既提高了部队的素质，也树立了院校的威信。

叶帅强调指出，"四个结合"是对军队训练的总要求，也是训练工作的总目标。全军要军政一致、上下一致，向这个目标去努力。只有达到了这些要求，才算完成了训练，才能用来作战。

在这个总目标和总要求下，叶剑英对各军兵种提出有针对性的具体要求，并强调了坚持继承和发扬人民解放军勤俭练兵的光荣传统，坚持走勤俭练兵的道路。

为了切实做到勤俭练兵，他从各军、兵种实际出发，对陆海空三军分别提出了具体要求：陆军各兵种要做到"在营苦练，野营精练"；海军要做到"在港苦练，出海精练"；空军要做到"地面苦练，空中精飞"。总之，不论是陆军、海军还是空军所有部队都要贯彻这种勤俭练兵的思想。

叶帅在空军训练会议上提出"地面苦练，空中精飞"的勤俭练兵原则后，刘亚楼经常下部队检查贯彻落实训练方针的情况，深入到飞行员中间去了解他们对"地面苦练，空中精飞"的体会。当发现有些飞行员不愿坚持地面苦练，而乐于空中多飞时，刘亚楼便引用叶帅将空军提出的"地面多练"，改为"地面苦练"时，说过的一句家喻户晓的古训："书山有路勤为径，学海无涯苦作舟”，并用“勤学苦练方可成大器”的事例来引导教育这些飞行员。他说：“叶帅把‘多练’改为‘苦练’，就是希望我们每个飞行员，都要认真学习梅兰芳先生那种苦练基本功的精神。梅先生没有台下苦练，就没有台上的精湛表演，就成不了艺术大师；我们如果不能坚持地面苦练，就做不到空中精飞，就不能成为优秀的飞行员。叶帅提出‘地面苦练，空中精飞’这个口号，既是战胜困难的需要，更是反映了飞行规律。不苦练，就不能精飞。不能精飞，那必然要摔飞机，要付出代价的……”1964 年，全军在叶帅组织和领导下开展“大比武”活动中，空军获得了丰硕的成果，飞行事故万时率下降到 0．249，创空军建立以来飞行安全最好水平，“苦练”，“精飞”的思想结出硕果。

在 1958 年全国“大跃进”热潮中军内有不少脑子发热的人认为“稳步前进”的训练方针不合潮流，飞行训练也可跃进。受到这种思想影响的单位，在组织飞行训练时，不顾主客观条件，违反条令、训练大纲的规定，用跳跃练习、简化练习内容、削减准备时间来追求所谓训练的高速度，一度造成了训练质量下降、事故增多的严重情况，甚至出现机毁人亡的重大事故。

在这个关键时刻，刘亚楼等空军领导同志在叶帅的大力支持下，以实事求是的胆识顶住了来自内外两方面的压力，始终坚持了“稳步前进”的训练方针，既保护了部队的积极性，又坚持了“稳步前进”的方针。叶帅说：“‘稳步前进’方针，才是贯彻总路线精神的最好方法。毛主席在关于农业合作化问题的文章中就讲要‘积极领导，稳步前进’嘛！”

叶帅非常重视加强特种兵指挥员的战役训练。他说，这是提高师以上指挥员和机关的组织指挥能力的一条重要途径。所以，1954 年以后，根据叶帅和训练总监部的要求，空军几乎年年都要进行战役集训和参加总参谋部组织的集训或演习，并且规定军以上干部和机关平时进行战役训练时间，每周不得少于 6 小时，并要定期召开战役训练研讨会。

1956 年至 1959 年，空军根据叶帅的要求先后组织 4 个不同课题的集训，

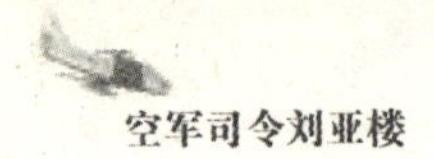

还参加了总参谋部组织的6次战役集训和演习，并多次组织空军部队与陆军部队的合练。

1959年6月，刘亚楼司令员在大连亲自组织了一次以学习毛泽东军事著作为内容的战役集训，有287名师、校以上领导干部参加。刘司令员请正在大连视察工作的朱德元帅给大家作了动员讲话，叶剑英元帅给集训干部作了关于如何学习毛泽东军事著作的报告。为了加强干部训练，根据叶帅指示，空军从1953年到1960年，还先后共选送了6批50多名军事干部赴苏联空军红旗学院留学深造。

三、抓院校建设，为部队培养人才

叶帅在领导全军部队训练的同时，大力领导军队院校工作。他认为，建设一支优良的现代化的革命军队，不仅需要大量具有高度政治觉悟和现代科学知识并善于组织指挥现代战争的军政干部，而且还需要大量又红又专的各种专业技术干部。培养干部是“百年树人”的工作，如果不培养、储备大量的干部，那么即使将来国家供给我们最新式的技术装备也是无法掌握的。为了满足建军和未来战争的需要，必须大办学校。空军为了尽快实现现代化、正规化，刘亚楼根据叶帅提出的建校要求，针对空军的实际情况，提出单一的航空学校训练已远远不能适应空军的需要，因此建立一个多专业、多兵种、多层次的院校培训体制，以加强各兵种、各专业干部的培训，实系空军建设所必需。

从1954年开始，在空军党委的领导下，11年内，空军新建了10多所院校，并对院校培训体制进行了大幅度的调整。到1965年时，空军已拥有院校29所。空军需要培训的各兵种、各级各类指挥干部和专业技术干部，基本上都有了相应的培训场所。初步形成多专业、多兵种、多层次的院校培训体制。

同当初建飞行航校一样，刘亚楼按叶帅的指示选配最强的、最优秀得力的干部来办院校。他多次强调，要把部队最强的干部调到院校担任领导干部，院校都要按“坚强、精明、高效、富有朝气”的标准建立领导班子。

组建中国人民解放军第一所导弹学校时，刘亚楼提议由广州军区空军参谋长、刚从解放军军事学院空军系高级速成班学习毕业的王定烈任校长。经空军党委研究，报中央军委和主管全军院校和训练工作的叶帅批准后，将王定烈召到北京办校。

1956 年 10 月，空军学校积极分子代表大会在北京召开，毛泽东主席、朱德副主席以及叶剑英等老帅们亲切接见了与会代表。在这次积极分子代表大会上，空军提出了八条教学原则。刘亚楼在宣布这八条原则之前，事先向叶帅作了详细汇报，并得到了叶帅的首肯：认为“空军提出的这八条原则是正确的，是切实可行的。”

1957 年，空军党委决定筹办空军最高学府——空军学院。这是刘亚楼梦寐以求的，他心里早就设计好的空军指挥干部由航校——高级航校——空军学院三级培训的体系蓝图，就要完全实现了。刘亚楼考虑再三，提出请在解放军军事学院战役系学习过的空军副司令员刘震亲自主持筹办空军学院，并兼任院长和政治委员。他向中央军委提出报告，经批准后，派刘震率领空军代表团 24 人赴苏联，用近两个月的时间，参观学习了苏联空军院校建设的经验。

1958 年 9 月 12 日，国防部颁发了正式组建空军学院的命令。空军学院于 1959 年 9 月 1 日举行开学典礼。叶帅亲莅大会，并发言表示祝贺。在开学典礼上，刘亚楼在讲话中说：“叶帅从空军建设出发，早就提出在知识上、学术上应该有一个训练机关，或者说有一个培养干部的高级机关。这个机关，空军下了很大力量，终于在今天成立了，它就是空军的最高学府——空军学院。所以，今天是有历史意义的一天。”此后，叶帅在刘亚楼陪同下多次到空军学院检查指导工作，勉励学院领导和全体教职人员奋发努力，严谨治学。叶帅指示说：“空军的各级干部大部分是从陆军调来的，而空军是个装备技术复杂的军种，有许多新知识需要我们去学习、去掌握，不懂技术就没有发言权。所以，我们要特别重视学专业技术，要由‘外行’变成‘内行’；还要特别注意扶植技术干部成长，使空军各级领导层逐渐换成懂技术的。空军学院应该担负起这个光荣任务。”该院到1965年，共培养各类学员2300多人，为空军部队输送了一大批指挥干部和管理人才；战役战术理论研究也取得了丰硕的成果。

陈赓大将是“中国的夏伯阳”

陈赓大将于1961年3月间，在上海因心脏病突然发作，抢救无效，猝然辞世。当时，刘司令员正率国防工业代表团在莫斯科谈判，噩耗传来，十分悲痛。他叫我们立刻起草一份唁电，直发上海陈赓夫人傅涯同志，遥寄缅怀战友的哀思，望傅涯同志忍痛节哀，珍重身体。

记得，在那些难忘的日子里，刘司令员满怀深情，追忆陈赓大将波澜壮阔的一生。他说：“陈赓同志的阅历极不平凡，他是二十年代初投身革命的老同志，早在北伐战争中，他就以大智大勇而驰名全军。后来到上海搞地下活动，在白色恐怖下出生入死，与敌特暗探斗争，巧妙地保卫党中央的安全，创造了许多令人咋舌的惊险奇迹，在革命史上传为佳话。他在指挥千军万马作战的时候，也表现了英勇果断、泰然自若的大将风度。他的性格豪爽开朗、豁达乐观，有一种感人的力量。可以说，在‘谈笑间’能使‘樯橹灰飞烟灭’。面对敌人的牢房铁窗，他大义凛然，坚贞不屈……他的确是我党我军中传奇式的英雄人物，是中国的夏伯阳，难得的将才，他的死，是重大损失……”刘司令员给予陈赓大将以高度的评价。

记得，刘司令员给我们讲过不少有关陈赓大将的感人故事。有两个给我留下了很深的印象。

一次是在机场上，陈赓大将和国民党起义将领黄绍竑的对话，颇有风趣。

黄绍竑看陈赓大将拄着拐杖，一跛一跛地走过来，他为了表示关心，上前问候："陈大将，您的腿怎么了？"陈赓同志一看是黄绍竑，真是"冤家路窄"，气不打一处来，但他压住心中的火气，转过脸去，严肃地盯视着黄绍竑，半晌没说话，但他那咄咄逼人的目光，令人不寒而栗。后来，他用诙谐的口吻，冷笑着说："老兄，这还要问吗？这是你老兄给我留下的纪念啊，我还没来得及感谢你呢！"这个玩笑比刀子还厉害，黄绍竑愧然地低下了头，脸刷地红到了脖根子，无言以对。

接着陈赓同志又补充一句，有意缓和了一下气氛："老兄，这怪不得你呀，因为子弹没有长眼睛……"说罢爽朗地大笑起来。

另一个插曲是：1926 年北伐战争的时候发生的一件事情。当时，陈赓同志是北伐军总司令蒋介石的警卫营营长兼任蒋介石总军事顾问加伦将军①（即布柳赫尔元帅，他在中国的化名叫加伦）的联络军官。在一次战斗中，蒋介石被炮弹打伤，为了抢救他，陈赓硬是背他跑出三里多地。后来，他曾风趣地开玩笑说："我可是蒋介石的救命恩人哪！不少同志批评我说，当初不该救他，好像我犯了个'大错误'。是的，我承认，当初我要知道他叛变，我才不干那种蠢事呢，我早就把他丢掉了！……"说罢，他和大家都笑起来。

听说，后来他到京沪一带搞地下活动，在南京被叛徒告密，被逮捕入狱。蒋介石想收买拉拢他，给他以高官厚禄，派人把崭新的军装送给他，请他做少将高参，他严词回绝了。他高风亮节，表现了一个共产党员富贵不能淫、威武不能屈的高尚品格。

---

① 加伦将军应孙中山邀请于 1923 年来我国工作，1926 年时担任总军事顾问。他回国后，于 1938 年，在政治大清洗中，惨遭杀害，含冤死去。1956 年苏共 20 大后，得到平反昭雪，恢复名誉。

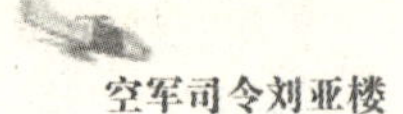

“克农是位奇才”

1962 年，李克农将军逝世的噩耗传来，刘司令员感到万分悲痛。李克农同志是他最敬重的将军之一，他常说：“克农是位奇才，是一位鲜为人知的无名英雄。”

1961 年出国前夕，刘司令员让我到他家，向我交代出国注意事项时，突然接到一个电话，他立刻穿好衣服乘车奔出家门，停止了这次谈话。后来我才知道，他接到的电话是李克农的家属打来的，说李克农部长在家中突然摔伤后危在旦夕，正在协和医院抢救。

在那如火如荼的战争年代，李将军虽然没有指挥千军万马驰骋沙场，但他的贡献恐怕几位著名将领的战功加在一起，也无法同他相比。他是一位破译敌人电码的破译专家。不管敌人如何变换花招，搞得何等神奇巧妙，他都能在最短的时间内迅速识破敌人的企图，敌人密电不管伪装得何等巧妙，在他的威严的目光下都“现出了原形”，确保我们的统帅部在知己知彼的有利情况下，定下正确的决心，顺利地展开战役，减少部队的无谓伤亡。

刘司令员曾这样赞颂过像李克农将军这样的无名英雄。他说：“人们都知道某某统帅盖世英明，用兵如神；称赞某某将军运筹帷幄，指挥若定。可惜人们往往忽略了，这些统帅和将军之所以能如此‘如神’和‘若定’，那正是因为有无数鲜为人知的无名英雄在为他们提供准确的情报。在决战的关键时刻，一个准确的情报就能决定一次战役的胜负，但是为了弄到一份准确的情报，不知有多少侦察人员为之付出了宝贵的生命！不知有多少破译人员度过多少不眠之夜，付出多少心血和艰辛的劳动。即或由于他们的功绩取得了胜利，但又有谁记得或知道他们的姓名呢！这些无名英雄一直都在默默地为党为革命献身!”

李克农将军就是这些无名英雄中的代表人物。

刘司令员和陶铸书记

刘亚楼司令员和陶铸书记，是在战火纷飞的东北战场上，在松花江畔相识，并结下深厚友谊的。当时刘亚楼同志是四野的参谋长，而陶铸同志则是四野的政治部副主任。1948 年的时候，刘亚楼同志年仅 38 岁，而陶铸同志才 40 岁。那时，他们都是风华正茂、年富力强的，都已成为指挥千军万马驰骋沙场的高级指挥员。

他们的革命友谊经历了血和火的严峻考验。他们一同历尽了艰辛，也共享了胜利的欢乐。后来，在中华人民共和国成立前夕，他们又根据革命形势迅猛发展的需要，分手各奔东西。根据党中央的决定，刘亚楼同志留在北京，以四野十四兵团机关和军委航空局为领率机关基础组建中国人民解放军空军。而陶铸同志随军南下，后来留在刚刚解放的广东省，担任省委书记，开辟新区的地方政权建立工作。

时间上长时别离，空间上相距千里都未能冲淡他们之间的友谊。因为他们的心是相通的，他们都有着为实现共产主义远大理想鞠躬尽瘁的赤胆忠心。

刘司令员在别离多年后第一次见到陶书记的情景，是令人难忘的。那天，他见到我，兴致勃勃地问：“你是喜欢诗的，不知你读过唐诗三百首里韦应物写的《淮上喜会梁州故友》没有?”我窘然回答说：“没有。”他若有所思地抬起头，遥望南天，仿佛透过重重千里关山看到陶书记亲切面容似的，安然地有板有眼地一字一句背诵了其中几句：“……浮云一别后，流水十年间，相逢情依旧，萧疏鬓已斑……”我当时还没有立刻体会到这种深

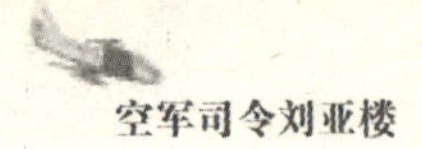

情，后来才逐渐理解。

刘司令员经常称赞陶书记的文采和他那种坚韧刻苦的学习精神。他常说："陶铸同志是文武全才，学识渊博，但又平易近人，虚怀若谷。"陶书记写的《理想、情操和精神生活》一书一问世，他抽百忙之暇，认真阅读，并向在他身边工作的同志推荐："这是一本好书，不仅对青年人，我看对所有同志都有教育意义。"接着他自言自语地说："见书如见人，他的为人跃然纸上！"

刘司令员称赞陶书记放手破格大胆提拔和使用干部的远见卓识。他说："陶铸同志在使用干部上有魄力，对革命事业有高度责任感。"他有次出差到广州，回来后谈到陶铸提议经上级批准，将一个德才兼优的年轻地委书记直接提到省委书记岗位上来，心里非常高兴。他说："陶铸同志利用'江山代有人才出，各领风骚数百年'的那两句古诗意义深远哪！唯有不断提拔后起之秀，才能使革命事业兴旺。"陶铸同志也是非常钦佩刘司令员的才干和十分珍惜他们之间友谊的。刘司令员每次去广州，他都热情接待，关怀备至，开怀畅谈。1965 年 5 月陶铸同志得知刘司令员在上海逝世的噩耗，心情十分悲痛。据陶斯亮回忆，当天夜里，陶铸同志满怀沉痛的心情写下了《哭亚楼同志》，以寄托他的哀思：

相见松花江畔日
豪情才气两干云
练成铁翼摧强敌
留得丹心示后生
我亦壮怀思战友
君多慷慨愧庸人
何堪又睹星沉坠
化痛为仇仇更深①

---

① 选自《陶铸诗词选》，1979 年人民文学出版社出版第 37 页。

六、为翻译队伍建设呕心沥血

刘司令员对空军的翻译队伍建设呕心沥血，直至他生命垂危时刻仍念念不忘翻译工作。对此在空军工作过的每个老翻译都深有体会。

空军翻译工作整整经历了 6 个时期：初建时期（1949 年 10 月—1950 年年底）；抗美援朝时期（1951—1953 年）；现代化建设时期（1954—1960 年）；防空作战时期和编写条令教材时期（1961—1965 年）；十年浩劫后的重建时期及外援外训时期（1966—1977 年）；改革开放跨越式发展时期（1978 年至今）。

在前四个时期，刘司令员都花费了很大心血，直到 1965 年 5 月他弥留之际还一直在关心着空军的翻译工作。

“我们一定下决心解决好桥和船的问题”

1949 年，根据我国政府和苏联政府达成的协议，在空军初建时期，斯大林同志派遣一批顾问和专家来我国，帮助我们在陆军的基础上建设空军。在大批苏联顾问和专家帮助我们组建航校并直接担任教学的情况下，必须有相当数量的俄文翻译，否则是无法开展工作的。在空军建设的这个特定的历史时期，翻译便成了刻不容缓急需解决的主要问题。

刘司令员遵照党中央组织空军的决定，于1949年10月从苏联谈判回国后，首先抓的重要工作之一，就是下决心解决翻译来源问题。他说："我们向苏联学习空军建设经验，没有俄文翻译，就是一句空话，等于想过河，没有桥和船是办不到的，因此，我们一定要下决心，解决好桥和船的问题。"

当时全空军只有从哈尔滨外专调来的31名俄文翻译，与实际需要量相差甚远。每个航校至少得配40名翻译，当时连6名都不够。专家已经请来了，因为没有翻译，无法开展工作。问题迫在眉睫。

刘司令员决定马上分别派人去哈尔滨和新疆一带选调懂俄文的干部。经东北局同意，除从哈外专调一批外，还从哈工大、哈医专选调了一批。11月下旬，空司派人去新疆找当时的新疆省副主席赛福鼎，在他的帮助下从会俄文的青年知识分子和留用人员中招聘了52人。经过军委数次调配，翻译人数迅速增加，由最初的40人一下子就扩大到400人，及时保证了航校和空军部队的训练工作，切实保证了空军领导机关和华东空军司令部的组建。

深入抓翻译队伍的业务建设

1950年5月24日至30日，空军训练部召开了各航校、部队翻译室主任会议（即空军第一次翻译工作会议），总结了半年来的翻译工作，着重研究和确定了加强对翻译工作的领导，提高翻译水平和改善翻译人员待遇等问题。刘司令员抽百忙之暇，亲自到会，做了重要指示。

刘司令员在讲话中明确要求每个翻译认清"消灭残敌、巩固国防"的重大意义，"把自己的工作和这一政治任务联系起来，要真正理解毛主席说的'没有翻译即没有马克思主义'这一论断的真谛"。

在这次会议上，刘司令员针对翻译水平低、质量差，展开谈了翻译标准问题。因为他本身就懂外文，谈得入情入理，十分深刻。他说："准确和通顺看来似乎矛盾，实际是统一的。无论何时，都要使译文的准确和通顺达到统一。希望把它作为译文的标准。……我们应该在正确翻译的基础上力求通顺，丢掉准确而只讲求通顺是不对的，这势必要损害原文的真正含义。所以，每个翻译都要养成在准确基础上求通顺的习惯。"

1951 年 2 月 19 日至 24 日，召开了第二次翻译工作会议。刘司令员又亲自到会，给与会者作国际形势报告。他在讲话中，肯定了翻译工作的成绩，总结了经验，表扬了优秀翻译，批判了业务上的自满现象，明确了今后翻译工作的重点，健全翻译组织机构、领导关系和工作职责，指出了空军翻译人员的发展前途，要"成为既懂俄文又懂技术的工作人员"。为了培养翻译，司令员下决心从翻译人员中抽调出国学员。三年内共选调 60 名翻译出国，到苏联茹柯夫斯基空军工程学院学习。另外还抽调 150 名翻译到航校学习航空技术；派 26 名翻译到军医大学学医。

1954 年 6 月，刘司令员在第四次翻译工作会议上指出："每个翻译都应该具有高度的政治责任感，要有坚定的政治立场。能不能自觉地认真负责地翻译，是衡量翻译人员对革命工作态度的起码尺度。在工作中暴露出来的误译、漏译现象，不懂装懂之风，极其严重。这是极不负责任的政治态度，应该立即纠正。不要单纯追求速度，特别要注意质量，要以主人翁的态度来对待革命工作。"

1955 年 11 月，刘司令员针对翻译人员译风不正的问题作了重要指示："翻译东西，既不该生枝添叶，自作主张，乱加一气，更不准擅自去掉人家原来的意思。翻译好比理发，只该给人家梳理得漂漂亮亮，多余的乱头发可以去掉，反映出真面目，而决不准割鼻子，去耳朵。"

1960 年 4 月，刘司令员在一次翻译会议上指出："不管写东西，还是翻东西，都是给别人看的，一定要使别人能看懂，绝不能成心不让别人看懂。"

“翻译工作依然很重要！”

1960年，苏联专家全部撤走。原来跟专家工作的很多口译翻译就没事干了。大部分军兵种在很短时间内把翻译人员都处理掉了，改行的改行，转业的转业，一下子把原来翻译队伍全部搞掉了。空军主管翻译的部门——科研部开始也想模仿其他军兵种的做法，提出了一个处理方案，给翻译定了三个去向：改行一部分；转业处理一部分；保留一小部分骨干，做外事工作。刘司令员是有远见的。他在1961年3月25日召开的空军党委第103次常委会上否定了科研部的提案。他说：“把翻译都处理掉，这是没有远见的。切不可把别人的错误做法当作经验来吸收、模仿。专家走了，翻译人员还是大有用武之地的。培养一名既懂外文又懂专业的翻译很不容易。不经过空军党委批准，一个翻译也不准动。对现有的翻译人员，不许随便改行。必须加强管理，并根据各单位对翻译工作的需要情况，适当加以调整。对有些单位的翻译，确实没有翻译工作可做，可以调回，适当集中使用……”

1960年10月，他责成科研部举办了英语、德语培训班，每班20人，每期半年，学员均为在职俄文翻译。他有意识给俄文翻译创造一些条件，利用这个空隙时间掌握第二外国语。开始有些人认为时间太短，学不好。但司令员的看法不同。他认为：“师傅领进门，修行在个人。”在精通一门外语的前提下，学另外一门外语相对比较容易。再说，采取这种短期轮训办法，主要解决一个阅读和借助辞典译书问题，是可行的。

关于如何学好外文问题，他用一个非常形象的比喻来说明：“学习外文，好比盖房子一样，单词是砖头，把单词都牢记住，啃透它，灵活地占有它，也就是占有了盖房子的砖瓦，就有了基础。再弄清楚文法，一串联起来就成文章了，也就是盖出了房子。”又说：“毛主席经常说，做事就怕认真。你们学习外文，翻译文章和校对材料，一定要认真。在理解基础上更便于记忆，这是成年人学外文的有利条件。你们翻译文章和校对材料，从第一个字到最后一个字，连同每个标点符号，都要反复推敲。搞好以后，至少还要扎扎实实地看一遍，待自己有绝对把握以后，才能往出拿，否则，是不行的。可惜，你们总是缺乏耐心，好毛毛草草的，总以为甩出去了，自己就不负责任了。这种态度，是要不得的。”

“过去翻译是有功劳的，今后应为人民再立新功”

1964 年 4 月 11 日，刘司令员在空军第十二次翻译工作会议上讲了话。回顾历史，强调指出：“翻译工作在空军建设的各个阶段都起了很大作用。在各个时期（空军初建时期，抗美援朝时期，现代化建设时期，编写条令、教材时期）都是如此。翻译对空军建设是有功劳的。利用世界范围的科学成果、外事活动和军事活动，都要用翻译，这是肯定的。这一行不会失业。将来翻译工作还是一项重要的工作，这一点要向二百多位翻译讲清楚。翻译是可以为人民服务的，是可以为人民再立新功的。”事实充分证明了刘司令员的正确论断。专家撤走后，空军翻译人员立刻投入笔译资料工作。仅用三年时间，就集中力量翻出一千二百余万字，把编写条令、教材所用的外军资料全部翻译出来，得到编写人员的一致称赞。在这项工作中有不少翻译立功受奖。有的还被评为标兵。他们没有辜负首长的期望，确实为人民又立了新功。

“要建设一支又红又专的翻译队伍”

1965 年 5 月，刘司令员患肝癌，抢救无效，与世长辞。1964 年 11 月入院后，在病魔的无情折磨下，他仍关心翻译队伍的建设。刘司令员曾带着重病在最后一次翻译会议上语重心长地谈了有关翻译队伍建设的四个问题。

他说：“在新的情况下，对翻译工作要采取新的措施。把翻译划分专业，在各个专业上搞工作。在原来的基础上稍加调整，可划分为十一个专业，这是一个重大措施。为什么要划分专业呢？为的是把翻译工作同研究工作结合起来。应使翻译工作同学术知识和战术知识的研究结合起来。你们不要把‘专业化’给简单化了。分到高炮专业的，不是只知道几个高炮方面的名词，而是要搞清、钻透高炮方面的历史、战术、技术方面的知识。搞导弹的要成为导弹方面的行家。这样，哪一个专业的翻译就可以到哪一个部队去代职，当连长、营长，甚至可以当团长，当一段回来搞学术研究，他就成了这一行的干部。应该定下来，向各兵种、各部门讲清楚。这样搞，在军队翻译中，我们可能是新的措施。专业化的道路——一定要讲清楚。要采取一些措施到部队去研究战术、技术知识，要成为这个专业的行家。

“第二个问题：要想一些措施提高质量，首先要提高中文水平。中文水平不高的，不能起过硬的作用。看一个翻译的水平高不高，首先要看他中文水平高不高。中文水平不高，这是当翻译的致命弱点。你们评论翻译水平的高低要看中文、外文、业务三个因素，最后落脚到中文上。凡是中文水平低的，都不能成为好翻译。提高质量，屁股要坐在中文上。当了十几年翻译，中文还很蹩脚，是没有发展前途的，可以改行；一辈子翻不出一本书，翻不出一篇好文章，没有前途的，要淘汰。但是对处理的人，不能推出不管，不能一脚踢开，不能弄得流离失所，他们是有功劳的。要劝他们改行转业。采取一些有利措施，提高俄文水平，掌握多语种，这是我们翻译工作的方针。

“第三个问题，是要把翻译干部队伍搞起来。干部队伍的成长要搞出一套程序来。……”

最后，司令员强调指出：“总而言之，要建设一支又红又专的翻译队伍。我们要搞一个四五百人的翻译队伍。对‘翻译’这个名称，我不满意，改一下好不好。否则有局限性，我比较欣赏‘研究员’这个名称。”

刘司令员出于对空军各个时期建设的需要，出于革命发展的需要，无微不至地关心翻译队伍的建设，关心翻译人员的工作、学习、生活、前途、培养、发展；每想及此，都会对司令员深切缅怀。

孙维韬（左）与老战友孙家栋合影（刘亚楼非常有远见，1953 年他决定派一批俄文翻译到苏联茹可夫斯基航空工程学院深造，进一步解决中国航空工业发展问题。“两弹一星”中著名科学家孙家栋就是刘司令派出的第一批学员之一）

“要注意在翻译当中发展党员”

有些同志对知识分子有些偏见，其中包括对翻译人员的看法，认为知识分子就是小资产阶级，思想毛病多，不够入党条件。尽管大批翻译表现很好，对空军建设做出了很大贡献，有的还多次立功受奖，但是党员数量很有限。刘司令员了解到这个情况后，马上找政治部组织部负责同志，当面指出："在发展党员问题上，对知识分子不要有偏见，一要重视，二要注意培养，三要发展。要注意在翻译当中发展党员。"1955年2月召开空军第五次翻译工作会议后，刘司令员建议空军党委开会专门研究在翻译队伍中发展新党员的问题。会后政治部专门给各有关部门发出指示，让他们注意在翻译人员当中发展党员。这样，使翻译队伍中党员数量迅速增加，由原来的15%，一下子增加到35%。大大地调动了翻译人员的积极性和政治热情，更出色地完成了翻译任务。

空军翻译队伍的骨干大部分都是1956年入党的。几十年来，他们经过历次政治运动的磨炼，不仅业务水平高，而且政治上表现得很坚强。这些老同志在回顾自己政治上成长的历程时，都十分怀念刘司令员，感激刘司令员在政治上对他们的关怀。

认真抓思想动态，及时指明方向

1960年8月，苏联单方面撕毁合同，擅自撤走专家。在这个关键时刻，刘司令员对翻译人员及时下达指示："要想做一名好翻译，首先应该成为一名好党员，要有坚定的政治立场，要坚决听毛主席的话，跟毛主席走，在大是大非面前，应能站稳脚跟。只要是为了党的利益，赴汤蹈火，也应毫不畏惧，这才是中国共产党党员的本色。"又强调指出："向外国人随便讲我们党内的事情和一切不应该讲的事情，这并不是单纯的自由主义，这是里通外国，是党纪军纪所不容的，是犯罪的行为。但是，听到外国人议论我们时，应该马上反映，随时随地要反映，这是组织纪律问题，也是党性问题。”

“一定要把这个翻译名字记下来”

1954年冬，刘司令员因公乘机去安东（今丹东），在浪头机场降落后，在16师师长崔国英陪同下巡视驻守该机场的部队。他们来到场站，信步走进一个教室。一位苏联专家正在给师机务人员讲授喷气式发动机课。司令员和师长没有惊动教员，蹑手蹑脚地从后门走进去，轻轻地坐在教室的最后一排听课。这堂课担任翻译的是一个看上去还不满二十岁的女学生。她操哈尔滨和吉林一带的北满口音，口齿清楚，个子不高，站在身材魁梧高大的专家面前显得更像一个小姑娘了。但她身体敦实，圆圆的脸膛上有一双炯炯有神的眼睛，翻译得很流利，逻辑性很强，阐述得很有条理。不慌不忙地时而面向学员，时而又转过身去指着黑板上挂的示意图讲解。从教员和学员的面部表情上看去，完全可以猜到大家对她的翻译是满意的。

刘司令员是懂俄文的。他曾经在苏联伏龙芝学院的课堂上度过了四个春秋。他对译文的好坏、准确与否很有鉴别能力，在判断翻译水平方面也是很有发言权的。他听过半堂课以后，露出了满意的微笑，他低声问身边的崔师长：“这个小女翻译是哪里来的?”崔师长回答说：“是从八航校借调来的!”司令员接着对高秘书说：“这个女翻译很有能力，水平不错。高秘书，一定要把这个翻译名字记下来!”

后来，高秘书根据首长指示查清了这位女翻译的情况。她叫温家琦，是1950年3月从哈工大调来空军工作的，开始在济南五航校，担任口译，工作一贯认真负责，进步很快。因为工作积极努力，在空军工作期间，连续立了五次三等功。18岁时加入了中国共产党，是一个年轻的团支部书记。刘司令员听罢汇报后，自言自语地说："真没想到，表面上看去好像一个不足二十岁的小姑娘，却是一个德才兼备的好翻译。是哈工大来的，难怪我不认识。"

一开始，我和高秘书都没有弄清首长要把这个翻译情况查明的意图。后来就真相大白了。司令员是想抓住一个典型对翻译进行教育。过了几天，他在安东主持召开一次全体翻译会议，严厉批评了某些翻译的"骗人行为"，同时表扬了那个女翻译。他说："我听了一些翻译的口译讲课。有的真是骗人的，人家说了半天，他只给翻译三言两语，最多译出20%，其余的都'贪污'了，这是非常要不得的，这是绝对不允许的。但有的翻译确实不错，无论政治态度和业务水平都很好，比如温家琦同志就是如此，我听了她的课，很满意……"司令员的批评表扬从来都是有的放矢，令人信服的。他对任何人任何事都能深入了解，说起来有理有据，绝不说空话。

在杭州参加条令编写的日日夜夜

叶剑英元帅1960年根据毛主席"要编写出我们自己的条令"的重要指示，在广州召开了全军编写条令教材工作会议，下决心写出具有中国特色、密切结合中国军队实际的条令教材，认为这是我军正规化、现代化建设必不可少的决策。

以刘亚楼为首的空军党委十分重视这项工作，立刻组成空军条令教材编写领导小组，由刘司令员亲自挂帅担任组长。

1960年3月，为了搞好这项工程，他首先抓组织落实，下决心调精兵强将，建立得力的编写班子。开始，个别领导干部对这项工作认识不足，以为抽些"笔杆子"，把外军的有关条令教材修订一下，加些我军的具体实例，变换一下口气就可以了，不愿抽调得力干部参加编写工作。

刘司令发现这种思想苗头以后，在党委会上明确指出："编写我军自己的条令、教令、教程和教材，是有关军队建设的百年大计，要下决心'投资'，一定要下狠心，抽调最有能力的干部，不管在什么岗位上都要抽下来，集中精力，利用两三年或三五年时间，把这项基本工程拿下来。有人强调工作忙，抽不出来；有的单位借口训练和战备任务紧不给抽人，想派些'二把刀'来搪塞，这是很不负责的！"

接着他又说："不管别的单位怎么办，反正空军党委已经决定，由我来抓这项工作，担任空军条令教材编写小组的组长。我是下决心完成这项任务的，不完成，我死不瞑目。"由于刘司令坚定的决心和态度，各单位谁也不敢再搪塞了，很快在杭州建立起编写班子，铺开了工作。

刘司令再三强调编写条令教材也离不开翻译，因为"知己知彼才能百战百胜"。他让何庆林接替我给首席顾问戈鲁诺夫中将担任翻译，把我抽调出，随他去杭州，并选调一些俄、英文好的翻译，组成一个外文秘书组，配合领导小组工作。在杭州先后参加这个小组工作的有：孙维韬（组长）、潘祖琦（组长）、钱如铎、陆宝林、郑吉庆、高志伟（英文）、高喆（英文）、陆以中（英文）、孙倩（英文），还有情报处参谋蔡赞诗等人。刘司令员指示让我们准备好所需一切资料，其中包括各国空军战斗条令、教令、教材、辞书（原文、中文）等以备随时查找。这个组直属领导小组，由杨万钧、王德一统领各编写组、翻译组的工作。

先抓"空军战斗条令"编写，以点带面铺开

刘司令员首先抓试点，而后以点带面全面铺开。第一步是以编写"空军战斗条令"作试点。

我们小组接受的第一项任务，就是查找编写各国空军战斗使用原则，拉条对比，统一权衡，提出利弊，供领导小组参考。同时，给刘司令员准备一

份发言稿。

刘司令员用生动形象的语言，将这项活动叫作“上山采药”，而后拉条“梳辫子”“货比三家”。他说，唯有吃透外军的东西，找出他们之间的利弊，我们编自己的东西才能超过他们。

他多次在领导小组和全体编写人员大会上强调，一定要充分占有外国资料，让我们小组积极配合，如果需要，可随时从翻译资料处和空司情报处借调资料，也可派人到图书馆查阅。总之，要弄清有关国家空军战斗条令的使用原则，他们之间的共同点和不同点。

要详细拉条“梳好辫子”，采取对比的方法写出来，让领导一目了然，让我们这个组当好领导小组的“参谋和助手”。

从开始工作，刘司令员就强调军语统一工作的重要性。统一军语，使用军语准确，是保证编写工作质量的重要指标之一。刘司令员说：“切不能小看军语统一。统一军语，就是统一军事思想，统一军事学术概念，这里大有学问。”他说：“要准确掌握和吃透原文词意，比如：И 是从‘истребить，’（歼击）引申出来的，原意本该是‘歼击机’是‘истребитель’（歼击机）击而歼之，可是我们过去竟将这个词译成‘驱逐机’，词意变成了‘驱而逐之’，赶跑就算了。这种思想是错误的，将积极的进攻概念译成了消极的防御概念。再有将‘перехват’截击，即截而击之，这种积极战术思想也给歪曲了，译为‘拦截’，变成了消极的‘拦而截之’，失去了‘击’的战术概念，又错误了。”

他让我们深入了解每个词意，在吃透原文基础上再下笔，使我们受益匪浅。

为了保证各编写组的军语统一和弄清军事学术思想，我们小组根据刘司令和领导小组的要求，先后编辑了《毛主席使用过的军语》和《空军军语释义汇编》十本，在统一军语学术概念方面发挥了很大作用。

在编辑《毛主席使用过的军语》时，我们小组集中精力认真阅读毛著，从中拉出毛主席使用过的各种军语，有些是毛主席下过定义的军语，也有毛主席常用的军语，从上下文体会它们的含义，分别拉出来，编辑成册，经刘司令员审阅后，印发给各编写组和领导小组每个成员。

《空军军语释义汇编》是从俄英文军事著作中拉出来的常用空军军语，配有俄英文和各国详解词条，分专业编辑成册，印发给领导小组成员和各编写组，共十个分册。其内容包括飞行、领航、通信、雷达、场建、工程、作战指挥、军械、炮兵十个专业。

此外，平时若发现有争议、待统一的军语，就收集起来查找依据，提出统一方案，印发简报，征求意见。总之，在统一军语方面我们小组做了大量工作。

刘司令对我们组编印的军语统一汇编十分满意，他曾说："这些材料，很有学术价值，意义重大，不仅保证了编写的统一，而且作为编写条令教材的副产品，将来在这个基础上可以编一本空军军语详解词典。"

60年代初期的刘亚楼

全面铺开　对口保障

随着编写条令教材、教程范围的逐渐扩大，由开始时杭州的几个组逐渐扩大到上海、北京、西安、杭州、笕桥、徐州、涿县、临潼、孝感等地，陆续涌现出数十个编写组，资料的需求量也随之不断扩大，需要统一的军语术语也不断增加。因此，仅杭州一个翻译组难以招架和完成如此艰巨的任务。

针对形势的变化，1961 年下半年，刘司令对翻译工作提出更新的要求。1961 年 8 月下旬，北京翻译整风后，刘司令及时指示，将北京地区和全国各地空军翻译集中使用，按专业归口，配属给各有关编写组，对口保证编写所需的资料。上海几个编写组的翻译组分别由张全民、史雷、王殿英、魏元杰、荣恒绪、徐露、王广恩、姚殿科等同志负责；笕桥编写组的翻译组由樊树桐等同志负责；北京（空军学院）编写组的翻译组由陈渊、宫树滋同志负责；徐州编写组的翻译组由新光、云生霖、黄昔英等同志负责；涿县、西安编写组的翻译组分别由宋竹音（拉总）、陈本、李斌、温广成等同志负责；三原翻译组由李云超、龙连义等同志负责；孝感编写组的翻译组由王利亚同志负责。

根据指示精神，科研部下决心将积压的 1200 万字资料，分门别类全部译出，按专业提供给各编写组。同时，给有些编写组还配备了英文翻译，将空司情报处掌握的英文资料也全部译出来，供编写参考。这项浩大的工程，在刘亚楼为首的空军党委的正确领导下，由于翻译资料处杨万钧处长和王德一副处长坚决贯彻领导意图和积极协调，使各翻译组都按时完成了任务，将“死材料变成了活材料”。

“蓝皮书”依然在发挥不可替代的作用

在以刘亚楼为首的空军党委正确领导下，从 1960—1965 年历时 5 年时间，截至刘亚楼司令员逝世，各编写组共编出 306 本条令、教令、教材和教程，涵盖空军各个专业和兵种，这些书曾是空军建设最宝贵的资料。这些“蓝皮书”（这些书的封面均为蓝色，故此得名）至今仍在使用。在每一本书中都渗透着为该书提供大量参考资料的翻译们的心血和无私奉献。

“把编好的书拿一本放到我的墓上，我死也瞑目了”

刘司令员为这项百年大计呕心沥血，他认真阅读过每一本书，他逐字逐句认真推敲和修改过每一本书，甚至连标点符号的错误都不放过。1965 年 4 月，刘司令员患不治之症，肝癌晚期，在弥留时刻，还对条令教材编写组秘书长姚克祐说：“希望你们一定努力完成这项工作！到那时，把编好的条令拿一本放到我的墓上，我死也瞑目了。”姚克祐满含热泪向我们传达了刘司令的遗言，大家听后潸然泪下。大家一致奋起，集中精力完成了刘司令的未竟事业，使这批“蓝皮书”在空军建设中发挥了巨大作用。

“必须立刻刹住这种害人的歪风！”

1961 年，空司翻译处掀起一股浮夸、弄虚作假的歪风，提出一些严重脱离实际的口号，什么“译文速度五年内翻一番”啦，什么“一天要翻四万字”啦，什么“谁能突破四万字，谁就是先进工作者”啦，等等。还有人把这种所谓“优质高产’的经验写成书面材料，在全军中“推广”，一时弄得乌烟瘴气。有许多翻译明明知道这是胡闹，但面对咄咄逼人的形势，也不敢讲话。刘司令员看到他们弄的材料以后，大发雷霆，严厉地指出：“何原(当时的翻译处长，他极力鼓吹这种“优质高产”)究竟想把翻译引向何处去!？这个人连起码的常识都没有。别说翻译四万字，就是叫你反复写‘人民日报’四个字，你也写不了四万字哪！简直是胡来。这是破坏翻译队伍的行为！完全是弄虚作假！翻译队伍立刻需要整风，要下决心扭转这种害人的歪风。”1961 年 6 月 17 日，空军党委常委第一百廿次会议决定翻译整风。所有工作全部停下来，彻底进行整顿。司令员派我参加整风领导小组。该组共有三人，除我外，还有科研部政委王海清和空政组织部部长夏屏西。从1961年6月17日开始，到8月23日结束，先后共进行两个多月时间。在这个关键时刻，刘司令员通过空军党委及时下定决心，刹住了这股害人的歪风，使翻译工作重新走上健康的轨道。

“下笔前一定要吃透原文”

刘司令员在苏联伏龙芝军事学院学习过四年，当然是懂俄文的，听力很强，也能会话，因此，他对翻译工作是有切身体会的。在20世纪40年代的后期，他亲自翻译过苏联《红军野战参谋业务条令》，50年代初期，他在《东北日报》上发表过斯大林有关资产阶级军事家克劳塞维茨的论文译著。1955年他利用疗养期间亲自主持修订过《苏联空军战斗条令》译本。他从事翻译工作，是一丝不苟的，态度是严谨的，一贯主张不吃透原义，不能下笔。他说：“下笔前一定要吃透原文，也就是说一定要弄清原文的含义及作者想表述的战术思想，而后再下笔。”他在翻译工作中从来都是不耻下问的，经常虚心向高手求教。他一贯主张：“不会就是不会，不懂绝对不能装懂。谁懂就虚心向谁请教。科学这东西可是来不得半点虚假的。”

他在对照原文校订《苏联空军战斗条令》时，发现译者将原文的“截击”给译成“拦截”了，把“歼击机”给译成“驱逐机”了，便找译者交换意见。他说：“原文本来是‘截击’即‘截而击之’，是反映积极战术意识的，而在译者的笔下却变成‘拦而截之’消极的思想了。原文明明是‘歼击’的概念，怎么能随便给译成‘驱逐’这个消极的概念呢！要知道，‘歼击是歼灭之，而‘驱逐’则是赶走了事，这是要不得的，应该改正过来。”

“一定要把死材料都变成活材料”

当刘司令员得知用外汇买进的许多外文书籍积压在资料室，长期无人过问时，便立即建议召开空军常委会认真研究有关这批资料问题。他在会上非常尖锐地指出：这些资料是用外汇买进来的，长期不使用太可惜了。严格说起来，这是一种犯罪的行为。后来，根据他的建议，常委下决心组织全空军的翻译，集中时间突击翻译这些材料，并分门别类归档利用。

1960 年至 1963 年，为配合条令、教材的编写工作，组成 13 个翻译组，仅用 3 年时间就将其中有用的材料全部译出，据不完全统计，总字数达 1200 万字之多。他当时提出的要求是：“一定要把死材料变成活材料，翻译出来，供各级领导同志参阅使用。”

他不仅下决心解决了过去积压的材料问题，而且也为今后处理材料明确规定了一套章程。要求资料人员搞新书介绍、内容简介和书摘。“一人读书，众人受益”，不准积压，要随来随介绍，“长流水，不断线”，要求资料室的同志把图书介绍工作“搞活”，“做细”。

他十分重视外军的动向。他说：“自古以来，所有军事家都认为：‘知己知彼，百战百胜’。若想知彼，就必须充分占有材料。由此可见，资料工作十分重要，切不可等闲视之。”他还对搞资料的同志提出明确要求：搞资料，一定要做到“四勤”，即脑勤、口勤、腿勤、手勤。总之，要千方百计给首长当好参谋。

他认为：在材料的“死”和“活”方面，反映了资料人员的两种截然不同的工作态度。一个懒散的资料员把“活”材料都变成了“死”材料，必将人为地造成积压，把有用的材料打入“冷宫”，而一个对人民负责的资料员定能把“死材料”变成“活材料”，达到“起死回生”的效果，让材料充分发挥作用，为研究服务。

刘司令员的这番教导非常重要。由于他认真抓了这项工作，使资料工作有了生机，逐渐活跃起来了。

“要学习梅先生千锤百炼的精神”

梅兰芳是中外驰名的艺术大师。他的功夫达到了炉火纯青的程度，深受世人的称赞。

刘亚楼同志十分敬佩梅先生练功和治学的精神。他不止一次用梅先生这种刻苦练功精神教育部下。记得，有一次刘司令下部队检查工作，利用业余时间，走访飞行员，看望他们的家属，嘘寒问暖，甚至亲自动手，帮助他们剪纸贴窗户缝，这是他一贯的作风。和飞行员们闲聊天，海阔天空，没有什么固定的话题，从飞行训练谈到家庭生活，从文化学习谈到电影、戏剧，谈笑风生，眉飞色舞。他在屋里迈起方步，逗得同志们前俯后仰地捧腹大笑，从著名歌手周小燕谈到京剧中的“四大名旦”，……乍听起来好像“风马牛不相及”，其实，刘司令员是心中有数的，无论是默不作声，认真听飞行员谈家常，还是他“闲扯”的每个话题，都是颇有心计的。通过这种毫无拘束的谈话，他掌握了第一手材料，摸清了飞行员的心思，熟悉了飞行员的爱好和文化生活内容，便于有的放矢地切实解决飞行人员中存在的思想问题。

刘司令员善于用典型形象来教育部下。他活灵活现地谈了梅先生演的“洛神”。他说：“你们看他演得多轻松、优美，每个细小的动作，甚至小手指的动作，甩拂手的时机，眼神、碎步，都是非一日之功。梅先生对每个小动作都不放松，都要千锤百炼，不炼到炉火纯青的程度，他决不轻易罢休。甚至蜚声艺坛，享有世界声望后，仍然不满足，还是谦虚谨慎，每次上台演出前，仍像年轻演员那样认真地练功。这是难能可贵的。”他号召每个飞行员都要认真学习这种苦练基本功的精神。后来，他根据这种精神，提出了“地面苦练，空中精飞”的口号。

直至今天，有些已经担负重要职务的老飞行员每谈及此事，仍流露出一种感激和怀念的心情，认为司令员的这个提法是非常正确的，反映了空军训练的规律。不“苦练”，不“精飞”，那是必然要摔飞机的，也必然要付出血的代价。

“要学习盖叫天苦练基本功的精神”

著名京剧演员盖叫天的坟墓，在杭州丁家山上，正对着空军疗养院，只有一路之隔。一天，晚饭后散步，刘司令员带我们爬上一个小山头，来看这苍松翠柏环绕着的坟墓。

墓前石牌坊的两个柱上镌刻着两句诗，左边的一句是：“英名盖世三叉口”，右边的一句是：“杰作惊人十字坡”；横幅刻六个苍劲有力的大字：“活到老，学到老”，这是出自郭沫若先生的手笔。

刘司令员抬头望着这副对联和横幅，问我们：

“你们知道这是什么意思吗?”

我们谁也没有回答，都默默地等待司令员给我们讲述它们的意义和来历。

司令员猜透了我们的心思，便借题发挥，不仅讲了条幅的含义、盖叫天的为人，还提出了“要学习盖叫天苦练基本功的精神。”

他说："这两句诗的开头第一个字，加在一起，叫英杰，是盖叫天的名字，即盖英杰。《三岔口》和《十字坡》是盖叫天成名的拿手好戏，所谓'盖世'和'惊人'就是说明这个闻名全国的意思。横幅是郭老称赞盖叫天的学习精神。"他进一步向我们介绍了盖叫天的为人和刻苦学习精神。

他说："你们知道这个坟墓是什么时候修筑的吗?"接着他自言自语地说下去："他和著名演员梅兰芳一样，都是有民族气节的艺术家。当年，日寇占领上海、杭州以后，梅兰芳先生曾留须言志，坚决拒绝登台演出，盖叫天则修墓，隐姓埋名，不为敌寇效劳。这是何等有骨气的艺术家呀！这个精神就值得称赞是难能可贵的。至于他们的表演才能，也是杰出的。盖叫天是公认的'活武松'。他的舞台动作非常优美娴熟，确实有硬功夫，内行看了都赞不绝口。但是要知道，他的每个动作都是经过千锤百炼的。在每一个哪怕是极微小动作上都不知流了多少汗水。拿盖叫天自己的话说，就是要'锁心猿，羁意马，苦练出三汗：即骨汗、筋汗和肉汗。'那种几十年如一日，持之以恒的苦练精神特别值得我们好好学习。不下功夫苦练是掌握不了过硬本领的!"

刘司令员是诲人不倦的，他善于利用一切机会来开导教育干部。他的知识又非常渊博，对任何事情都了解得很透彻，讲得入情入理，令人信服。

七、严守“生活无小事”

我在刘亚楼同志身边整整工作了十年。他的一言一行、一举一动给我留下了极其深刻的印象，使我永远不能忘怀。常言说得好：“观一斑可知全豹”，“一滴水也可以反映出太阳的光辉”。我想通过感受最深的一些“小事”，使广大读者进一步了解刘司令的工作作风、思想作风和高尚品格。

“我也是个普通的党员”

“蒋天杰同志，今天下午我去军委开会，不能参加党小组会啦！”话筒里传来了司令员刘亚楼同志的声音，他在向党小组长请假。

刘亚楼同志的工作虽然十分繁忙，但党的支部大会或小组会，他总是尽量争取参加。他虽然是中央委员、空军党委书记，但在小组长面前，他总是以一个普通党员的身份出现。有一次，小组长没能通知他开会时间，他知道了以后，便主动打电话询问。在对话中，他发觉小组长有些顾虑，就诚恳地向小组长说：“你别忘了我也是一个普通的党员……”接着非常谦虚地检讨了自己：“我做得也不够，我应该主动和你联系。”

记得，1961 年出国时，他担任代表团团长，但代表团临时党支部的支部书记是空司军务部副部长、代表团团员刘克江同志担任的。在研究代表团思想工作时，刘克江同志主持支委会的会议。刘克江同志在会上习惯地说："请刘司令作指示……"他当即打断刘克江的话，严肃地指出："这是党的会议，我是临时支部里的一个普通的党员，怎么能说'指示'呢，在党内我们应以同志相称，不要称什么'司令'……"接着他和蔼地批评刘克江同志说："你是一个老同志，应该明白这一点。"刘克江同志虚心地接受了他的意见。

总之，他每次参加支部大会时，都按时到会，尽情地参加讨论，细心地倾听别人的意见。起初，在他参加支部大会的时候，大伙总感到有些拘束，往往面面相觑，谁也不敢第一个发言。在这种时候，刘亚楼同志总是用他那爽朗的话语打破沉默，坦率地发表意见，提出自己的看法，有意识地启发大家。于是，大家便热烈地展开了争论。有一次在讨论刘从政同志（保密员）转正时，他不仅按时到会，而且在发言中明确地指出刘从政同志的优缺点，在候补期间改正自己缺点的情况，最后以一个普通党员身份表态，同意刘从政同志转正。到会的党员都感到吃惊：刘亚楼同志为什么了解得这样详细和清楚呢？原来，在开会前他认真了解了情况。

"唯有下苦功夫，才能写好文章"

"要永远记住毛主席的话，要想写好文章，不反复修改十几遍，是不行的。"这是刘司令员常对我们说的话。刘司令员对待每一份文电都是非常认真的，不论长短，都由第一个字读到最后一个字，而且逐字逐句地反复推敲、修改，连标点符号的错误都不放过，一丝不苟，绝不马虎，作风十分严谨。改后通常找起草人当面交代，耐心讲解，或者叫秘书通知起草的同志。

司令员非常注意通过实际工作，提高写作能力。

记得，1960 年我根据司令员的授意，给总部起草了一份仅仅几十个字的电报稿。写好以后，经过反复推敲和修改，才呈送首长。心想：“这次下的功夫大，字又少，不会出错了。”可是，司令员看过以后，却指着电文稿的第二句话“要了各军种、兵种的条令，没有专门指空军、海军”对我说：“这句话表达得很不确切，应该改成这样：既然要了各军兵种条令，当然包括空、海军的。”为了使我更进一步认识到造句和表达的错误，他又拿出一张白纸，把我写的句子和他改的句子并列起来，加以对比，耐心地告诉我，为什么由于造句和用字上的错误而不能正确表达文电的精神。最后，他对我说：“你一定要好好学习语文，经常练习作文。”接着又强调说：“唯有下苦功夫，才能写好文章。”

不会并不可怕，可怕的是不会又不肯学

刘司令员的学习精神是非常可贵的。他对新鲜事物非常敏感，有钻研精神，“凡事都问一个为什么”，刨根问底，不弄个水落石出，决不罢休。他对身边的工作人员经常这样教诲：“一个人不是生下来就什么都会的，不会并不可怕，可怕的是不会又不肯学。”

刘司令员每天工作很忙，但他从不放松学习。他常说：“毛主席和周总理，他们比谁都忙，日理万机，但他们每天都挤时间学习。因此，以忙为借口，不肯学习是站不住脚的。”他在学习上是分秒力争的。外出开会，在汽车上一定看报纸和内参资料；晚饭后在院子里散步的时候，叫秘书给他汇报当天处理文电的情况；早晨起来在洗漱时一定听时事广播。乘飞机出差时，一上飞机就办公，处理日常工作；一下飞机马上找人听取汇报。他给秘书规

定一条：有事随时随地向他汇报。他时常是一边吃饭一边听取汇报。他能解决的马上解决；需要开会讨论研究的，他马上召集会议解决。当时不能解决的，他也要根据情况确定一个解决问题的时间，马上布置下去，落实到具体人和具体单位去办。

他因为工作忙，时间少，来不及看大厚本书和有关杂志，就要求我们替他看书，他把这种方法叫作“一人读书，众人受益”。他曾经叫我定期看苏联的《军事思想》等杂志原文，而后向他详细汇报，凡是他认为有价值的，马上圈出来，要我们组织翻译，提供给其他首长看。

他在技术问题上遇到难点，就不耻下问，请教有关专家。空军是一个专业技术很强的军种，技术问题很多。凡是遇到问题，他就叫秘书找有实际经验和学有专长的人请教。他说：“孔夫子的话很多是错的，但有句话是十分可取的，就是‘三人行必有我师’，这个态度是谦虚的，是正确的。”

“立刻到现场去”

刘司令员特别注意调查研究。有一次，他正在空军司令部开党委会。秘书突然走到他跟前，低声向他报告说：“××师方才出了一等事故。”他问秘书：“什么原因造成的?”秘书回答：“正在调查，现在还不清楚。”他和政委商量后当机立断地决定：“我们暂时休会，立刻到现场去。”于是，他率领一个由副参谋长、训练部长等人组成的调查组，当天飞往肇事地点。

为了争取时间，一到现场，马上召集有关人员开座谈会；找有关同志谈话，深入调查研究，准确查明原因，弄清是政治事故还是一般事故；是机械故障事故还是指挥有误造成的事故。他特别重视毛主席的教导，下车伊始，决不哇啦哇啦地发议论，而是广泛听取各方面的意见，甚至找飞行员家属和看到事故的当地老乡谈话，听取他们的反映。等查明情况以后，才作结论，找教训，发通报，使所有部队从这些血的教训中有所裨益。刘司令员就是这样抓第一手材料的。由于调查仔细和分析深刻，他每次作出的结论都令人心悦诚服。飞行员都反映说：“刘司令员的结论是有说服力的，有理有据，能立于不败之地。”

刘司令员非常推崇《断了琴声》这篇报导。内容是一个飞行大队政委抓思想工作非常细心，特别重视调查研究，能掌握每一个飞行员和机械员的思想脉络。有一个飞行员在饭后休息时总爱弹琴。这天政委从那个飞行员窗前走过，却没有听到琴声。这个微末细节引起了政委的重视，他顺着这个线索找到了该飞行员的思想疙瘩，及时开导解决，防止了一次事故的发生。刘司令员常说：“我们特别需要这样重视调查研究的有心人。”

“错了就应该改正”

1961 年，刘司令员在杭州条令教材编写领导小组会上，在谈到交流经验、取长补短和反对孤芳自赏时，他征引了一个典故《泥人词》：

> 我侬俩个忒煞多情，好像用一块泥捏一个你和捏一个我。忽然价喜欢，被人打破，下水从新调合，再捏一个你和捏一个我。我的里有你，你的里有我。

会上有人问到这个词的出处时，刘司令员信口回答：“可能出自《红楼梦》王熙凤之口。”他有个秘书通晓《红楼梦》，知道这首《泥人词》不是出自《红楼梦》王熙凤之口。于是，便查找其他材料。后经核实：这个《泥人词》是著名书法家赵孟頫的妻子管夫人写的。该词被收入清末名家褚人获的《坚瓠集》中。他弄清后，马上向司令员汇报，当面指出误谬之处。司令员听后表扬了这个秘书，并表示：“错了就应该更正。”后来司令员在领导小组会上，公开承认错误，并当众宣布：“我说《泥人词》是出自《红楼梦》王熙凤之口是错误的。我的秘书批评了我。他查清了，是管夫人写的，应该更正。”

司令员这样勇于承认错误的求是精神使到会同志敬佩，也教育了到会同志。事实证明，一个领导者敢于承认错误非但不会失去面子，相反会提高威信。

“要像作战一样来完成每项工作”

凡是和刘司令员接触过的人都深有体会，认为刘司令员在工作上是高标准、严要求，保持了当年的战斗作风。同时，在他身边工作时间长的同志都感到，他的要求是合情合理的，受到他的批评也会感到心情舒畅。

司令员常教诲我们：“平时一定要养成战斗作风，要像作战一样来完成每项工作。切不能马马虎虎，吊儿郎当。要知道，在战场上那是要掉脑袋的。作风的养成很重要，要从点点滴滴一项项具体工作入手，切不可等闲视之，否则是要受战争惩罚的。”接着他断言：“凡是平时注意作风养成，严于律己的人，到战时也一定过得硬。”

司令员为了培养作风，他对部属的要求是严格的。比如，每次给我们布置任务和交代工作，总像战争年代临战前布置战斗任务一样，条理清楚，任务明确，考虑得也非常周到。从原则到具体，从任务到方法，从有利条件到不利因素都交代得明明白白，甚至在执行任务中可能出现的几种意外情况以及如何处置，都替我们想得十分周全。尽管如此，最后他总要问一句：“你还有什么问题吗？还有什么困难吗？”他特别希望我们能提出问题。他反对那种在首长面前唯唯诺诺、唯命是从，不动脑筋思考问题的人；喜欢那种当面敢于陈述自己见解的干部。

记得1955年我随同他到沈阳出差，中间让我代表他去丹东找苏联防空军军长斯留沙列夫将军谈一件重要事情。他给我详细交代任务后，对我说：“你一到丹东，马上打长途电话给我，我在指挥所等你的电话。叫总机直接找我，不要叫秘书传话。”他颇有风趣但又严肃地说：“我反对走‘秘书路线’，传来传去容易耽误事。”“要使我随时掌握住你的动向，像放风筝一样，能随时牵动，以便我随时给你下达新的指示。每天晚上给我报告一次进展情况……”

我遵照他的指示，到达丹东后马上向他汇报。经过长途台总机时，话务员开始有些顾虑，不想直接找首长。她说：“我给你接秘书吧！”她怕打搅首长的工作，是一番好意，但刘司令员的指示我也不敢违背呀。经再三说明情况，终于找到了首长。他耐心地听取汇报，并下达了新的指示，提出了切合实际情况的要求。他每次听取我汇报都像听取战报那样认真。

刘司令员的作风就是这样：事无巨细他都一丝不苟，一向保持战争年代那种雷厉风行的战斗作风。

开短会、说短话，解决实际问题

刘司令员最厌恶开“马拉松”会和说废话。他一贯主张：“能一小时解决问题，绝不拖延成两个小时”，“能一句话说明白的问题，绝不要用两句话”。只要他召集的会议，会前一定叫秘书发“安民告示”，请准备到会的人，针对会议议题充分做好准备，尽量“浓缩”自己的发言。不做好准备，绝不仓促开会。他主张“在会上谈问题，开门见山，一针见血。不准许像博士买驴那样，东拉西扯，清谈半天，还不切题。”在这方面，他从来都是以身作则，起带头作用的。他谈问题，简单明了，总结工作干净利落，从不拖泥带水，处理问题，雷厉风行。

在这方面，他非常敬佩无产阶级革命导师列宁同志。他常把在克里姆林宫参观列宁办公室时，解说员介绍十月革命胜利后列宁在主持工作时对开会时间的要求，讲给我们听。他说，列宁当时主持联共（布）中央会议时，听取各人民委员的汇报，处理国家大事，对会议时间要求非常严格，给主持军事、政治、经济、教育、卫生等各方面的人民委员规定汇报的时间为十五分钟，要把该提出的问题和该说的话都“浓缩”在十五分钟内。明确规定不准超过这个时限。如果超过，立刻停止他发言。列宁不仅这样严格要求各位人民委员，而且对自己要求更严格。作为主席，他给自己规定，归纳和综合大家的发言并作出决定只用三十分钟，如果超过这个时间，委员们可以自动退席或制止他发言。由于列宁对自己的要求更严格，他的规定令人信服。这样一来，就带出一个良好的会风。司令员说，难怪列宁当时非常欣赏马雅柯夫斯基于1922年写的政治讽刺诗《开会迷》。列宁给这首讽刺诗以很高的评价，他说“马雅柯夫斯基辛辣地抨击那些开会已经开得入迷的共产党员们……在政治上我认为是完全正确的。”

刘司令员也这样认为：“我这个人是不喜欢外国诗的，但是马雅柯夫斯基的这首诗我认为是非常正确的。让中国‘开会迷’也读读这首诗，给敲敲警钟，使他们的头脑也清醒清醒。”

刘司令员在空军也带出了一个良好的会风。

“这个批评很中肯”

1957年整风的时候，政治部有的同志写篇大字报，批评司令员的作风。

说他：“批评人太尖刻，有时令人难于接受。给人的感觉是：他不是冬天的太阳，而是夏天的烈日，使人感受不到温暖，而感到一种咄咄逼人的煎烤……”刘司令员站在这张大字报前，反复看了好几遍，自言自语地说：

“这个批评很中肯！我这个人批评起来喜欢一针见血，命中要害，口气是尖刻的，应该改正。”后来他在党委会上和支部大会上也多次提到这个批评，并反复检查过自己的态度。他曾形象地比喻说：“批评可是要注意效果，好比种花和看病一样，给花浇水、施肥，本是好事，若是过分，容易把花淹死、烧死；看病也是同理，一个医生给人家看病、吃药，目的是使病人康复，如果过分，就会适得其反。应该使人感到温暖才对。在这方面，我应该向罗帅学习。罗荣桓政委确实能使人感到像冬天的阳光一样温暖。他善于批评人，甚至骂你都会使你感到心里热乎乎的。”

我们长期在刘司令员身边工作的同志都有一个深刻体会，刘司令员对待熟悉人，对待老同志，批评是严厉的；对待生人，对待一般干部是比较客气和讲究分寸的。他有一个难得的优点，虽然当面批评得十分严厉，但背后从来不议论人的长短。他说：“我主张把话说在明处，当面可以骂娘，但背后不要捣鬼。我最憎恨那种当面拍肩膀、背后动家伙的小人！”

一次令人瞩目的表演

1956 年 6 月下旬，刘司令员率领航空代表团到莫斯科参加航空节后，取道阿克丘宾斯克、阿拉木图回国到新疆，首先到中苏边境上的重镇伊犁休息。当地驻军为欢迎代表团的胜利归来，安排了一次联欢晚会。

新疆五军文工团表演了一些节目，有一位年轻少女跳起马祖卡单人舞。她那轻盈优美的舞姿使人感到美的享受。她旋转了几圈以后，很自然地跳到代表团的团员面前，右手放在胸前，彬彬有礼地邀请代表团员出来伴舞。按新疆跳舞的习惯和马祖卡舞的要求，少女邀请谁，谁就应该走出来给她伴舞，同样跳起马祖卡舞才是。可惜，代表团团员中谁也没有思想准备，无论广州市长朱光、总参作战部部长王尚荣，还是南京军区空军司令聂凤智、防空军副司令成钧……谁也不会跳马祖卡舞，只好破例一一谢绝。眼看这场单人舞就要悻悻收场。最后，当她带着扫兴的心情来到代表团团长刘亚楼面前时，他站起身来，踩着鼓点，从兜里掏出一条手帕举过头顶，翩翩起舞，伴着少女，时而旋转，时而跷起脚尖，时而倒转，犹如燕子翻飞，时而高抬头颅，作出鹰击长空的雄姿，甚至单膝跪在少女身旁，用手掌有节奏地敲击着地板……这些娴熟的动作，不仅使在座的首长和同志们目瞪口呆，惊奇万分，连文工团员们也投以敬佩的目光。会场上的气氛马上活跃起来。不少人自动地有节奏地拍起手来伴奏。这位46岁的将军竟能如此熟练地跳马祖卡单人舞，实在令人称赞。

精彩的马祖卡舞结束了，好多男女文工团员都跑到刘司令员身边，好奇地问："司令员同志！您在哪里学跳马祖卡单人舞的？为什么跳这么好呢！"

刘司令员坐在那里，沉思片刻后，给他们讲了一段有趣的故事。他说："说起跳舞，我还应该感谢伏罗希洛夫元帅呢！记得1939年，伏罗希洛夫率代表团到比利时参加女皇加冕典礼。女皇出于礼节专为他组织一场舞会，并亲自邀他伴舞。可惜，这位行伍出身的元帅不会跳舞，非常失礼，也非常扫兴，破坏了欢快的气氛。他回国后，经斯大林和联共（布）中央同意后，决定要求每个军官都必须学会跳舞，作为一个课目来训练。我到苏联伏龙芝军事学院学习时正赶上跳舞热，我就在那个时候学会的，不过很长时间不跳了，腿脚都不听使唤了。不然的话，像我们这些人哪有机会搞这套东西呀！"

从曹植的《七步诗》讲到周总理的声明

刘司令员学习非常刻苦，挤时间读了不少书，古今中外的书都看，知识很渊博。他常常用毛主席的话告诫我们：“饭可以少吃，觉也可以少睡，书可不能少读啊。”因为他知识丰富，我们都愿意听他讲故事。

司令员讲故事，生动、形象、感人，而且有教育意义，给人以启迪。除了战斗故事外，他还常给我们讲些历史故事。他有惊人的记忆力，脑子好像一个取之不尽的百宝箱似的。有一次他给我们讲了曹植的七步诗。

他说，曹植的哥哥曹丕称帝，怕曹植谋反，横加罪名，想除掉胞弟，召集文武百官，当众宣判曹植，众官为之求情。他想出个主意，限曹植七步成诗，否则杀头。这个条件十分苛刻，但是才华横溢的曹植满含热泪，果真七步吟出一首千古流传的诗：

煮豆燃豆萁，
豆在釜中泣。
本是同根生，
相煎何太急。

满朝文武听后无不垂泪，唯独曹丕大发雷霆，硬说这“歪诗”是辱君抗上之作……

刘司令员收回话题说，这首诗流传至今，广为传诵。

1941 年蒋介石背信弃义公然调转枪口，疯狂杀害我新四军将士，发动了皖南事变。

周总理决定在重庆出版的《新华日报》上发社论，彻底揭露国民党发动皖南事变的真相。国民党新闻检查机关怕得要死，硬是给砍掉了，并在报纸上开了“天窗”。周总理挥笔疾书，在这个天窗位置写了一首气壮山河的诗句，巧妙地揭露了皖南事变的真相，将国民党的狰狞面孔暴露在光天化日之下。总理用的就是曹植的典故，极易为人民所理解和接受：

千古奇冤，
江南一叶，
同室操戈，
相煎何急!?

通过刘司令员的讲述，使我们进一步了解了总理诗作的深刻含义，也增长了不少历史知识。

胸有成竹……

有一个俄文翻译把中国成语“胸有成竹”给译成了“肚子里有根竹子”，闹了个很大笑话，使外国人感到莫名其妙，惊讶地问：“这根竹子是怎样吃到肚子里去的，有没有生命危险?”这件事，后来成为笑柄。

刘司令员懂俄文，深知翻译的苦衷。但他对那些不学无术，遇事不求甚解，信口开河的“骗人”翻译，是从不宽恕的。一个翻译不可能什么都懂，但不懂时应该问清后，再下笔、再开口，切不可不懂装懂，骗人。他曾对我说：“1949 年，苏联作家西蒙诺夫（就是《日日夜夜》一书的作者）和著名导演格拉希莫夫到中国来拍摄纪录电影《解放了的中国》。当时，西蒙诺夫见到我反映了一个情况，他说，不知为什么，我讲十分钟话，我的译员只翻译三言两语；有时我只讲三言两语，他却翻译起来没完没了，足有十分钟，这究竟是为什么呢？说明他对翻译产生了怀疑。至于把‘胸有成竹’译成‘肚子里有根竹子’，也是他反映的，使我感到十分惊讶。”

司令员后来给西蒙诺夫详细讲解了“胸有成竹”这个典故的来历，才解除了西蒙诺夫的怀疑和误会。通过司令员的讲解也使我深刻认识到，广博的知识对于一个翻译是多么重要。

司令员说：“‘胸有成竹’就是说‘心中有数’的意思。因为这个典故是这样来的：宋朝有个画家名叫文同，字与可，号称锦江道人，当过湖州太守。传说，此人善诗、楚辞、书和画竹。为了观察和研究竹子枝叶在不同季节和天气里的形态变化，他就在窗前种植了一片竹林。时间长了，即使闭上眼睛，也能在心里细腻地描绘出竹林的千姿百态，因此他画出来的竹子逼真动人，富有生气。他有一个要好的朋友，名叫晁补之，曾作诗称赞与可：‘与可画竹，胸有成竹。’他的意思是：与可画竹，心中写有腹稿，孕育成熟了，下笔即成画。后人便利用‘胸有成竹’这句诗来形容某件事心中早已有数的情况。”

“要‘严’之有理”

“强将手下无弱兵”。一位名副其实的强将一定会带出精兵来，古今中外，无不如此。因为强将是决不容忍弱兵“滥竽充数”的，而弱兵在强将手下是一天也混不下去的，除非自己发奋图强能跟上强将的要求。这句话是富有哲理的。

刘司令员素来主张治军要严。无论干什么工作，他的要求都十分严格，一丝不苟，战时是这样，平时也是这样。他认为，一个松松垮垮的队伍是没有战斗力的；一个办事拖泥带水、稀稀拉拉的机关，是办不成什么事情的。他历来主张，领导班子要精干，“人不在多，在精”。他手下的干部和士兵都知道他的脾气，都怕他。背地里常听到这样的议论：“司令员的眼睛里可是揉不得沙子……”，“他的记性特别好，说了不办，可是过不了关哪！”“说空话，说假话，叫他抓住，可要批你一辈子的呀……”等等。总之，在他身边工作，人们总感到有一种无形的强大力量在迫使你认真执行他布置的任务和交代的工作。时间一久，自然就带出一种良好作风。这种压力可以转化为动力，对工作是有益而无害的。

刘司令员主张：“要‘严’之有理，以理服人，绝不以势压人，才能得人心，才能令人心悦诚服。哪怕当时想不通，也不打紧，过后人家也会感激你的。切不可靠官大，权势大压人。人家表面不敢说，可心里却骂你。这样干，容易培养‘两面派’，当面唯唯诺诺迎合你，其实他并不信你那一套。那是最失败的。”

怎样才能“严”之有理呢？刘司令员的回答是：“一个领导者首先要懂得什么是‘理’，处理任何事情都能说出个一、二、三，向下级交代得清清楚楚，有原则要求，具体措施，特殊情况的处置，都交代得明明白白，使下级心中有数，干起工作来踏实。总之，一个领导者该考虑和交代的事情都尽心做到了。在这种情况下他再完不成任务，你怎么批评他，他都要服气。这是一方面，另一方面，要求领导者言传身教，身先士卒，要严于律己。俗话说得好，正才能硬。一个领导者唯有自己行得正，说话腰板才能硬，才能有权严格要求下级，才能‘严’之有理令人信服。”

刘司令员之所以令人信服，正是因为如此。凡是要求别人做的，他都身先士卒模范地执行。他的行为就是无声的命令，这样的“强将”手下是不会有“弱兵”的。

“党龄、职位、资历都不会给你智慧……”

有一次，刘司令员在党委会上明确提出：“同志们！作为领导干部，我们都要有自知之明，空军是如此复杂的军种，需要我们从头学起，刻苦钻研……要清醒地认识到，党龄、职位、资历都不会给你智慧……”他是有自知之明的，凡是遇到不懂的难题，都向有识之士请教，包括国民党空军起义的军官和自己的下级，他也虚心求教，直到弄明白为止。他说：“真给我们智慧的，是勤奋学习！一个人都是学而知之的，天底下从来没有生而知之或无师自通的人。不学习，一定会被历史淘汰。”

司令员最厌恶那种爬上高位、翘尾巴、自命不凡的人。他说：“这种人，不学无术，不懂装懂，自以为地位高就什么都高明，其实是愚蠢的，结果必然给工作带来严重损失，到头来弄得身败名裂。在我党历史上可是不乏其人哪！”

司令员也看不起那些躺在历史功劳簿上浑浑噩噩睡大觉自我欣赏的庸人。形势在迅猛变化，新鲜事物在不断涌现，光靠吃老本混日子是不行的。

司令员对自己要求是严格的。他从来都没有认为自己是司令员、党委书记就什么都比别人高明。他虚怀若谷，从来不满足已经取得的成绩，学习非常刻苦，遇到问题，能不耻下问，向学有专长的人请教，仅就飞行作战的具体指挥问题和有关飞行员复杂气象和夜航训练等问题，他就多次请教过当时的师团长林虎、王海、刘玉堤等同志，认真听取他们的意见，共同研究座谈，从不自以为是。

一个战役指挥员也要大处着眼，小处下手

刘司令员谈问题，喜欢一针见血，切中要害，反对拖泥带水，哼哼哈哈，令人摸不到头脑。这一点是令人信服的。记得 1961 年，在杭州讨论《歼击战术教程》的编写计划时，他一再强调基础战术和基础知识的重要性，其实质就是要求指挥员要有过硬的基本功。

他说："歼击战术教程，要从单机一直写到军。我认为，不管你的战役战略计划多大，若是抓不好尖刀连，枪打不响，车开不动，炮打不准，也不能落实，等于零。这是实在的东西，骗不得任何人。一个战役指挥员固然应该高瞻远瞩，站得高，看得远，统揽全局，所谓'运筹帷幄'，但我总觉得不仅要大处着眼，而且要小处下手才行。我们都带过兵，打过仗，谁都明白这一点。有人会说，'你们打仗那个时代是小米加步枪，现在过时了。时代不同了。技术装备变化了，条件也变化了，不能总看老黄历。'这我都承认，但我认为基本指导思想并没有过时，马克思列宁主义毛泽东思想的思想、立场、方法并没有过时。谁能说'人是决定因素'过时了呢？谁能说'人民战争'的思想过时了呢？我相信稍有一些常识的人都不会这么蠢。"

接着，他联系空军的实际情况谈到："作为一个航空兵的师、团长，若是对单机、双机、中队的战术一无所知，怎么能带兵打好仗呢！我们在陆军就有体会，过去在东北带的兵不算少，按说研究兵团战术就可以了，可我们还抽出很大精力，来研究尖刀连的动作和作战方法。我至今仍然这样认为，没有尖刀连，再好的计划也是要落空的。"他停顿片刻继续展开说："当然，搞空军，我是外行，只好边干边学，多向行家里手请教，不耻下问。过去，在空联司、在朝鲜，后来到福建广东我对郑长华、林虎、王海、刘玉堤他们

都讲过这种想法。他们都同意我的观点，也认为，作为一个航空兵师、团长，首先应该了解和掌握单机、双机战术、战斗队形，否则是打不好仗的。他们都是行家里手，他们有经验，他们也有这种看法。可见，在基本战术思想方面，陆军和空军是有许多共同之处的。”最后，他语重心长地强调指出：“我还是那句老话，一定要在陆军基础上建立空军。”

“时间就是生命”

刘司令员的时间观念非常强。他从来都认为时间就是军队，时间就是胜利，“时间就是生命，浪费时间就是慢性自杀”。

他时常告诫我们说：“平时不养成严格的时间观念，不珍惜时间，到战时一定要受到惩罚。在空军尤其是这样，一次空战只有几分钟时间，决定战机也就是几秒钟，真叫作瞬息万变。稍一犹豫就失去战机。主动和被动的地位在迅速变化。”时间是无情的，它是不以主观意志为转移的。不管你有多大本事也是挽留不住时间的。因此，他特别珍惜时间，不仅珍惜自己的时间，更珍惜别人的时间。不管干什么事都替别人着想，从大局着眼。比如，打电话、办事、说话、起草文件、开会、走路，甚至吃饭，睡觉他都讲究实效，一点一点地挤时间，都要合理安排。他风趣地说，要讲究“运筹学”。他说这里大有学问。他说，“一个领导者如果没有时间观念，不珍惜时间，那必定要造成严重的时间浪费，说严重一些等于‘杀人’。可惜，金钱物资的浪费是有形的，可以看得见，摸得着，容易引起人们的重视，而时间的浪费是无形的，看不见，摸不着的，所以谁也不承担责任。”刘司令员举了一个令人吃惊的例子来形象地说明这个问题。他说：“有一个师长召集全师排以上干部开会，会议决定下午两点开始，足有几百人，集合起来。后因师长有事迟到半小时，会议便推迟半小时，一师之长，他不到，谁敢开呀！会议开始后，由于准备不充分，明明半小时可以说清楚的问题，师长拖泥带水讲了一个半小时，接着政委、副师长、参谋长、主任每人都拉拉杂杂地，重复来、重复去，又讲了两个半小时。这样一来，整整用了四个多小时。本来这次会半个小时足够了，结果白白浪费了几百个人的数百个小时，拿八小时一个工作日折合，等于浪费掉一个半月的工作日。这是多大的罪过呀。可惜的是，这个问题有人并不以为鉴，依然我行我素。一个个如此麻木不仁，太可怕啦。对时间实在有算细账的必要，真是不算不知道，一算吓一跳啊！”

刘司令员在处理任何一件事情上，都充分考虑时间。在我们起草下发文件时，再三交代，一句能说清楚的切不可用两句话。能打电话说清楚的，就不要出文件。他坚决反对文牍主义作风，要求不浪费时间。总之，要千方百计地节省时间提高效率，多出成果。

为了节省时间，提高效率，他特别注意改进工作方法，鼓励部队搞发明创造，成倍、成十倍百倍地提高工作效率，所以，他指示工程部经常搞发明创造展览，推动全军的工作。

正因为他时间观念强，从来都准时到会，讲话干净利落，开门见山；处理问题雷厉风行，快刀斩乱麻，从早到晚，安排得井井有条，紧紧张张，给人的印象是，他的每分每秒钟过得都有价值，没有无谓白白浪费。

“强盗死了，时间还在前进”

20世纪50年代后期，美国和国民党的U－2和RB－57D高空侦察机凭借高度优势经常窜扰大陆，甚至猖狂飞临北京上空侦察拍摄照片。中央军委责令空军一定要严惩空中强盗。

这种高空侦察机的飞行高度一般都在25000米以上。当时我们装备部队的最先进飞机是歼-6，最大升限都在17500米以下，爬不上去，在高空超过最大升限，一抬机头开炮，马上会掉高度，弄不好，还容易坠入螺旋，造成危险。为了打击敌高空侦察飞机，空军曾多次召集有经验的老飞行员和指挥员，开“诸葛亮会”，研究对策，群策群力，献计献策。最后决定减轻歼-6飞机上的不必要配件，减少飞行重量，飞到最大升限后加速，利用惯性再爬升一段，马上开炮，即使进入螺旋，也获得了一次射击机会，也有可能打落敌机。但经过几次实战考验都失败了，还是让敌人在眼皮底下大摇大摆地飞走了。

后来，引进了地空导弹先进技术装备。它的射高完全可以达到敌机的飞行高度。为了迅速严惩空中强盗，部队指战员夜以继日钻研，在很短时间内就掌握了这种武器。1959年，在国庆十周年前夕，这种武器开始装备部队。

国庆十周年刚过几天，在10月7日那天，国民党飞行员王英钦驾驶美制RB-57D高空侦察机又窜进华北地区。那天碧空如洗，万里无云，敌机拉着白烟飞临北京外围通县地区。

高空警戒雷达一直在跟踪和密切注视着敌机的航迹。刘司令员在指挥所里正聚精会神地凝视着标图版。为了严厉惩罚这个强盗，经请示军委批准，决定使用地空导弹。刘司令员下达了指令。说时迟，那时快，只听一声令下，便见两只火箭神速地射向高空。刹那间，两万多米的高空上绽开两朵小小的烟云。过一会儿，传来一声惊天动地的巨响，真是晴天霹雳，敌机凌空爆炸了，接着飞机的残骸便迅速下落。从地面看见有一个蘑菇状的东西渐渐飘落下来。几分钟后，飞机的残骸坠落在通县附近的玉米地里。这个爆炸性的喜讯立刻传开，人们奔走相告，笑逐颜开。空军首长、总部首长、总政保卫部的有关同志从四面八方奔赴现场。当地民兵和驻军同志也紧急出动，封锁了现场。

刘司令员到达现场后，看见当地驻军和先赶到的总政保卫部的同志已把坠落的敌机残骸和飞行员尸体收拢到一起。当时还闹了一个笑话。据当地居民讲，有个降落伞飘到了二十里以外去，但已摔成肉泥的身穿高空抗压服、头戴抗压帽的国民党飞行员尸体却坠落到这里了。他身上并没有伞，只有一副伞带。开始还以为是两个飞行员呢。后来，找到那个降落伞后才弄明白，国民党是非常毒辣的，他们给飞行员带的降落伞事先早已切断了伞绳，叫他有来无回，即使被击落了，跳伞也没有活路。王英钦就是这个下场。

飞行员随身携带的自卫武器和救生器材很多，可惜这都是骗人的东西。有飞行口粮、自卫用的可拆卸安装的无声手枪、有个人救生艇，有降落大海里防鲨鱼的化学药品，有各种医疗药品，等等。

从国民党飞行员的尸体上搜查到他定做西服的收据、美金、照片。他手上戴的美国手表还在“滴答、滴答”地走呢。刘司令员叫装备部的同志认真研究一下飞行员携带的一切物品后，说了一声：“强盗死了，时间还在前进呢!”

“还是让我们同甘共苦吧”

五十年代后期，北京航空学院同学联名上书，恳请空军司令员刘亚楼同志给他们去作形势和空军发展远景报告。比较老一点的同学和教职员工心里盘算，刘司令员工作那么忙，恐怕不会来。事实出乎许多人意料，刘司令员出于对年轻一代的关心，竟欣然答应下来。

刘司令员是在大操场给全校师生作的报告。听说空军司令员来作报告，会场内外人山人海挤得水泄不通，都想直接聆听首长讲话，亲眼见一见他。刘司令员是很有演讲口才的，他讲话很幽默，一开始就把大家吸引住了。他声音洪亮，不照本宣科，穿插讲了很多故事，会场上不断传来笑声、掌声，群众情绪十分活跃。但是，那天天公不作美，开始是阴天，后来下起了蒙蒙的细雨。刘司令员冒雨给大家作报告，教职工和学生们冒雨在听，因为刘司令员讲得好，很有吸引力，虽然下雨了，会场上仍然井井有条，谁也不擅自走动。院长马力同志叫秘书拿把伞来，想撑起给刘司令员遮雨。刘司令员马上对向他走来的秘书，彬彬有礼地说：“同志哥！几千人都在淋着雨，怎么能光给我一个撑伞呢！”他把头转向麦克风，对听众说了一句：“还是让我们大家同甘共苦吧！”台下报以热烈掌声……

“梳篦战术”的成功

1960年至1965年，刘司令员在杭州主持空军条令教材编写过程中，用很大精力和花费很多心血，来培养训练队伍。有关编写工作，事无巨细，他都一抓到底，从原则到具体，从指导思想到具体方法，都亲自过问，不断摸索和总结经验，在全体人员中推广。他提出了许多宝贵的指导思想，总结了很多切实可行的经验，集思广益，研究出大量方法。空军党委条令教材编审小组秘书长姚克祐同志1965年5月在刘司令员逝世后整理出一本小册子，介绍编写条令教材的方法，总共拉出一百六十条。他在该书前言中写道：

> 这一百六十条是刘亚楼司令员自1960年到1965年期间，主持空军条令教材编审工作中亲手总结提炼出来的……是刘司令员辛勤劳动的心血结晶，是编写工作应该遵循的正确途径。

这些方法很全面，从确定编写原则、指导思想到读书方法、撰写要求、审查验收成书等，对每个步骤、每个环节都提出了切实可行的做法。

要想编好我们自己的条令，首先应该吃透外国的，如苏美的有关条令，

“多中求少，博中求精，做到沙里淘金”。

读书时，要求编写人员“记账”（指把有用的观点、条文、字句都记下来）。在读书记账的基础上进行“拉条”（指把所有有用的东西，不论正确的和不正确的，不分是准备用的和舍弃的，通通开出单子来），然后进一步“分类”（根据需要，把准备采用的和不准备采用的，分别开出单子）决定取舍。

刘司令员用更形象的语言表达占有材料和读书的关系。他说：“要采用‘梳篦战术’，从占有材料中把所有主要问题都捞出来，摸清底细，以便权衡比较。”

要把读书拉出来的东西“梳成辫子”，分别归类。所谓“五百罗汉各就其位”，把许多同类材料汇集到一块，像隔房间一样幢幢明确，像“梳辫子”一样条理分明。

刘司令员一再强调，编条令也不能“搞无米之炊”，要先搬砖头后砌墙。“先摆出衣帽鞋袜，再决定装几个箱子，用什么箱子”。

为了解决编写人员的读书资料问题，调动全体空军翻译，组成13个翻译组分别配属给编写组，集中时间翻译材料。仅在三年时间内就译出各种书籍一千余万字。从军区、军、师抽调大批主管干部，参加编写工作，在几年时间内，他们都阅读了大量书籍，开阔了眼界，迅速提高了业务知识水平。这些主管干部平时因工作忙，难得坐下来认真读书，认真总结经验。他们通过编写条令都尝到了甜头。普遍反映：“这些年，我们等于念完了一所大学！”确实如此。事实充分证明，它确实等于一所大学。这话毫不夸张。

1978年，我被调到军科担任《苏联军百》总编组组长，组织全军28个单位，全国22个省市49所大专院校375名专家、教授编译《苏联军百》过程中，全面运用了刘司令员在杭州总结的宝贵经验，获得了事半功倍的成绩。

每当我从这些树下走过……

“前人栽树，后人乘凉。”中国早有这样一句富于哲理的名言，生活里也处处是这样。每当我到空司大院办事，看到路旁郁郁葱葱的银杏树，不由得勾起我许多难忘的回忆。

多年前的一天，在那热气袭人，太阳吐火的炎夏当午，站在凉爽的树荫下我对我的小儿子说：“你能猜到这棵树龄有多少年了吗?”他仰头看那繁茂的枝叶，摇摇头，对我说：“这么粗的树，肯定有很多年了，但究竟有多少年，我说不上来……”停顿了一会儿，又若有所思地、仿佛发现什么秘密似的对我说：“爸爸，我们学过判断树龄的方法，数一数树干上的年轮，就知道了，锯开树，一下子就能看清楚……”我默默地凝视着树叶繁茂的大树，心情久久不能平静。我漫不经心地打断了他的话，信口说：“孩子，爸爸不看树干上的年轮也能知道它的年龄!”孩子惊奇地看着我，费解地说：“那怎么可能呢?”

我轻轻地抚摸孩子的头，对他说：“孩子，我认识种植这些大树的辛勤园丁，那位忘我工作的栽树人。那是几十年前的一个春天……”

无际的思索把我带回到20世纪60年代初期，眼前又出现了当年那个情景。刘司令员亲自抓大院的绿化。他找管理局局长共同商量树种问题，最后决定要在大道两旁栽种银杏树。他说：“种树就要选好的品种。银杏树不生虫，结的银杏既能吃，又可入药，有很多优点。”司令员头顶草帽，亲自确定栽植的距离，工作抓得非常仔细，一丝不苟。当年栽下的小树苗，今天早已长成参天大树。司令员当年没有白白流下汗水，每当后人从树下走过，都自然会想起辛勤的栽树人。

我举目张望着这些茂密成荫的大树，不由得想起了司令员当年引用的一首古诗。据说那是王安石六岁的时候对奚落他的送信驿员写的：

小小青松未出栏，
枝枝叶叶耐天寒。
今朝可以低头视，
他日参天望见难。

记得司令员正是在这里讲给我们听的。那天栽树以后，警卫员小刘看着细小的树苗说："这么弱不禁风的小小树苗，什么时候才能长大成材呀!?"司令员回头看他一眼，语重心长地对他说："可别小看树苗，它的生命力可强了。所有参天大树都是从小树长起来的。来，我给你们讲个故事吧。古时候，有一个著名丞相，叫王安石，这个人很有学问，你们可能听说过王安石变法，就是他搞的。但他小时候家境很贫寒，幼年丧父，孤儿寡母。那年王安石才六岁，母亲已经在家教他识字读书了。一天，一个邮差到他家送信，看他个子很小，不足三尺，在说话的口气上流露出一种轻蔑的情绪。王安石虽小，但自尊心很强，当即回敬了邮差一首诗。这个不足三尺，比栏杆还矮的孩子竟出口成章。这首诗就是这样来的。后来，王安石果真成了名，平步青云，当上了当朝一品丞相，相当于今天的总理。"

几十年过去了，每当我从这些树下走过，耳边就仿佛又响起了刘司令员的声音，又看到一行行刚刚栽下的小树的场景……

"别学'罗亭'，要学保尔·柯察金"

刘司令员喜爱读书，不仅读过大量军事书籍，也博览过许多文学名著。

由于知识渊博，他作报告和讲话生动、形象，颇为风趣和幽默，能够扣人心弦，给人们留下深刻的印象。难怪人们反映，听刘司令员作报告，谁也不会打瞌睡。

有一次在报告中，他为了说明某些知识分子好空谈，缺乏实干精神，引用了屠格涅夫中篇小说《罗亭》。他说，屠格涅夫笔下的罗亭是一个语言的巨人，行动的矮子，通俗地说就是好唱高调，不干实际工作。这种人平时高谈阔论，奢谈人生的意义和自我牺牲的价值，但一遇到危险就畏缩不前，显露出性格上的弱点，屈服投降。这种人我们是要坚决反对的。“我希望大家别学‘罗亭’，要学‘保尔·柯察金’。”他说，保尔恰恰和罗亭相反，他是行动的巨人，不管遇到什么艰难险阻都不能使他退缩，他像蚯蚓一样扎根在现实的泥土中。这种精神难能可贵。

他强调指出：“在我们身边时常会遇到‘罗亭’似的人物，他们善于在会上慷慨陈词，情绪激昂，口号喊得震天响，可是一干起工作来，就变成了另外一个人，没有干劲，没有成果，不肯吃苦，没有百折不挠的精神，结果一事无成。这号人，领导干部中有，一般干部中也有，应该被抛弃。屠格涅夫写这部作品到现在已过去一百多年了：他写的是俄国人，可是今天在中国仍不失其教育意义和价值，可见他塑造的人物是何等的成功……”

一个难忘的夜晚

一个人在一生当中不知要度过多少个夜晚，谁也不会记住每个夜晚的情景。但是1960年7月末在青岛度过的一个夜晚，却是我终生难忘的。

刘司令员当时在青岛一边休假，一边参加条令、教材的编写工作。有一天夜晚，司令员刚看完一份编好准备付印的条令稿，心里非常高兴，谈笑风生地给我们讲起了典故。……正当我们高高兴兴地听司令员讲故事，桌上的红色专用电话急促地响起来了。

司令员拿起话筒，习惯地说：“我是亚楼！……是……好……”顿时，仿佛一块漆黑的乌云遮住了明月，天空立刻昏暗下来，又如阵阵寒气袭人的秋风扫过司令员的心头，他的面孔立刻变得非常冷峻。目光里顿时喷射出愤怒的火光。他像领受战斗命令一样，聚精会神地听着对方的谈话，生怕漏掉任何一个字。

这次长途电话，谈了约十几分钟，司令员只听对方谈，几乎没有说几句话。司令员放下话筒，只是狠狠地说了一句：“政治流氓！简直是个流氓！……”他立刻叫秘书通知在青岛度假的几名常委马上到他这里来开会，有紧急事要传达。

后来我们才知道，电话是周总理打来的。紧急通知赫鲁晓夫擅自撕毁协议事，苏联要马上撤走全体专家，总理让空军也做好准备，并准备好材料。司令员非常慎重，马上原原本本地向在青岛的几名常委传达了总理指示，决定根据总理要求连夜给总理起草报告，反映空军和专家之间的关系，向总理提供需要的一切材料。因为涉及苏联专家，司令员决定让我列席旁听，同时也让我提供材料。赫鲁晓夫提出撤退专家的借口之一，就是中方不信任专家，不给他们提供必要的工作条件，同时和专家的关系都非常紧张，致使专家无法在中国继续工作下去，等等。这当然都是凭空捏造的无耻谎言。假的就是假的。不知道别的单位怎么样，空军的情况根本不是他所说的那样。我们各单位同苏联专家的关系是正常的，基本上是融洽的。有斗争，那也是事实，但是有理有节，对我们是无懈可击的。刘司令员曾公开批评过他们，所涉及的问题我们都能站住脚。他们理亏，当时就表示心悦诚服。

开过会后，连夜起草报告，准备第二天派秘书乘飞机进京给总理办公室送去。还像往常一样，刘司令员口述，我们记录。写好后，司令员再从头到尾逐字逐句地推敲一遍，作文字加工，尔后誊清上报。刘司令员有个规矩，凡是上报给中央首长的材料，一律要求大字抄写，每张16开纸只写13行，每行15个字，字迹要清晰工整。

我在抄写整理材料时，未经首长允许，擅自勾掉一处涉及表扬我的地方，把我自己的名字去掉了。司令员看后极严厉地批评了我。他说：“擅自勾掉，这是绝对不允许的。看来，你表现得好像挺‘谦虚’，不愿表扬自己。其实，你是怕承担责任，这怎么能行呢！告诉你吧，这名字是我有意加的。要知道，有真名实姓，使人读了可信，如果含糊其辞，人家将半信半疑，那是要不得的。……这本是常识性的问题，怎么能擅自勾掉呢？再说，这是我定的，不经我的同意随便就去掉，这是组织纪律所不能允许的呀。当兵这么多年，连这点都搞不清楚……”

这个夜晚空气闷得令人窒息。我们写材料，汗流浃背，司令员在一旁，抄一页看一页，有时腾出手来给我们削苹果吃。他陪我们一直搞到黎明。当我们抄好后，他催我们立刻去休息，而他又逐字逐句地看一遍，认为没有问题了，才装进信封里，向秘书交代清楚，又亲自打电话给北京向总理秘书报告情况后才去休息。这时太阳已从东方升起，天色已经大亮了。这一夜过得格外紧张，从中南海总理办公室到各军兵种司令员办公室，都通宵达旦地亮着灯光。这是在一条特殊的战线上进行的一场特殊的战斗。

尊重不等于屈从

“这是什么计划，简直狗屁不是，鬼知道它有什么用？”1951年夏季的一天早上，从沈阳北陵机场师长办公室敞开的窗口里，传出沙鲍什尼可夫上校的吼叫声。作为翻译，当时我正站在中苏两位师长之间，他们用目光相互逼视着。散落在地上的是被这位上校撕成碎片的计划。在那尴尬的瞬间，我作为中国人感到自尊心受到很大伤害，当时真想上前给那上校一记耳光，但理智制止了我的行动。苏联师长竟然这样无理地破口大骂，且不讲情面地当着我的面将师长夏伯勋制订的训练计划撕毁了。事情的原委是这样的：空军初建时期，根据协议先后聘请数百名苏联顾问和专家来华工作，协助组建航校培训飞行员和地勤机务人员，同时苏军派整师来华与我师进行对应改装培训。

空3师就是与苏联师相对应，由华北陆军209师改编，接受改装培训的空军师之一。在改装培训完成后，中方师长夏伯勋制订了一个部队训练计划。由于经验不足，并为尊重对方，才主动去找苏联师长商量，征求他的意见。没想到这位黑头发留着两撇小胡子的亚美尼亚族上校师长，作为被请来的苏联老大哥，竟像老子教训儿子那样，对与他平级的中国师长出口不逊，甚至说出污辱人格的话，真所谓“是可忍，孰不可忍”。

夏伯勋师长是我们党派到新疆学习飞行的老红军，他专门攻习过飞行。也懂一点俄语，并非初出茅庐的等闲之辈。当他听到沙鲍什尼可夫的粗暴话语时，气得两眼直冒金星，立刻态度严肃地说：“上校同志，您这种狂妄的态度是错误的。不同意可以商量，可以研究，但应提出理由和根据。你这样无理撕毁我们制订的计划，是不能容忍的，我要你就此事向我道歉。”师长叮嘱我要态度强硬地一字不漏地译给他听。我自然一字未漏地译了过去，而且加上我心中的怒火，所以态度更加强硬，语调也带着对他的藐视。

当时，被中国“一边倒”精神惯坏了的上校，听到夏师长的批评后，暴跳如雷，又蛮横无理地大喊起来。

“让我再说一遍，你制订的计划，是一张废纸，根本不能用，没有商量余地，我撕了，你们能把我怎么样！你有胆量，去向上司告我！我拭目以待。”

夏师长听罢这个素质很低且出口伤人的上校又大放厥词，反而冷静下来，他淡淡地说：“上校同志，是的，我要找机会向我方领导和你们的罗鲍夫军长反映情况的。”

事后，刘司令员听夏师长反映情况时，高兴地表扬说：“你们当面批评那位上校，是正确的，对他们不能一味迁就。尊重并不等于屈服、盲从，要敢于据理斗争，在斗争中求团结。”刘司令员将这件事向罗鲍夫军长作了反映。那位受到军长严厉批评的沙鲍斯尼可夫，后来主动向夏师长赔礼道歉，事情才算了结。

后来，我调空司后又遇上另一次类似事件，那是发生在三反五反运动中的事。当时空军党委决定空军部队飞行员停飞整顿，这事遭到首席顾问卡塞赫的反对。他说，停飞影响飞行训练，损失太大。而且态度相当强硬。直接主管此事的王秉璋副司令主动去解释也无济于事。因事关重大，刘司令员亲自带着我专程去东交民巷42号顾问团所在地找卡塞赫将军理论这个问题。

卡塞赫将军仍坚持不能停飞，说飞行训练不应间断，否则容易出事故。他还以老大哥自居，引经据典，阐述不该停飞的种种理由。

刘司令员看直接对话不行，就巧妙地对卡塞赫将军说，无论根据目前中国的实际情况，还是根据苏联空军的具体经验，都应该停飞一段时间，来集中精力整顿，以净化飞行员队伍，这是“磨刀不误砍柴工”，而非“得不偿失”。否则一旦出现外逃事件，那后果将真的不堪设想。刘司令员见卡塞赫仍在犹豫，就进一步提醒说：

“将军同志，如果我没记错的话，您也是从骑兵改行学飞行的。苏联30年代搞肃反等政治运动时，不也有过停飞阶段吗？集中精力搞运动，进一步把好空中防线，有百利而无一害的，希望我们对这个问题能达成共识。”

说到这里，卡塞赫忆起三十年代初他当飞行员时，由于复杂的周边环境和特务打入内部等客观条件，为确保飞行安全，确实进行过停飞整顿。想到这里，我们这位固执的空军总顾问完全心服口服了。

通过上述两件事，使我进一步体会到当翻译不仅要有较高的业务水平，还必须能坚持原则，维护国家利益和民族尊严，更要把握好斗争的艺术。

“同志哥，别小看这几斤猪肉”

这是1961年在我国三年困难时期发生的一件令人难忘的事。

在青岛疗养院编写条令期间，有一天我给刘司令员送文件，正赶上他在严厉地批评一位将军。

他说：“……你管这里要猪肉，想带回北京。这件事影响很坏，人家有反映！同志哥，可别小看这几斤猪肉啊……难道非吃它不可吗？现在国家很困难，毛主席、周总理，中央首长都和全国人民一样，节衣缩食，每餐吃两个素菜，给全国人民做出了榜样，使我们从心里敬佩。你想过没有？这几斤猪肉会造成什么损失！你作为一个领导者，在几斤猪肉上如此斤斤计较，怎样带领群众渡过难关呢！几斤猪肉事小，而影响事大呀……我不是小题大做，也不是故作姿态。不知你听说没有，这几斤猪肉可闹得满城风雨，人家把状都告到我这来啦！怎么办？”

这位将军开始还不以为然，心想：“几斤猪肉，是个不足挂齿的小事，何须如此小题大做，这不是借题发挥成心整人，把人搞臭嘛！”有些抵触情绪，坐在那里狠狠地抽烟，不吭气，不表态。后来经刘司令员这样严肃的批评，才有所震动，但认为最多退回了事。他说：“既然有这么大影响，我不要就算了。”

刘司令员对他的答复很不满意，对他说：“同志哥，你想得未免太简单了。猪肉可以退回去，影响并不能挽回。我看，你应该既退回猪肉，也要挽回影响。怎么办？没有别的办法，只有深刻检讨！”

将军的脸涨红了，觉得太过分了，认为“这是多此一举了！”但他又不敢正面顶撞，他深知刘司令员的脾气。只好敷衍支吾地说：“司令员，我看不必了吧，那样好么？……”

刘司令员一眼就看透了他爱面子怕丢人的心理状态，马上补充说：“同志哥呀，这样支吾搪塞过去，才会真丢面子的；检讨没什么可怕，毛主席不是说像洗脸一样吗，检讨才能真正挽回面子。一个领导者的自我批评从来都会树立威信，而不会失掉威信。”

这位将军想通了，听了刘司令员的话，作了深刻的检讨。结果在群众中非但没有“丢面子”，而且挽回了影响，树立了威信。后来，那个曾经满肚子气去“告状”的同志很有感触地说：“老红军到底不一样，对这么几斤猪肉都能如此严肃对待，认真检讨，使我深受教育，我一定好好向他学习。”而且这位将军后来在这些问题上说话的腰板也硬了，理直气壮地要求和教育部属。他从内心里也感激司令员的批评。

“请你拿回去，我没这个习惯”

这也是发生在青岛空军疗养院的一件令人久久不能忘怀，值得深思的事。

1961年夏，刘司令员一来到疗养院就住在十三号楼。当天晚上，疗养院的×院长就来拜访首长，来时给首长带来了“人参酒”、高粱饴、水果罐头等许多土特产，笑容可掬地说：“请首长品尝品尝！”他点头哈腰，一派商人习气，举止十分“谦卑”。他满以为首长会满意，给他以青睐，表扬他一番，可惜“烧香拜错了佛”，认错了人。

刘司令员一看到会客厅的桌面上摆着这些“美酒佳肴，新鲜水果，土特产”，开始有些纳闷，很快就看穿院长的诡秘心肠，十分气愤。但表面上还不露声色客客气气地说：

“院长！这是干什么？是你个人请我吃的，还是准备以我的名义报销？”

这番柔中有刚的问话，顿时使院长收敛起了笑容，狼狈不堪，窘态百出，支支吾吾，无言以对。只好说：“首长不经常来，请首长尝尝，没什么好东西……哈哈……”

“院长，请你正面回答我的问题！这是什么意思？你想干什么？”刘司令员的口气更加严厉了，步步逼近。

院长立刻从椅子上“霍”地站起来，脸色刷地红到耳根子，低着头，眼睛不敢正视刘司令员，呆了半晌才小声说：

“司令员，没有别的意思，并不单对您这样，每位首长来我们都这样招待……”

刘司令员站起身来，拔脚就走，连头都没有回，愤愤地说：

“请你拿回去，我没有这个习惯！”

院长走后，刘司令员立刻给空军后勤部长打电话，让他认真检查一下这个疗养院的作风。他说：“我看这个疗养院很成问题，开支是一笔糊涂账。你们认真查一查。”

调查结果证明刘司令员的目光是尖锐的。这个疗养院在执行财经制度方面大有问题。院长本人作风不正派，手脚不干净。司令员以身作则，带头刹歪风，这里从此再没有“品尝”的习惯了，这段佳话广为流传。

不想听赞歌和吹捧

刘司令员亲身参加了1930年至1934年中央苏区第一次至第五次反围剿的伟大斗争。生前，他曾下决心，想针对这几次反围剿的斗争，认真写五篇回忆录，来反映红军经历的光辉战斗历程。可惜，由于他过早地离开人世，没有实现他那宏伟的夙愿。在某种意义上说，这是任何人都无法弥补的损失。生前他只发表了描写第一次反围剿斗争的《伟大的一步》和反映第二次反围剿斗争的《横扫七百里》。

在撰写这两篇回忆录过程中，刘司令不知度过了多少个不眠之夜，字斟句酌，反复推敲，一丝不苟。据我所知，每篇文章都修改过二三十遍。标题也提过十几个方案。他一再强调命题很重要，要新颖、切题、不落俗套，让人有回味的余地。最后才选定了《伟大的一步》和《横扫七百里》。

我有幸曾得到过几次学习的机会，参加这两篇回忆录的讨论。在会上，司令员充分发挥学术民主，畅所欲言的精神，有什么意见都可以提。大家在会上纷纷发言，对史实、经过、人物、情节、段落提出疑问、建议删节者都有。凡是能讲清的，他都一一答辩，解释、说明；凡是他认为有道理的，马上修改；凡是有待进一步查找核对的，认真记下来，会后马上核实。问题提得越多，他越高兴。也有个别人采取逢迎态度，在会上赞不绝口，以为这样可以得到首长的青睐，结果恰恰相反，司令员对这种人十分厌恶。他直言不讳地对这种人说：“今天开会讨论我的稿子，希望多提修改意见，不想听赞歌，更不想听那些肉麻的吹捧！如果你没有什么新的意见，你可以走了！”刘司令员就这样下逐客令，撵走了那位只唱赞歌的同志。

在讨论中，刘司令员一再强调，修改文章要提倡鲁迅精神和欧阳修精神。鲁迅修改文章最能割爱，能写成散文的绝不拉成小说。文字非常洗练，不用一个虚字和多余的字。古代的欧阳修也是如此。

让我们和群众坐在一起看电影吧

杭州丁家山空军疗养院，在俱乐部放映电影时，为了照顾首长，在正中间最好的位置上撤掉三排椅子，放上一排大沙发，这已经成了惯例。来来往往的大小首长，认为这样做不过分，坐在沙发里，心安理得，习以为常；群众也认为首长特殊一点，是理所当然的，也无可非议；个别人有些看法，也说不出口。

这天，刘司令员从北京来到这里，正赶上晚上放映电影。俱乐部照例又摆上了沙发。开演前，刘司令员信步走进俱乐部一眼就看到了这个场面，他马上意识到这是给首长准备的，立刻叫我们找院长，问这是什么意思？为什么要搞这一套？院长解释说，这不是专门给司令员准备的，哪位首长来我们都这样摆。刘司令员听罢便说：“谁愿意坐就坐，反正我是不坐的！”接着他尖锐地指出：“同志哥，你们这是好心办坏事啊！这叫作帮倒忙！也许你们是好心，不过我反正是不领情的。我认为，这是‘整’首长，出我们的‘洋相’，把我们拿出来‘示众’。我可不上当，不干这种蠢事。”院长听到这番指责批评，不知所措地站在那里。司令员接着按老习惯，在院长面前不慌不忙地迈方步，踱来踱去，想了半天最后决定：“院长，你若是真关心我，就把沙发撤掉！把椅子重新摆好，多坐几个人，让我们和群众坐在一起看电影吧！”

在场的群众听到刘司令员的决定，无不拍手称快，从心里敬佩司令员的作风。

从此以后，俱乐部看电影就打破了原来的惯例，立下了这样一条新规矩。当然，这是一件“微不足道”的小事，但它的意义很大。它的可贵之处在于，有些首长对这类事情司空见惯，毫无反映，而刘司令员却一眼就看出了它的弊病。他的高明之处也在这里。

“军人要讲究仪表”

“一个军人更应该注意文明礼貌，军容仪表。一定要站有站样，坐有坐样，衣着整洁。这可不是单纯搞形式主义。这个形式和内容是统一的，是能表明部队战斗力的。"刘司令员经常这样告诫我们。他不仅注意"言传"，更注意"身教"。凡是接触过刘司令员的人都异口同声地称赞他的军容风纪好，特别注意军人仪表。他的军装总是熨得平平整整，他的皮鞋或布鞋总是不挂尘土的，天天擦拭，他使用的东西总是放得有条不紊，有着非常良好的习惯。

我经常跟随首长出差，从工作到生活接触比较多，体会得更深刻些。他的生活习惯，和他的工作作风一样是非常严谨的，比如就拿刮胡子、剪指甲来说吧，那是坚持不断的。他告诉我们，这不仅仅是一个生活习惯，这也是文明礼貌，对别人的尊重问题。要知道尊重别人，也就是尊重自己。一个人整天蓬头垢面、不修边幅，不以为耻，反以为荣，那像什么话呢？首先会使人感到我们这支队伍不是文明之师；而是一群乌合之众，自己就贬低了自己。

在这方面，他不仅对自己要求严格，对在他身边工作的同志，对司政机关的干部也都这样要求。只要他发现的问题都立刻指出来并限期改正。正因为他要求严格并能以身作则，天长日久就带出一个良好的作风。在他身边工作，人人都会自觉地注意军容风纪，按时修面、理发、剪指甲、洗衣服、擦皮鞋。若是出现邋邋遢遢的现象，他立刻进行严厉批评，并限期改正。不管对谁都是如此，丝毫不讲情面。

记得司政有一次召开全体人员大会，人员都到齐了，首长们坐在主席台上。司政主任李道之同志主持会议，他在会议开始前，从台东头走到台西头，向台下大声命令："禁止吸烟，脱帽，肃静，现在马上要开会了！"可他自己的手里这时正拿着一支香烟，台下不禁哗然，弄得他莫名其妙。这时，在主席台上坐着的刘司令员早观察到了，把他叫到跟前，批评了他，让他马上丢掉烟头，脱下帽子，会场上顿时安静下来。

还有一次，规定会场不准抽烟，怕弄得烟雾蒙蒙，使到会的同志感到不舒服。台下同志都比较自觉地遵守了，可台上的首长却破坏了这个规定。有

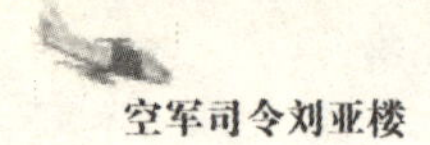

位副司令不以为然地抽起了烟。主持会议的人看了明知不对也没敢吭声，心想首长可以特殊一些，对首长不能管得太严。说来也巧，刘司令员中途来到会场，一眼就看出了问题，他毫不客气地当众批评那位副司令：“同志哥！快把烟掐了吧！”接着非常风趣说：“咱们可不能‘只准州官放火，不准百姓点灯’啊……”会场上顿时响起一片欢快的笑声，那位副司令员马上掐了烟，并用检讨的口吻回答说：“司令员批评得对……”

写到这里，我又想起一个小插曲，也和文明礼貌有关，就是司令员带领卫生检查组，检查文工团卫生的那个场面。

大家都知道，文工团的女同志外出的时候或登台表演的时候都打扮得溜光水滑，仪态万千，可是宿舍往往弄得一塌糊涂，“比牛棚还乱”，管理局检查组的同志去检查她们的卫生还有些顾虑，怕听这帮文人、“小姐”的讥讽挖苦。司令员得知这个情况后，主动带领他们去检查，硬是要碰碰这个“死角”。事先没有通知，采取突然袭击的办法，进行了彻底检查，把她们寝室里床底下堆放的脏衣服、角落里乱七八糟的东西统统翻出来，堆满一地。然后把她们召集起来，进行了严厉批评，并限期改正。“你们应该注意，不仅在台上扮演正面人物，演好江姐、刘胡兰、女飞行员……在台下也应该成为模范，切不可让人家说你们台上台下有双重人格……”司令员的检查批评对她们震动极大。她们遵照司令员的指示，立刻清扫，里里外外，翻箱倒柜来了一个大清理，宿舍面貌焕然一新。看来，任何事情不认真抓是办不好的，这一抓就大变样了。她们自己生活起来也感到舒适愉快了。

“小事也不该马虎”

1958 年秋，有一天我在司令部办公室值班，碰到了一个如何处理哈密瓜的难题。

那天，有一架飞机从新疆执行训练任务归来。当地的驻军首长为了对空军的帮助表示感谢，给空军首长捎来一些哈密瓜。开始我觉得这件事很好办，既然是指名送给首长的，把首长秘书请来，一分就完了。请示办公室主任后才知道，刘司令员指示不准分，等研究后再定。

哈密瓜堆在那里，引起了很多议论。有的人看法和我一样：“既然是指名送给首长的，还研究什么呢！分了就算了。”也有另外一种看法：“这么多瓜，说不定我们也能尝尝呢……”话还未说完就被另一个人给打断了：“别尽想好事，再多也轮不到我们这些小兵……”大家你一言我一语，说三道四，议论纷纷。正在这时，刘司令员办公室高晓飞秘书打来电话，传达首长关于处理哈密瓜的意见。

他说：“刘司令员指示，拣最好的送给中央首长；剩下来的分给各个单位，让大家都尝尝，还专门嘱咐别忘了印刷厂、打字室、司机班和警卫连的同志。至于空军首长，也和大家一样，每家一份。司令员最后表示，这是他个人的意见。如果其他首长同意的话，就这样办。”其他首长当然不会反对党委书记的这个正确决定的。

分哈密瓜是一件小事，表面上看来“不足挂齿”。有的干部，甚至比较负责的干部也认为：“既然是指名送给首长的，首长吃是天经地义、理所当然的，何必研究呢！又何必这样分来分去呢!?”他们甚至埋怨司令员，认为这是“多此一举”，认为司令员不该过问这些“琐事”。可刘司令员却不这样认为，他常说：“大事、原则问题是要认真，但小事也不该马虎，也要处理好!”他非常欣赏斯大林同志对列宁同志那段评语：“列宁从来不放过任何一件小事，因为，任何一件大事都是由小事积聚而成的!”

事实也证明了这点，哈密瓜该送走的送走了；分给各单位的很快也吃光了。但在人们的心中，却留下了一段比哈密瓜还甜的美好回忆。

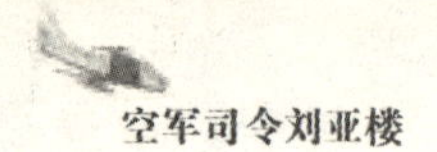

“这笔稿费，不要给我”

1957年建军30周年前夕，《中国青年》杂志的一位编辑来空军司令部向刘司令员约稿，请他写几篇回忆录，准备在杂志上连载，题目自选。刘司令员考虑到这个杂志对青年有教育意义，虽然工作十分繁忙，还是欣然应诺了，并决定按编辑规定的时间“交卷”，不耽误他们刊印。开始，他想由他口述，请秘书记录下来加以整理润色，就可以了。可是，经过试验，结果不理想，整理出来的东西没有文采，没有抓住核心的东西，司令员看了不满意。看来，这种办法行不通。后来，他下决心由空政文化部文艺处找位同志代笔。他专门抽两个晚上，讲了两个故事：一是强渡乌江；二是攻占娄山关。这都是在长征途中发生的事情。当时，刘亚楼同志是一军团二师的师政委，陈光同志是师长。二师是红军的开路先锋部队，肩上的担子委实不轻。当时年仅24岁的刘亚楼同志风华正茂，叱咤风云，有一股敢打敢冲的劲头。据刘司令员自己讲，军团首长对他有过这样的评语：能攻善守，打防御的时候，手总发痒。他们没有辜负领导的信任，在长征途中，指挥部队打了很多漂亮仗，比如强渡乌江，攻打娄山关，巧渡金沙江，飞夺泸定桥，攻打腊子口，最后参加直罗镇战斗，都成为长征战史上的光辉篇章。

司令员对文化部文艺处同志写的还不甚满意，想写得更好一些，更有文采一些。这是他的一贯作风，不管干什么事，都是精益求精。他指名调文化部记者、中国作家协会会员、诗人梁南同志执笔。梁南同志的文笔是很有功底的，写出来的东西颇有文采。这两篇东西经过梁南的加工润色后，司令员看了十分满意。他说：“我看这回总算搞出味道来了，可以发稿了。”按时发给中国青年杂志，很快就在刊物上登载了。文章发表后，杂志社给刘司令员送来80多元钱稿费。刘司令员对秘书说：“这笔稿费不要给我，怎能‘无功受禄’呢！这是梁南他们写的，我只是出了一点思想。”后来，他把梁南同志找来，同时也把起草初稿的几位同志都找来，对他们说：“稿子是你们几位同志搞的，钱是属于你们的！”大家一致要求给司令员，司令员坚决不肯收。大家都了解司令员的脾气，可谁也不肯要这些钱，最后决定用这笔稿费买一些书籍送给空司图书馆，供机关干部阅读。

“一定要精打细算，为国家节省每一个铜板”

刘司令员是空军的“好管家”。在经费开支方面从来都是精打细算的，他经常教育我们要“为国分忧”，“体谅国家的困难，一定要精打细算，为国家节省每一个铜板”。

在60年代初国家困难时期，他曾要求我们“一个信封使用四次。先是正反用，而后拆开重新糊上再正反用两次”。当他发现我们对这件事流露出“不以为然”的情绪时，就严肃而耐心地批评我们说：“你们不要以为一个信封不值几个钱，就可以随便浪费。要懂得积少成多的道理。”他不仅要求我们这样做，而且他自己首先带头这样做。不仅如此，而且将旧信封使用六次，在原用钢笔写的信封面上再用墨笔写一次。他就这样言传身教，带动他身边的工作人员养成节约的好习惯。

他每次率领代表团出国，都注意节省外汇开支，不乱花一分钱，把伙食节余的外汇全部交公。作为代表团团长，他的伙食开支本来是比一般团员都高的，可他开支却比一般团员还少。有一次，他率领代表团到苏联谈判，他在国外工作一个半月，仅在伙食费方面就节余了一千四百多卢布。他没有用这笔可以归己使用的钱买个人需要的东西，而叫秘书全部交公。他不仅自己这样做，而且说服随行人员——秘书和翻译也将伙食节余全部交公。当他发现随行人员有些犹豫情绪时，便耐心地做工作说："当然，这笔钱是你们节余的，可以自己用。我知道你们想买点个人用的东西。但我劝你们多替国家想想。你们该知道呀，我们国家换点外汇多么不容易呀，不知要给人家多少农副产品呢。……"在他的教育下，我们也都把伙食节余上交了。他高兴地对我们说："你们在思想上打了一个胜仗！"

冬天，为了保温和节省煤炭，他号召大家一入冬就糊窗户缝。他还手把手地教给我们糊窗户缝的窍门，从折纸条入手，一直到糊上为止，他给我们耐心地作示范表演。然后，他颇有风趣地对我们说："你们东北老乡有一句谚语：'针孔大的洞，可有斗大的风。'糊住了窗户缝就进不了风啦。这样可以达到少烧煤多保温的目的，一举两得，可是划得来呀。"

"这辆车一定要退回去"

1959 年，刘司令员被任命为国防部副部长。按规定，国防部行政管理局准备给他换辆"大红旗"。刘司令员得知这个情况后，专门告诉办公室主任，不准换车。他说："现在坐的'吉姆'车已经很好啦，没有必要再换'大红旗'。在这些问题上，一定要特别注意。"

不久后，刘司令员便去杭州开会。他的"吉姆"车送厂翻修。到他返京前，车子还未修好。办公室主任考虑到这种情况，认为首长的车既然送厂，找管理局要一辆"红旗"，看来也是无可非议的。于是便派人去找管理局交涉，开回一辆大"红旗"。司令员从外地回来那天，办公室主任便高高兴兴地坐上这辆大"红旗"去西郊机场接首长，当时他心里也考虑过首长的指示，但他错误地认为，首长只是说说而已，既然出现了新的情况，换辆车首长定会很满意，说不定会称赞他会办事呢。

其实，办公室主任错误估计了形势。刘司令员办事是说一不二的，眼睛里是揉不得沙子的。刘司令员走出机舱，一眼就看到了停在机前的“大红旗”。二话没说，用严厉的目光逼视着办公室主任，直截了当地问：“这辆车是来接谁的?”还未等主任回答，他就发觉车里坐着的司机，正是跟随他多年、一直给他开车的老王，便气愤地补充说：“原来是给我要来的！不出所料!”主任开口解释说，因为首长吉姆车送厂才要这辆车的。刘司令员立刻反问：“谁叫你们要的?！我车送厂了，你可以从空司汽车队派辆别的车嘛，我认为没车不是理由。”他口气比刚才稍微缓和一些，问主任：“你说呢?”主任呆立在那里，无言以对。

刘司令员对自己的要求从来都是严格的。他一向反对那种“房子越住越宽，汽车越坐越讲究，家具越来越漂亮”的追求享受和待遇的庸俗做法。他对那些不干工作，一味追求特权享受的人是很反感的。他严肃地批评主任：“你擅自要车是错误的，你一点也不爱护首长。你满以为给我要来一辆‘大红旗’，应该表扬你，我要批评你。一升官就伸手要待遇，这是什么作风!?你想过没有？一个领导者应该带出一种什么作风？你也是个老同志，怎么能如此轻率地处理问题呢！……”最后他对主任说：“这个车是你要来的，我坚决不坐。请你坐回去吧，我可以搭乘别人的车。”于是，他坐上王秉璋副司令员的车回去了。

根据刘司令员指示，当天下午，针对这次要车问题，在办公室召开了一次小型现场会。主任主持会议，还请管理部门的同志来参加。会上传达了首长指示，统一了认识，使每个秘书和工作人员都理解首长的精神，从中吸取有益的教训。这次换车本是一件小事，看来也并不过分。但是用高标准来要求的话，确实值得重视。刘司令员经常告诫我们说：“千万别忽视这类‘小事’，古人有句名言：‘千里之堤溃于蚁穴’，又说：‘勿以恶小而为之，勿以善小而不为’都说明了这个道理。切不可掉以轻心。”

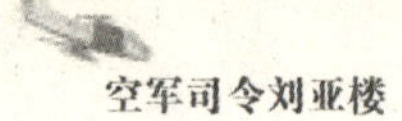

兼任校长，培育英才

刘亚楼智慧超人，远见卓识，总是深谋远虑。在东总担任参谋长期间，除协助林总和罗荣桓指挥作战外，还主动建议筹办三个训练班，后又发展成参谋、测绘、外语三所专业学校，培训了部队所需的专业技术人才。比如他看到司令部机关的工作虽有成绩，但缺乏基本建设，不仅参谋人员缺乏参谋业务的基本常识，就连作战必需的地图也不具备，因而没有很好地发挥司令部机关应有的效能，便决心整顿司令部。为加强地图科建设，刘亚楼建议并经林彪批准，从部队抽调了一批具有一定文化基础的战士，以伪满时期的技术人员为业务骨干，成立了一个测绘学校，训练绘制军用地图的专门人才，从而逐渐地解决了缺少军用地图等问题。

1947 年 10 月，为加强牡丹江老航校的领导，任命刘亚楼兼任航校校长。东北局和“东总”派刘亚楼赴航校检查工作。刘亚楼进行了深入调查，掌握了航校的基本情况。他在全校干部会议上就加强党的领导和改进工作作风讲了话。他说：“航校应以新疆来的同志为领导骨干，在主要领导岗位上，应当是党员干部掌权；在作风上，应该从实际出发，不作过高的空洞计划，应勤俭办校，节衣缩食，细水长流，精打细算，发扬埋头苦干精神。”老航校人员克服重重困难，艰苦创业，利用日空军留用人员培训我们自己的飞行员和地勤机务人员。这些人后来都成为了我国空军建设的骨干。

刘司令员在苏联居留八年之久，第二次世界大战前在莫斯科伏龙芝军事学院深造，第二次世界大战爆发后，又直接参战，受到了苏德战争的严峻考验。他精通俄文，考虑到打败国民党取得全国政权后，各方面的建设都需要苏联的帮助，没有翻译，就无法开展工作，于是便下决心开办外国语学校。

他兼任校长，请外教任讲师，精心制订教学计划，加速培养外语人才。事实证明，刘亚楼是非常有远见的，哈外专培训出来的翻译人员，在空军建设中发挥了巨大作用。

对秘书的指导、关怀

刘司令员对身边的工作人员要求十分严格，同时又关怀备至。1953 年，那时我刚到空司，摸不着头脑，不知怎样开展工作，便主动请教高晓飞秘书。他热情地帮助了我，使我少走了不少弯路。他向我介绍了刘司令员的工作作风、工作方法和严格要求。司令员特别强调多做主动性工作。高秘书希望我尽快进入状态，适应刘司令员的要求，更好地完成首长布置的任务，这对我帮助很大。高秘书当时写给我的一个材料我一直珍藏着。晓飞于三年前因病逝世。为缅怀战友，特将他根据刘司令员平时的教导写的这篇短文收录本书：

一、秘书在工作中要起个参谋作用、顾问作用、助手作用。

二、帮助首长：了解情况、看出问题、想出主意、处理问题。

三、要做好：收发转抄——被动性的工作；管建拟查——主动性的工作。必须多做主动性的工作。

四、做一件工作要有始有终、贯彻到底。

切记：

发了文件，询收到；

交代之事，要回报；

呈上报告，催批回；

发了电报，追时间；

通知出去，作检查；

大小事情，有着落。

刘司令员对我们就是这样循循善诱，真诚关怀，使我们不断成长起来。每想及此，使我更加怀念我们十分敬重的首长。

八、虎将温情洒人间

“不应该因为我，影响你的前程”

1947 年，刘司令员和翟云英同志结婚后，因为战争形势迅猛发展，一个战役接着一个战役，我东北野战军开始战略进攻，攻势锐不可当，势如破竹。而国民党军队则每况愈下，节节败退，龟缩在长春、沈阳、锦州几个大城市，妄想负隅顽抗。作为野战军参谋长的刘亚楼同志，可想而知十分繁忙，一直在前方指挥所不分昼夜地指挥作战。而翟云英同志，和其他首长眷属一样则留在后方，天各一方，难得见上一面。直到北平和平解放，刘司令员随部队进驻北京后，才过上比较安定的生活。但作为一位远见卓识的将军，他有更深远的考虑，并不留恋这种安定的生活。

北平和平解放不久，中央便决定组建人民空军，刘司令员受命主抓这项工作。在技术力量、物质器材和经验极其短缺贫乏的情况下，要在陆军基础上建立起一支强大的人民空军，谈何容易啊！在空军初建的日子里，刘司令员呕心沥血，日夜操劳，极度紧张，有时通宵达旦，有一次连续工作几天，才断断续续睡几个小时。当时形势对组建空军的要求越来越迫切。我华东野战军解放上海不久，穷凶极恶、垂死挣扎的国民党军队便派飞机轰炸上海，欺侮我们没有

1947 年 5 月 1 日，刘亚楼与翟云英喜结伉俪

空军；接着美帝国主义又发动侵略战争，把战火迅速推向鸭绿江边，派飞机轰炸安东（即今日之丹东），在朝鲜狂轰滥炸，屠杀无辜人民。四面告急，到处要求空军支援。刘司令员心急如焚，吃不下饭，睡不好觉，每根神经都极度紧张。

由于极度劳累，刘司令员的身体在天天消瘦。翟云英同志看到这种情景很心急，她想尽一切办法照顾他，分担他的劳苦。

正在这个时候，上海军医大学招生，部队准备选送一批医务工作者去深造，为部队培养一批自己的医生。刘司令员得知这个消息后，首先想到的是让翟云英同志去学习深造，掌握一门为人民服务的本领。而翟云英同志得知这个消息后，也在脑子里闪过去深造的念头，但很快便打消了这种想法。她觉得，亚楼工作如此繁重，自己应该留在他的身边，关照他，替他分忧，做些自己力所能及的工作。她把自己的思想活动，这种入情入理的抉择向罗帅汇报了，也取得了老首长的支持。她心想，这种想法也一定会符合亚楼的心意，她满以为，一提出来，亚楼准会同意的。

最后的决定，完全出乎翟云英同志的想象。一天晚上，司令员找翟云英促膝谈心，他对翟云英说：“你想留在我的身边，照顾我，这种心情我非常理解。我又何尝不希望自己的亲人在自己身边呢？当然我也这样想过。”说到这里，刘司令员拉着翟云英的手，温情脉脉地凝视着她那犹如一潭清澈湖水似的眼睛，接着缓慢地继续说下去：“几天来，我经常反复思考，觉得这样做是不妥当的。你很年轻，才二十多岁，精力充沛，应该学习，要抓住这宝贵的年华，珍惜这来之不易的学习机会，多掌握一点真本事，将来会有用的。……总之，不该因为我，影响你的前程！”

翟云英同志是很倔强的，早年丧父，童年和少年时代是在苦水里泡出来的。她学习刻苦，工作非常积极，有强烈的进取心，是市里的妇女代表。面对这样一个学习机会她是很珍惜的，但她的心情也很矛盾，她看到亚楼为革命事业如此操劳奔波，废寝忘食，觉得放弃学习，做些自我牺牲是应该的。今天的谈话，使她深受感动，亚楼关心她胜过关心自己，事事为她着想，这种无私的宽阔胸怀使她更增加了敬佩之情。她深知亚楼的脾气，凡是经过深思熟虑决定的事情是不会轻易改变的。她听从了他的安排。后来，刘亚楼用诙谐的口吻风趣地说：“云英啊！有本事才能有饭吃，没本事将来可就没饭吃啦。要知道，我这个‘空’军司令可是靠不住的呀……一旦我去见马克思，你就得靠自己的本事挣饭吃啊……”接着他爽朗地哈哈大笑起来。翟云英也会心地微微一笑。

历史和时间再次验证了刘司令员当初以开玩笑口吻说出的预言。十年浩劫期间，翟云英被诬陷，关进牛棚并强制劳动，刘司令遗留下的仅有的一点东西被洗劫一空。粉碎“四人帮”以后，翟云英被放出来，重新当上医生，靠自己的双手“挣饭吃”。每当回忆起司令员三十年前劝她上大学的时候，大家都敬佩司令员的远见卓识，心里都感到格外的温暖。

2006 年，在庆贺《空军翻译耕耘录》出版发行大会上，翟云英与老校友、老战友合影留念（右起：温家琦、石耀华、方子翼将军、翟云英、麦林、赫光炬、杨维杰）

2007 年，刘亚楼夫人迁入新居，我们夫妇与马鹏飞前去向翟云英恭贺乔迁之喜（右起：孙维韬、马鹏飞、刘亚楼夫人翟云英、温家琦）

2007 年春节期间，拜访年届 79 岁的刘亚楼夫人翟云英，她向我们赠送墨宝后留影

父与子

刘司令员的养父是他的远房亲戚，名叫刘德香。这位老人的经历并不平凡。在黑暗的旧社会，他当了几十年铁匠，扛过几十年长活，年过古稀的时候才赶上中国解放，过上幸福生活。但老人的身子骨一直挺硬朗，耳不聋，眼不花，到八十几岁了，牙齿才脱落几个，走起路来还不用手杖。难怪当地乡亲都称赞他是“不老松”。

刘司令员出生后不久，生母就患产褥热死去了，生父抱着无力哺养的孩子来找德香求救。德香的家境也十分清贫，难于糊口，但二话没说，慷慨地收留了这个奄奄一息的孩子。刘司令员就是在养父家里度过童年和青少年时代的。老人叫自己孩子下地干活，吃苦挨累，而用血汗钱供刘司令员上学念书识字。仅就这一点就足以看出他那高尚无私的品德。

1929 年刘司令员投身革命，转战南北。1934 年，他踏上长征的道路。一走十几年杳无音信。老人十分挂念，直到 20 年后才知道，他的养子成为空军司令员。他内心感到十分宽慰，觉得对得起刘亚楼的母亲，也对得起革命，但对刘亚楼却一无所求。刘司令员对这位老人是非常尊敬的。解放后曾两次回乡探亲，还专门和翟云英一起回去看望老人。每逢节日都给老人捎些可口的东西，每月都给老人寄供养费。还接老人进京安度晚年。但老人说，他离不开土地，离不开劳动，离不开家乡山区的空气，脱离劳动就等于送死去。因此住不长久，就要返乡。

1960 年，刘亚楼与养父刘德香合影于杭州丁家山

1953 年，刘亚楼担任空军司令员后，首次回乡探望养父刘德香全家留影（后排右一刘亚楼、右三养父刘德香）

1953 年回武平时，刘亚楼与当地干部合影

1961 年 9、10 月，刘司令员把老人接到北京。那年老人已经 80 多岁了，但身体很健壮，走起路来神采奕奕，头脑仍然很敏锐。我陪他外出时，听他讲话比较吃力，因为他满口福建客家话，地方口音很重，在手势的帮助下勉强可以猜到他的意思。

老人的生活态度非常认真，为人处世诚笃耿直，一是一，二是二，一丝不苟，毫不马虎。记得，他在刘司令员家吃饭，临走时还非交粮票不可。刘司令员不要，老人颇有风趣地说："粮食每人一份，我不能多吃多占。"

刘司令员想把他那件皮大衣送给父亲，而他坚决不要。老人笑着说："这种东西叫我到哪里去穿呀，简直是出洋相！"他只要了一件棉军大衣，并且说："棉大衣穿起来安逸。"刘司令员问老人喜欢什么料子，可以到百货大楼任意挑选一块毛料子。而老人却只挑了一块双面卡叽布，他说："这种布结实，耐磨，耐穿，好得很。"刘司令员想给老人做双可脚的皮鞋，老人坚决不要。他说："我的脚穿上这种东西等于带上镣铐，走不得路！"最后只要了一双解放牌胶鞋。他说："这种鞋又软，又不怕潮湿，在地里干活也很舒服。"

我陪同这位老人待的时间虽然不长，但给我留下的印象却是终生难忘的。难怪刘司令员说，在这位老人身上集中反映了劳动人民淳朴的优秀品

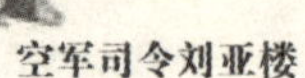

质，是非常值得我们学习的。

刘司令员1965年5月在上海病逝前夕，还嘱咐翟云英要照顾好老人。她认真履行了司令员的遗愿。司令员去世后她一如既往始终坚持给老人寄生活费和所需衣物，甚至在十年浩劫期间，她自己虽遭诬陷，被关进牛棚，被强迫劳动，仍念念不忘老人。直到1978年老人寿终，她还率子女奔丧，替司令员尽孝道之情，给武平人民留下了深刻的印象。

刘司令员和他的岳母

刘司令员的爱人翟云英，从外表一眼便可看出她那具有外国血统的特征：高高的鼻梁、深深的眼窝、犹如一潭清澈湖水的大眼睛、丰满的体态……

翟云英的母亲是一个淳朴的苏联女工，名叫安娜·卡兹米洛夫娜。父亲翟凤歧，是1911年由东北到俄国去的华工。开始到远东的海参崴，后来几经辗转，由远东的赤塔、伊尔库茨克到斯维尔特洛夫斯克，一直过着悲惨的苦力生活。为推翻沙皇政权，他参加了列宁领导的伟大的十月革命斗争。为捍卫新生的苏维埃政权，加入了由中国苦力组成的中国红军团，同白匪军进行过殊死的战斗。后因腰部中弹负伤，才调离战场，到伊万诺夫纺织厂工作。在那里，他爱上了一个普通的苏联女工——安娜·卡兹米洛夫娜，后来他们结了婚，成了家，有了孩子，过上了幸福的生活。

我曾专程走访了这位可尊敬的苏联女工。那年，她已是86岁高龄的老人，视力因害青光眼严重衰退了，身体枯瘦、走起路来比较吃力，但思想还很锐敏，头脑很清晰，几十年前的往事都记得清清楚楚。

十年浩劫期间，她女儿翟云英被诬陷，身陷囹圄，老人受株连，吃了不

1977 年，孙维韬与刘亚楼的岳母安娜·卡兹米洛夫娜和夫人翟云英合影

刘司令员的五个孩子（右起：煜滨、煜南、煜珍、煜奋、煜鸿）

少苦，受了不少罪。有人给她扣上一顶“白俄”的帽子，煽动不明真相的红卫兵污辱谩骂她，唆使一些天真无邪的孩子用石块、西红柿、臭鸡蛋打这个“白俄老太婆”。这个淳朴的苏联女工面对如此冷酷的现实，怎么也想不通，百思不得其解。她告诉我说：她是穷苦人出身，从小就失去了父母。也没有文化。十月革命前，她寄居在一个远房亲属家里，帮人家干活，过着半饥半饱的生活。十月革命后，她才成为了一名女工。她满含热泪对我说：“我不是‘白俄’！那是造谣！不信，请看看我的苏联护照，是有证据的，我不是随便说的。”她边说边把珍藏了五十多年的护照拿出来给我看。

谈到这里，翟云英若有所思，陷入了回忆。她沉思一会儿后便对我说：“看来亚楼真有远见。他生前就再三嘱咐我们一定要保存好这些护照，否则人家可以随便造谣，污蔑你们是‘白俄’。没证据是有理讲不清的……但他有一件事是万万没想到的，正是当年对他百依百顺的人成为诬陷他遗孀的罪魁祸首啊……”

1930年，翟凤歧携妻子安娜和两个幼小的孩子回国省亲。第二年就赶上“九·一八”事变，无法再回苏联，便在大连的贫民区安下身来，后因翟凤歧参加过反日宣传，又因身上有枪伤而被人告密，被日本宪兵队抓捕关进监狱，遭到百般折磨，患病死去。

在黑暗的旧社会，安娜承担着抚养五口之家的重担。这个弱小的女工是刚强的，她没有向无情的生活让步，勇敢地接受了冷酷命运的挑战。她用辛勤的汗水、勤劳的双手，把丈夫留下的四个孩子拉扯大了。她在异国他乡，忍受着加倍的屈辱、谩骂，走过了多么艰难坎坷的生活历程啊。她从不叫苦，总是默默地埋头干活。她说得好：“我吃惯了苦，从来不怕苦。我的孩子也都能吃苦，也不怕苦。他们从小都捡过煤核，打过短工。这没有什么坏处，他们从小就懂得生活不易呀……”

当老人回忆起十月革命那些光辉日子时，眼睛立刻亮起了，闪烁出快乐的火花，唇边也现出幸福的微笑。她说：“那些日子，咱们穷人真高兴啊！手里拿着红旗参加游行，尽情地唱歌、跳舞、喊口号，听列宁同志报告……”

说到这里，这位饱经风霜的86岁老人满怀激情地用俄文唱起了战争年代流行的歌曲：《喀秋莎》和《再见吧，妈妈》。她虽年事已高，逾越耄耋之年，但记忆力仍很好，实在令人赞叹不已。

这位女工几十年如一日，一直保持着劳动人民的本色，把劳动看成是生活中的第一需要。翟云英和刘司令员结婚后，尤其是进北京以后，条件比过去优越了，家里有了保姆。刘司令员特别尊敬和照顾这位吃了一辈子苦、受了一辈子累的老人，让她清闲安逸地度过幸福的晚年，什么家务活都不让她干。可是她总是闲不住，不仅自己的衣服全部自己洗，而且还经常帮助保姆洗衣服、擦地板、带孩子、干家务活。她常用生硬的中国话说："不劳动不行，会闲死的，劳动已经成了我的习惯了……"接着很风趣地说："对我来说，这就是我的休息、我的娱乐，是不可缺少的……"劳动已成为她生活的第一需要，这是多么崇高的品质，多么可贵的劳动人民的本色呀！

良好家风

刘司令员不仅注意以身作则培养部队的战斗作风，而且也十分重视树立良好的家风。父母的言行和良好的家风对教育子女有着重大而深远的意义。刘司令员对子女从不放纵和娇生惯养，也不随便斥责打骂。他注意诱导、说理。他在孩子面前，既是一位威严慈祥的父亲，又是一位诲人不倦的老师。他不仅注意"言传"，更注意"身教"。他说："孩子们从来都把父母看成自己生活的第一个教师。父母的言行对孩子的影响最大，朝夕相处，潜移默化，切不可掉以轻心。"

他虽然十分繁忙，但从不以忙为借口，忽视对孩子们的教育。他说："大人一定要给孩子树立良好的榜样。凡是规定孩子应该做的，大人首先应该做到。唯有这样才能在孩子心目中真正树立起威信，使孩子从小就懂得什么该做，什么不该做。这还不够，大人还要使孩子明白为什么不该做。这便要求大人善于说理，要注意以理服人，切不可以势压人。这条非常重要。"记得有一次，他的孩子在客厅里玩皮球，皮球把一只花瓶碰到水泥地上，打碎了。孩子闯了祸，保姆闻声进来，赶紧拿来簸箕，打扫起来，倒进垃圾堆了。孩子们深知爸爸的脾气，因此，爸爸一下班，他们马上跑到爸爸跟前，去主动“报告”：“我们把花瓶打碎了……阿姨在外边干活呢……和她没关系……”司令员听说花瓶被打碎了，当然十分生气，但是看到孩子如此坦率地承认错误，不诿过，心里又很高兴，表扬了他们勇于承认错误的精神。

刘司令员教育孩子非常细心，不放过任何机会。有一次，司令员下班从走廊走过，听孩子学大人的口气在喊烧锅炉的刘师傅：“老刘！……”他马上停下脚步，说：“刘叔叔是你的长辈，不能这样无礼，今后不准随便叫‘老刘’，要叫‘刘叔叔’……”从此以后，再没有听孩子叫“老刘”了。

刘司令员在孩子们面前说话是谨慎的，从不轻易许愿。如果自己没有兑现诺言，会马上改正，并告诉孩子，信守诺言是应该的，不应失信，这也养成了孩子们遵守诺言的良好风气。

“我带你们去玩”

1961年，我们在杭州参加条令教材的编写工作。为了赶译一份首长急需的材料，我们组夜以继日连续突击十五天，按时完成了司令员交给我们的任务。司令员很高兴，放我们一天假，叫我们去尽情游览一下西湖的风光。我们考虑到手头还有工作，谁也不想去。司令员知道这个情况后，他亲自来到我们小组办公室，兴致勃勃地对我们说：“今天一定要休息。我带你们去玩。我给你们当向导。”

刘司令员先带我们游览狮峰和龙井。他对每件事都了解得非常透彻，像老师给学生讲课似的对我们说：“你们看，前边那个小石头山多像一头卧着的狮子啊！”经他指点，我们定睛一看果真不假，真像一头卧狮。他接着说：

“这个山叫作狮峰山。据说当年乾隆下江南，就到过这里，而且亲手在山上种了十八棵茶树，这些树很有名气。每年清明节前，都要从这些茶树上采第一批嫩叶。这种茶是最名贵的，叫作‘狮峰明前龙井’。在许多茶店的招牌上所写的‘狮峰明前龙井’，就是从这里来的。”我们大家听了，颇有收益，增长了知识。走到一口井旁，他又给我们介绍说：“这口井叫‘龙井’，所谓‘龙井’茶就是由此井而得名。你们注意看，井里的水面多么清澈。但要仔细观察，便能发现井水一面高一面低，并不平。因为井下有一个泉眼，从那里喷出的矿泉水比重大，和一般井水不同，才形成了这种现象。”我们好奇地透过射进井里的阳光仔细地看起来，真的发现了一半高一半低的水面，使我们惊叹不已。

司令员很高兴。他站在狮峰山前、龙井旁沉思片刻后，即兴说了两句打油诗：龙井有井却无龙，狮峰有狮不咆哮。

接着，他又带我们健步登上玉皇山，放眼观看西湖全景。这时他俯首下望，突然看到山下“虎跑泉”那只泥塑的但栩栩如生的老虎。他见景生情，又补充两句：雷峰坍塌白蛇舞，玉皇山上观虎跑。

大家玩得兴高采烈，司令员的诗兴大作，又吟了两首，回头对我说：“小孙！西湖有十景，我要作十句诗，赋予它新的含义。”傍晚，他又带我们到“平湖秋月”。他望着倒映在西湖平静水面上的皎洁明月，想到我们祖国的美好未来，又吟了一句诗：“平湖秋月世代皎”。

刘司令员就这样带我们游览了西湖的风光，边游览边给我们讲解每个胜景的来龙去脉，使我们了解到：为什么叫“断桥残雪”“苏堤春晓”“柳浪闻莺”“曲院风荷”“三潭印月”“雷峰夕照”……使我学到不少知识。特别是参观岳庙时，他讲岳飞的高尚情操并痛斥了秦桧夫妇的卑鄙灵魂。他还背诵了岳庙里的两句名诗：“青山有幸埋忠骨，白铁无辜铸佞臣。”

最后，他语重心长地对我们说：“你们要记住列宁的话，不会休息的人，就不会工作。这句话是有道理的。毛主席说，要劳逸结合，也是这个意思。

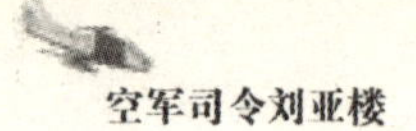

不要以为休息一天就影响工作了。要知道，‘磨刀不误砍柴工’啊。”

“让我来给你们当导演吧！”

“我今天晚上一定来看你们的排练。”刘司令员在电话里肯定地回答了文工团的请求。那天晚饭后，刘司令员乘车到灯市口同福夹道空政文工团歌剧团的住地，去看他们排练《革命历史歌曲表演唱》。司令员非常重视这个节目，他说：“让同志们重温一下红军走过的艰苦历程是有教育意义的。一唱起那个时候的歌曲，立刻会使你回忆起那些值得珍惜的战斗年代。它会给我们力量去奋勇开拓未来。”这个节目是司令员确定的，红军时代的许多历史歌曲是他凭回忆告诉文工团，并给他们提供线索，到老根据地和中央苏区去调查挖掘出来的。

这天，他在台下一边看演唱，一边提出修正意见，尽量让他们能更真实地反映出历史本来的面貌。刘司令员的记忆力是惊人的。许多歌词他记得清清楚楚，至今还能唱出来。文工团员唱错了的，他马上给予更正。

司令员和文工团导演并坐在一起，聚精会神地观看演出。对每一个表演动作，对每一句唱词，他都认真仔细地听，发现问题马上告诉导演。排练告一段落后，司令员给大家讲评。他给演员讲的话，语重心长：“你们演得很好，这些红军时代和长征时期在部队中流传很广的战斗歌曲，又把我带回到那个难忘的战争年代，回忆起走过的战斗历程，很有教育意义。”在充分肯定大家的辛勤劳动以后，他还认真分析了每个舞台动作并指出唱词中的错误。

文工团根据首长指示，精心苦练。他只要能抽出时间，几乎场场都到，这对演员是个很大鼓舞。他风趣地对演员们说：“让我给你们当导演吧！”大家报以热烈的掌声。

经过艰苦排练以后，节目终于和军内外广大观众见面了。记得，第一次公演那天，刘司令员的心情比演员还激动。演出后，他叫秘书广泛收集群众反映和意见，要求文工团认真听取来自各方面的意见，要下功夫千锤百炼。那时报纸上发表了很多评论，广大观众对演出给予充分肯定。他叫秘书把报刊杂志上发表的每个评论都找到，收集在一起给他看。他说："切莫叫赞扬冲昏头脑，要格外注意批评意见。"

刘司令员十分重视宣传教育工作，不仅亲自抓，而且抓得很细。文工团那么多人，他都能叫出名字来，使团员们感到非常亲切。在文工团员的心目中，他既是司令员，又是他们的"导演"。

"是您给了我们战胜天险的勇气和力量"

1958 年夏天，福建前线形势紧急，台湾海峡突然掀起了惊涛骇浪。仿佛箭在弦上，颇有一触即发之势。

为了配合福建前线作战，空军部队也进驻了前沿机场。为了视察空军入闽作战部队，刘司令员乘机前往福建。起飞时，天气情况尚好，有云，并不影响飞行。夏天有些积云那是难免的，特别是在南方更是这样。

飞机起飞后不久，飞越龙岩、连城后，便遇上了"不测风云"。天空越来越暗，漆黑的乌云迅速地积聚起来，逐渐连成一片，两个巨大的云团从飞机的两侧奔袭而来。搞飞行的人都懂得，这种雷雨云是飞行的大敌。在它的内部，上升气流和下降气流上下急剧窜动，加上雷击闪电，在飞行中是异常危险的。正在这时，飞机外部天线接触到空气中带电的气流，不时出现红色的火花，这样一来更增加了恐怖气氛。机长调整好驾驶仪，让副驾驶注意观察，自己跑进客舱向司令员报告险情。司令员镇定自若。他透过舷窗一直在严密观察着突变的天气。从机长报告的口气中，发现他有些紧张，但司令员深知这位机长是一位久经锻炼的老同志，有能力处理好险情。为了稳住飞行员的情绪，他充满信任地说："不要着急，冷静处理，我相信你！"机长听到这句话，内心里充满了力量。司令员虽然没有驾驶飞机的技术，但作为空军司令员、一位久经沙场的指挥员，能掌握飞行员的心情，摸清他们的脉搏。他那镇定的情绪迅速感染了机上的每个人。机长沉着冷静地牢牢紧握驾驶杆，精密地计算，不停地根据情况变化着高度和方向，终于使飞机从两个巨大的乌黑云团中间那狭窄空隙里安然穿出，并按原定计划落在预定机场上。

司令员的座机遇到险情，地面指挥所里空气显得格外紧张，指挥员的每根神经都绷得紧紧的，看到飞机像一只矫健的海燕穿出云层以后，心中才一块石头落了地。下机后，司令员紧紧地握住机长的手说："谢谢你们！"

机长深有感触地回答说："司令员，是您给了我们战胜天险的勇气和力量！"

刘司令员和飞行员

空军部队的一些老飞行员都十分怀念刘亚楼司令员。刘司令员经常下部队，找飞行员促膝谈心，凡是他接触过的飞行员他几乎都能叫上名来。通过这些不拘形式的谈心，他能深入地了解到飞行员的思想感情、喜悦和痛苦，摸清飞行员的思想脉搏。在炎热的夏天，他冒着酷暑，到炙人的机场战斗值班停机坪，坐在机翼下，和飞行员、机务人员谈心，看望坐在比蒸笼还热的飞机座舱里作一等战斗值班的飞行员；在滴水成冰的寒冬，他到外场看望在零下30多度的低温下同机务人员一道维护飞机的飞行员。飞行员每当看到司令员来到自己身边，都打心眼里感到温暖，司令员把党的关怀送到他们的心坎上，将军和飞行员的心紧紧相连。

飞行员生活在机场，飞行和战斗在蓝天，生活的节奏是单调的。长年不和女同志接触，找到称心的对象是比较困难的。当他们把心窝子里的话掏给司令员，流露出苦闷心情时，司令员爽快地对他们说："我愿意给你们当'红娘'！这确实是一个值得重视的问题，世界各国都是一样，我记得苏联有一部电影，叫作《空中漫游》，是描写飞行员生活的，其中主题歌，就是反映了这个问题。歌词大意是：

我们是远航的伙伴，
只有一事不如心愿：
在天空不能结婚，
在地面找不到爱人。
……

司令员办事从来都是非常认真的，不是说说了事，而是认真采取措施，给飞行员创造条件。比如每年疗养的时候，有意识让他们和许多未婚、没有对象的年轻女护士、女医生接触，责成疗养院周末组织一些别开生面的交谊舞会，专门选调一些政治条件比较好的未婚女工来给飞行员伴舞，让他们接触，培育他们爱情的萌芽。通过多种途径，有些年轻飞行员确实找到了称心如意的伴侣。

只要飞行员找到了对象，干部部门马上给外调，了解情况，积极办理手续。比如空军战斗英雄赵宝桐1952年从志愿空军部队来北京参加全国第二届英模代表大会，结识了人民日报记者金凤，通过采访建立了友情。他回到部队后，有人风言风语，说三道四。这件事传到刘司令员耳朵里，他经过了解，金凤同志是位有文化的老地下党员，政治可靠，又真心实意地热爱空军的战斗英雄，便明确表示支持，结果使他们很快结成终身伴侣。战斗英雄王海同志的婚事，刘司令员也过问过。王海在三师工作时，经人介绍认识了八航校的绘图员孟华。两人见面后说得也比较投机，可说一见钟情吧。刘司令员到三师检查工作，问到王海的婚事时，王海向首长详细作了汇报。刘司令员听了很满意，还专门到八航校看了孟华同志。看后对王海说："这个姑娘很文静，不错，配得上你这个战斗英雄!"1964 年，王海在执行任务时突然病倒，刘司令员立刻派专机把他接回北京，送进医院，专程去看望他，劝他安心养病。病好后，王海急于返回部队，偷偷买票要走，刘司令员发现后两次让秘书退票，命令他彻底养好病再走，当面对王海说："一定要安心休息，磨刀不误砍柴工啊!"

每次发生飞行事故，刘司令员都立刻奔赴现场，进行认真仔细的调查研究，千方百计地找出造成事故的真实原因，从中吸取有益的教训。在总结经验教训的同时，还注意找飞行员的家属谈话，让他们忍痛节哀教育好子女，并让政治部福利部门做好善后工作。他说："切不可小看这项工作。这是涉及能否稳定军心士气的重大问题，一定要处理好，不能掉以轻心，草率从事。"若是砸毁了民房，伤害了当地居民，还要做好群众工作，除赔偿损失以外，更重要的是注意民心和情绪，要做好细致的思想工作。他说："切不可认为，给钱了事。那是不行的，我们若脱离群众、失掉民心，将一事无成。"

司令员每次坐飞机出差，安全到达目的地后，他都和机组成员一一握手，表示感谢。我们到驻地安置好以后，司令员一定要询问："机组同志安置好了没有?"并亲自到他们下榻的地方去看望他们，询问他们有什么困难，有什么要求。如果得知他们在所到地点有亲属朋友，便主动让秘书派车送他们去探望，让他们充分休息。每次看节目和演出，一定给他们送票，请他们一道去。总之，刘司令员对机组同志是关怀备至的。司令员对机组的规定是尊重的，从来都提前到达机场，从来没有因为司令员的迟到而耽误起飞时间。

司令员非常重视飞行技术的提高。20 世纪 50 年代初，为了尽快适应作战的需要，我们多数部队当时只能在昼间一般气象条件下起飞作战，夜间、云中、复杂气象的飞行科目都没有进行，海上飞行也没有进行。后来，司令员下令，让飞行技术优秀的团长林虎和李汉同志先带一个大队摸索夜航和云中飞行的经验。他们学成后，办培训班，在全军推广。当得知林虎和李汉同志掌握了夜航、复杂气象和云中飞行时，刘司令员非常高兴。那时他因身患肾结石正在华东医院养病，听说部队已经突破昼夜复杂气象这道大关，异常兴奋。他曾对秘书说："这个消息对我来说比什么药都管用，我的病简直好了一大半。"他让秘书立刻打电话给林虎表示祝贺，并通过党委决定在部队中迅速推广，使部队飞行训练进入一个崭新阶段，飞行技术向前跨一大步，增强了部队的战斗力。

"轻一点，别把他吵醒……"

那是一个仲夏的一天上午，大约在 10 点钟，我到司令员宿舍送文件。开始按了半天铃，也不见秘书出来。我看门轻轻掩着，没上锁，便推门进去，穿过庭院，径直朝高秘书办公室走去。因为工作关系，这个地方我经常来，出出进进也比较熟悉。我是一个急性人，走起路来脚步也比较重，今天像往常一样，我推开房门，一进屋就想进高秘书办公室。这时，我猛一抬头，看见司令员正从二楼下来，用脚尖点地，蹑手蹑脚地轻轻地朝我走来。我一下就愣住了。他走近我的身旁，低声对我说："他昨晚加了一宿夜班，刚刚躺下，轻一点，别把他吵醒……"直到这时我才领悟了首长的心意。

司令员把我领到他楼上办公室，替秘书收下了文件，并签了名。而后让我坐下，他拿起花镜仔细地看文件……

过后，我把这天发生的事情详细地告诉了高晓飞。后来才知道，刘司令员比他睡得更少。那天夜里起草文件，司令员一直陪伴在他身边，口述叫他记录，而后反复修改。写出初稿后，司令员马上命令他休息，自己把稿子拿到二楼进一步逐字逐句推敲，连标点符号也不放过，直到修改好才休息。长年战争使他养成了不干完工作不肯休息的习惯。

高秘书十分感动地对我说："司令员对同志体贴入微，严于律己，宽以待人。其实，你来送文件的时候，司令员还没有合过眼呢！……但他并没有责怪你，而是怕把我吵醒……真太……"说到这里，他激动得眼睛湿润了。

看到这种情景，不由得使我联想起《列宁在十月》那部百看不厌的电影。想起列宁强迫瓦西里休息，怕吵醒瓦西里，他在走廊里用脚尖轻轻走动的感人镜头。我们的首长，我们这些指挥千军万马驰骋沙场的将军，既有纵横捭阖、大刀阔斧的气概，也有体贴入微、感人至深的品格，细腻得像绣花一样。他们关心他人从来都比关心自己为重，他们的心胸像海洋一样宽阔，在他们身边工作，时刻都会感受到春天一样的温暖。

"司令员最了解我们的疾苦"

刘司令员抓工作认真具体，尤其重视调查研究，掌握第一手材料。每次开党委会准备文件，他事先都要找起草文件的秘书反复研究文件内容，提出具体要求。大家都知道，刘司令员考虑问题周到严谨，逻辑性强，对文件要求高，精益求精，每份文件都要反复修改几次，甚至几十次。文中引用的每个典型例子都经得起"拷问"，秘书都能一一答辩。

为了文件的最后定稿付印，司令员经常陪同起草文件的秘书到打字室和铅印厂，一边看清样，一边推敲修改，最后签字付印。为了搞材料，他不知同打字员和印刷室工人在一起度过了多少个紧张的日日夜夜。首长亲自“坐镇”，对打字员和工人鼓舞很大，使他们干劲倍增。有时，司令员一边工作，一边了解他们的工作、生活和学习情况，了解他们的要求和家中的实际困难。几十个打字员和工人的姓名，他都记得清清楚楚。他甚至能说出谁是哪里人，多大年龄，结没结婚，有没有对象，有什么特别的爱好。每个人的打字水平和性格特征，打字速度和质量也都了解，他掌握的有些情况比办公室主任还具体。有一次，他有意识地“拷问”了办公室主任。他问主任：“打字员孙春英和周其慧，谁打得好？贾凤翔有什么特点？打字室一天能打多少字？印多少张纸？……”问得主任张口结舌，无言以对。他严肃地批评说：“作为一个主任，切不可只待在办公室里，应该深入下去，要仔细掌握‘实战能力’，这样才有能力指挥调动自己的‘部队’，不该浮在上面，要深入下去。”

打字员和工人在司令员面前一点都不感到拘束，他们也摸透了司令员的脾气。工作起来，司令员的要求是一丝不苟的。司令员特别注意工作作风，要求既有质量又有速度。要是谁搞不好，工作马马虎虎，司令员批评起来一针见血，不讲情面，但是当他们圆满完成任务后，一定会得到首长的表扬。

司令员非常了解打字员和铅印工人的疾苦。他主动叫秘书和门诊部联系，给他们进行体检，防止铅中毒，注意保护他们的身体，让他们注意劳逸结合。每逢节假日演电影、看节目他都提醒秘书给他们送票，邀请他们去看节目。有时加班到深夜，司令员主动交待给他们做夜餐。这些都使他们很受感动。他们说：“司令员最了解我们的疾苦。”

“这笔稿费一定分给大家”

1957年，中国人民解放军建军三十周年之际，苏联《红星报》发表了一篇纪念文章，是刘司令员根据总政决定写的，标题是《年轻的中国空军在成长》。

当年8月1日，苏联《红星报》发表后，给了900卢布稿费。稿费送给首长以后，他坚决不要，并决定将这笔稿费分给为这篇文章付出过劳动的每个同志。他说，“我只出了点思想，你们都出了不少力，应该分给你们大家。秘书起草，反复修改多次很辛苦，打字员也反复打印了多次很吃力，翻译译成外文，也费了很大劲儿，要按劳取酬。”接着带着一种幽默的口吻风趣地说，“这是社会主义原则嘛！”秘书不同意，对他说：“司令员，主要是您抓的，何止出个思想呢！从头到尾逐字逐句，连同标点符号在内，您不知推敲了多少遍，甚至很多段落都是您执笔写的，您花的心血最多……”他打断了秘书的话；“算了，就这样定了。”

最后，在他的坚持下，这笔钱都分给了大家，他一分钱也不要。钱并不多，分到每个人手里更是有限，但影响很大。凡是拿到钱的，知道这件事情原委的同志都很受感动，深感司令员处理问题很周到，令人心悦诚服。

“熊德威，就是熊德威！”

1956年，召开共产党第八次代表大会的前夕，中央办公厅派人到空军指名借调空司情报处英文翻译熊德威同志。

司办主任邢永宁同志接待了中央办公厅派来的同志。因为熊德威当时在情报处工作，又找情报处长王涛同志来商量。借人、调人，他们都没有意见，感到为难的是熊德威同志不是党员，社会关系又非常“复杂”，到八大去做翻译，怕政治条件不合要求。

鉴于这个问题，邢主任和王处长谁也拿不定主意，于是便叫秘书找空干同志来商量。干部部的态度非常明确：熊德威社会关系复杂，他亲叔叔是原国民党东北“剿匪”行辕副主任熊式辉，他父亲在英国，台湾有亲属，海外有关系，又不是党员，不宜接触党内重要机密文件。向中央办公厅来人说明情况，认为熊担任如此重要翻译工作不合适。

中央办公厅来人的态度也非常明确，认为熊德威同志可以承担这次翻译任务。他们对熊德威同志的家庭历史和社会关系了如指掌。熊德威的姐姐叫熊德兰，是和弟弟一道从英国回来的。回国后，她一直在外交部工作，领导非常信任。熊德威同志出于对祖国的热爱，从英国牛津大学文学系毕业后，主动要求返回祖国参加建设，开始在对外文委工作，后被志愿军空军借调到朝鲜前线。在抗美援朝战争中，因表现突出还荣立过战功。他的英文水平是很高的，特别是会话能力，可以毫不夸张地说，比一般英国人都强。请这样的同志参加八大，作同步翻译，能充分发挥他的作用。对这样一位同志怎能说“政治条件不够”呢？来人百思不得其解，仍坚持借调，于是双方坚持不下。后来，邢主任出面打了一个圆场，他请来人先回去，把信放下，“我们马上向首长汇报。决定后，再打电话告知”。

办公厅来人只好悻悻而去。临走前，还一再叮咛说：“请你们以大局为重，尽快解决。时不待人，误事谁也担待不起，决定后，熊德威同志还要提前熟悉一下文件呢。”

邢主任将此情况原原本本地向刘司令员作了汇报。

刘司令员像往常一样，在屋里一边踱着慢步，一边认真听着汇报，一边思索。他走近桌旁，停下脚步，信手拿起办公厅的公函，凝神看着。沉思了一会儿，突然所答非所问地提出了另外一个问题：

“听说他从对外文委借调来的时候是副教授，把赵树理的《李有才板话》和《小二黑结婚》译成了英文？”

对司令员提出的这个问题，邢主任没有思想准备。再说，他并不了解这么详细的材料，但是，副教授是没有错的。于是，他便肯定地回答：

“是副教授。”

“既然是这样，去年授衔时，凭什么给人家授个中尉呀!?”司令员进一步追问一句。

“听说按副连级。”邢主任摸不着头脑地回答着。心想司令员今天提出的这些问题和解决借调并没有什么关系呀，这究竟是怎么回事呢？他陷入五里雾中。

“难道副教授就一个副连级吗?”

“……”邢主任越发糊涂起来，无言以对。

“你转告干部部，这样对待知识分子是不公道的，是留不住人的。我早就听说人家有意见，但人家又不好提呀!”说到这里，刘司令员停顿了一下，接着严肃地说：“人家心里会想：‘我要提意见，肯定会挨批。’会有人说他‘闹个人主义’‘争名夺利’，帽子多得很。他的担心并不是多余的，不是没有根据的……”

司令员走近桌旁，又拿起办公厅的信，接着说：“办公厅的意见很对，应该信任人家，可以借调去八大工作。我们的干部部动辄就抓人家的小辫子，不敢放手使用干部，这是不对的，具体问题要具体分析。熊德威就是熊德威，并不是熊式辉，这个干部英文水平这么高，应该留住。不要光看目前俄文有用，英文也是有用的。关于他的级别和军衔问题，准备提交党委会，认真讨论一下，尽快给予合理解决。”

邢主任把司令员的决定立刻通告办公厅。他们非常满意。党委会也很快做出了决定，调整熊德威同志的军衔和级别，提升为正营级大尉。

一颗火热的心

1961 年，刘司令员率国防工业代表团出国。在谈判期间，代表团成员、空军司令部军务部副部长刘克江同志因心脏病突然发作，抢救无效，于3月11日凌晨逝世。这个突如其来的打击使身经百战、久经沙场的刘司令员感到非常沉痛。

记得，那天凌晨，刘司令员半夜四点钟被一阵急促的电话铃声惊醒。刘晓大使的秘书通知说刘克江在北京饭店病故，刘司令员马上赶赴现场。一进刘克江的卧室，就看到面色紫青的刘克江躺在床上，莫斯科急救站的同志坐在沙发上。法医已经化验排除中毒死因，他们立刻向刘司令员报告，刘克江的瞳孔已经放大，身上出现了尸斑，已经死亡，无法抢救了。刘司令员听罢默默地走到刘克江的床前，舒展开他的两手，把两脚安放好，给他盖上一条洁白的床单，提出将尸体立即送进医院太平间的冷藏室等候处理。

刘克江逝世后的那些天，刘司令员的心久久不能平静，脸上没有笑容，屋里再也听不到他那爽朗的笑声。记得，刘部长逝世当天，他从凌晨到深夜，一口饭没有吃，一口水没有喝。我们把饭端上来放在那里，凉了又热，热了又凉……他若有所思地在屋里踱来踱去，一言不发。屋里的空气铅一般沉重。我先开口打破这死一般的寂静，劝首长珍重身体，吃点东西。他总是摆摆手，表示不想吃。他仍然拖着沉重的步子在走……后来，他带着悲痛的心情对我说："我从当兵以来，不知经历了多少次战斗，不知亲眼见过多少次死亡，也不知掩埋过多少战友，但心情从来没有像今天这样沉重……"接着他自言自语地补充说："多么可惜，这样好的干部，昨天还和我谈工作，一直谈到深夜，可今天……万没想到他会这样突然地离开我们！……叫我怎能不难过呢……"停了一会儿，他又带着一种内疚的口吻说："我对不起他的爱人石坚同志，也对不起他的孩子们。出来的时候是一个有说有笑的活人……可回去的，却是一个冰冷的骨灰盒，他们再也见不到自己的亲人啦……"说到这里他的眼睛湿润了。他的眼前呈现出与他朝夕相处并肩战斗过的战友身影。克江同志那种为革命事业的献身精神，那种坚韧不拔的战斗作风，一切的一切都历历在目。刘司令员的这颗火热的心在痛切地怀念故去的战友，同时也为克江的远在祖国的亲人担忧。“怎么办?”他考虑了很久。其实，若按章程办事，人死后，在莫斯科火化，带回一个骨灰盒，也是无可非议的。然而，他却想到，对为党勤恳奋战一生的同志，他有责任把党的关怀和温暖带给克江的亲人。

经过反复思考，他下定决心，叫我“马上拨北京长途，找罗总长讲话”。电话接通后，刘司令员立刻向总长报告刘克江病故情况，并恳切地请求总长批准石坚同志来莫斯科参加办理后事。罗总长很快就批准了。

石坚同志也是1938年参加革命的老同志，虽然一路上在极力克制自己的感情，但和自己的亲人如此突然死别，仍无法承受这沉重的打击。一见到刘司令员，她忍不住强大的悲痛，放声痛哭起来。一边哭一边说：“他没有死啊！他不会死!”她由于极度痛苦，不吃，也不喝，身体非常虚弱。

刘司令员语重心长地对她说：“石坚同志，你的心情我非常理解，希望你忍痛节哀，保重身体，教育好孩子继承克江的遗志，完成他未竟的事业。你知道，我失掉这样一位好战友，也是异常难过的。但是要记住，我们都是共产党员，都有多年的革命经历，我们不知在革命的征途上送走了多少同志和战友，每想到此，无不痛心。但目光要看得更远一些，人死不会复生，要正视现实啊……”

在给刘克江遗体整容穿衣时，石坚同志一再坚持要把出国时制作的全部新装都给死者穿上，把毛衣、绒衣、线衣都穿上。她说：“他战斗了一辈子，应该穿得好一点，穿什么我都舍得。”她的心情是完全可以理解的，但刘司令员考虑得比她实际。他对我专门交代说：“只穿一件衬衣和一套新军装就可以。其他衣物全部留下来，装到箱子里叫孙主任给刘部长的孩子带回去。”他说：“火化时，他们会把衣服扒光的。何必便宜他们呢！再说，给孩子带回去既是纪念物又可以解决一些实际问题。”

瞧，刘司令员对待同志和战友的这颗赤诚火热的心，就是这样把党的温暖送到了同志心间。

“同志哥，不打不相识啊！”

1951年，刘司令员视察志愿军空军部队。有一天，他在大西洋部队长袁彬、罗平的陪同下来到浪头空军指挥所。他观看了这个半地下指挥所后，兴高采烈地询问了部队的情况，同袁彬、罗平同志谈论着部队中的种种现象和问题。

司令员在同部队首长谈话过程中，正巧，我陪苏联专家在一边谈论别的事情，司令员看到了。等苏联专家出去以后，司令员走到我跟前，严厉地批评说：“你这小翻译，首长讲话未经允许是不准随便翻译给专家的！这是组织纪律问题。”那时，是我第一次见到刘司令员，过去有过一些耳闻，都说他特别厉害，这时我的脸“刷”地红到脖根子，心里感到惶恐不安。稍停一会后，我马上冷静下来，向刘司令员报告说：“司令员！您讲些什么连我自己都没有听清楚，我和专家在谈别的事情呢，并没有翻译您的话……”司令员听我申辩后，心里知道错怪了我，便有意解嘲地哈哈大笑起来：“那就算了……”转过脸去问袁彬同志：“这小翻译是哪里来的呀？”袁师长说：“是哈尔滨外专来的！”司令员更加兴奋起来，问我：“原来是我的学生，我怎么没有见过你呀？你是哪一班的？哪年出来工作的？”我的心情平静下来了，低声回答首长提出的问题：“我是29班的，是1950年出来工作的……”

当天晚上刘司令员参加了部队的祝捷大会。空联司司令员刘震同志及其他首长也都出席了会议。刘司令员在宴会上讲了话，我担任翻译。刘司令员听我翻译后满意地对袁彬说：“这个小翻译的水平不错嘛，今年多大啦？姓什么？”转过身对他身后的秘书高晓飞同志说，“把他名字记下来！”

刘司令员回到北京后不久，就经过“空干”给大西洋部队发了一份电报，指名调我给他做翻译。袁师长和罗政委专门找我谈了话，并限我三天内离开前方去北京到军委空军报到，给刘司令员做翻译。

我按时来到北京，至今我还清楚地记得第一次在北京和刘司令见面时，他对我说的一席话。他拍着我的肩膀，“小翻译！还记得我的批评吧！同志哥！不打不相识啊……”从此以后，我一直随首长工作，整整工作了十年。

刘司令员是我们的“月下老人”①

作为刘司令员的下属，一个普通的空军战士，我对我们心目中最景仰的首长，充满深深的敬意和缅怀之情。这不仅因为我曾是他的兵，在空军工作了六年半，还有幸与这位叱咤风云的将军、威严的空军司令员有过几次难忘的直接接触，甚至可说是通过他的引见，才使我和老伴孙维韬相识、相知，结为伉俪。从某种意义上讲，刘司令员就是我俩结为伴侣的“月下老人”。

下面让我打开封存的记忆，展示那岁月中难忘的点点滴滴。

1950 年 3 月，我从哈尔滨工业大学提前出校参加空军，先后在济南五航校和沈阳八航校担任俄语翻译和专业教员。

1953 年年初，我在八航校机械师班毕业后留校任发动机教员。1954 年 10 月，正当我认真从事教学工作时，突然接到上级命令：要求分散在各工作岗位上的翻译人员全部归队。当时，我正在上发动机课，承担着两个班的教学任务。可是军令如山，我立刻移交工作，打点行装上路，与当时在特设教研室工作的齐肇慧，还有其他八校战友一行 5 人，乘火车向沈阳东南方向的丹东驶去。

---

① 本篇系本书作者的夫人温家琦所写的回忆文章。

丹东与朝鲜隔江相望，是我国最大的边境城市。曾任丹东市长的作家、诗人刘廷耀在他的《丹东之歌》中写道：“巍巍锦江山，涛涛鸭江水，柞丝织锦绣，钢桥放光辉……”，他用简短的诗句，把丹东这座名城的特色作了高度的概括。

我们抵达丹东集合地点报到时，已有不少战友聚集在那里。真是翻译大聚会呀！大家见面都情不自禁地畅述别情。这次几乎把分散到全国各地所有空军翻译人员都召集回来，以完成空军党委下达的有关丹东、旅大地区苏军撤离期间的接收、培训任务。

1954 年 11 月末的丹东，已是白雪覆盖大地，冰封鸭绿江水的季节。在冬季晴朗的一天，空联司矿山指挥所大礼堂里，正在召开一次非同寻常的空军翻译工作会议。

按中苏协议，驻扎在我国东北近十年的苏联红军部队将全部撤离回国。他们驻扎期间所有武器装备将无偿（部分有偿）地移交给中方，移交过程中还要帮助我方完成新武器装备的改装培训任务。为全面开展丹东、旅大地区的接收工作，身为中方接交委员会主席的空军司令员刘亚楼亲临坐镇，向来自全国空军各有关单位百余名俄语翻译人员作紧急战前动员。当时我和齐肇慧等战友也应召到会。

在会议进程中，刘司令员突然发问：

“温家琦来了没有？”坐在大礼堂后排梳着粗黑短辫，身着皮领黑帆布机械师工作服的我，惶恐不安地应声站起来。司令员向这个方向看一看，点头说：

“是的，就是这个年轻姑娘。”我愣住了，与会者也都摸不着头脑。他扫视一下全场接着说：

“就在几天前，我到浪头机场走进一个坐满学员的教室，苏联专家正为部队改装讲授新型发动机。我坐在后边听到她与教官流利的对话。翻译过程中，她能把那么复杂的发动机系统与结构，准确无误地用专业术语表达出来，这令我十分震惊。你们都知道，我的翻译孙维韬水平不算低了，可是依我看，他平时也只能翻出80%，而这个小女翻译竟然能将难度很大的技术内容都翻出来了，确实难能可贵。我要当众表扬她，也希望在座的年轻人都要向她学习……”

刘司令员的一席话引来众人的目光。我则由于初次站到这么多人面前，且受到空军最高首长的表扬而不知所措，脸涨得通红，头垂得很低，直到让我坐下，心还扑通扑通地跳个不停。

其实，我没有那么高的翻译水平，只是后来当了发动机教员，对多型发动机特别对PД－45发动机结构比较熟悉，改装的新发动机也是在原来基础上改进的，并没有多少生词，所以在那次改装培训课堂上才能顺利译出，而恰恰又被来视察的刘司令员碰上，才有上面的故事。

会议仍在进行中，坐在我一旁的女伴悄声说：“你瞧，站在刘司令员身边那个小伙子就是孙维韬!”这时我才抬头远望，看到一个中等身材的“男孩”，手持大衣挺拔地站在讲台的一侧，站在正中央的司令员还在继续作着报告。

这就是我们第一次相遇时的情景。

孙维韬22岁就已在《人民日报》《天津日报》《人民文学》等十几家大型报刊上发表过多篇诗歌散文作品和译著，是公认的才子。他作为空军第一把手的翻译曾多次出国参加谈判。他口译能力强，故常受到专家顾问们的交口称赞。当时在空军翻译中他很出名，真是有点大红大紫，甚至有众多追求者、崇拜者。所以，若不是司令员在会上同时点了我们两个人的名字，恐怕不会有我俩今生的姻缘。

自然，我的人生路上也不乏追求者，特别在女同志少的部队，女孩子更是不愁嫁，何况我曾那样争强好胜。回想起1951年，在济南五航校我代表三等功臣在大会上发言后，引来无数痴情鸿雁，其后的岁月里也有诸多追求者，却都未能闯入我生活的门槛。而这次，不知为什么，刘亚楼司令竟成了我俩的“月下老人”，这也许就是所谓的“缘分”吧。

后来我才了解到，那次刘司令员听我翻译课时，让秘书高晓飞记下了我的名字。回京后，在空司办公室里，一次孙维韬去送他翻译出的顾问发言稿，请司令员审阅，正好高晓飞也在场。刘司令员问高秘书，前几天在浪头机场听课，那个小翻译叫什么名字来的？高晓飞忙拿本查找，并报告司令员她叫温家琦。刘司令应声说：“对了，孙维韬，就是这个叫温家琦的小女孩翻译水平不错，确实不简单，你该好好地向人家学习！”

孙维韬听了司令员的话很是震惊，因为他很少听司令员这样夸赞一个小翻译，何况还是个女的。他当时立刻表示要好好向温家琦学习，可心里仍有些不服气。后来，我才知道孙维韬是个十分要强又有点傲气的青年。

1955 年部队授衔，男翻译都授了军衔，而女翻译就地转业，留原单位工作。

我们这批 1950 年年初从哈工大出校参军的同学，当时校方告知是临时借调工作一年，保留学籍。所以在苏联专家陆续撤走，女翻译未授衔的情况下，几位女同学要求返校学习，并获批准。于是我也打了报告，要求去学习。后经常乾坤副司令员批准，我于 1956 年 9 月考入北京航空学院。

1961 年秋，我从北京航空学院毕业等待分配工作。当时，孙维韬在杭州编写条令。空司办公室主任孙秉超告诉我，最近有飞机去杭州，你可给老孙捎点东西，于是我做了准备。当我把东西准备好送去时，恰好遇到了刘司令秘书张克里。他好心地问我，是否愿意去杭州，若愿意去，他可向司令员请示，东西也可自己带去了。

那时我不知道深浅，认为若有机会去杭州与维韬见面那该多好，于是表示愿意去。张秘书请示司令员后，电话告诉我司令员已批准，后天可随机前往，听后我喜出望外。

记得那天早晨，我满心高兴地拿着一个软包，早早赶到空司搭乘孙秉超主任的吉普车驶向西郊机场。在行驶的路上，孙主任问我是到机场送东西吗？我说，张秘书告诉我刘司令同意我去杭州了。孙主任脸一沉说：

“张克里真是乱弹琴，现在杭州编写条令正紧张进行中，家属一概不准去，而且是司令员的专机，怎么能随便答应让你去呢！”他想了一下，接着说：“这样吧，到机场你不要下车，把包给我，我托人带到机上给老孙捎去就是了。”听了孙主任的话，当时我的脸都急红了，真是追悔莫及。

就这样，车开到机场，我只好不下车，坐在车里等待返回，可是没过多久，孙秉超主任跑过来喊我：

“温家琦，刘司令员叫你快上飞机！”我摸不着头脑，赶紧下车奔向飞机的舷梯。后来才知道，当飞机要起飞前，司令员突然问起：“怎么温家琦没有来？”孙忙答道：“她来了，在那边的吉普车上呢，还是不让她去吧！”刘司令员不悦地说：

“怎么，我同意她去了，为什么又不来了呢，快叫她上来！”于是，在司令员的支持下，我得以与司令员同机飞往杭州。

刘亚楼司令员乘坐的飞机是依尔－14，改装后里面安置了沙发、圆桌和卧床，显得舒适、宽敞。

我记得机上除刘司令员外，还有七八个人。有秘书、警卫，还有一位老者坐在前面的沙发上。他中等身材，着装朴素，红红的脸膛，稀疏的头发，却很有精神。

后来得知，古稀之年的老人就是亚楼司令员的养父刘德香。据说，亚楼从小就聪明过人，好学上进，德香老人待亚楼胜过他亲生儿子，将家中仅有的积蓄用来培养亚楼学习，而让自己儿子在家务农种地。

这事，亚楼司令员总是念念不忘，对他的养父十分尊敬、孝顺。当革命胜利，亚楼一家进驻城市，生活条件逐步改善后想接养父进城享享清福时，却被德香老人婉言拒绝。老人说：“我的根在农村，在我的家乡武平，我不愿意离开故土，而且离开劳动，我一天都活不了！”其实，亚楼养父不只是因为恋家，他不愿给身居高位的儿子添更多的麻烦。

德香老人在家乡始终以一个普通劳动者的身份生活，受到当地百姓的赞扬和尊敬。据说，他一直活到百岁，被人们誉为“不老松”。在机上我能亲眼见到这样一位被人们尊崇的老人，感到非常荣幸。

我虽然上了飞机，孙主任的话语仍萦绕在耳边，觉得自己真的不该来，这给首长添了多大的麻烦呀，所以心中一直忐忑不安地坐在机舱靠后面的一个座位上。在飞机航行过程中，司令员把我叫到他跟前，和我聊天。他问道：

“温家琦，你毕业了，愿意到哪里去工作呀？”我想了想，回答说：

“当然服从组织分配，不过我还是愿意到航空设计单位，因为我学的是发动机设计。”司令员说：“那好啊，国防部五院就是设计单位，而且是研制现代化导弹武器的，你愿意去吗？”我说：“那当然好，就是怕分配不到那儿啊！”刘司令员笑了笑，没有再说下去。接着他又提起那时正在排演的“革命历史歌曲表演唱”，问我知道这回事不，有什么看法，我说：“听说了，许多革命歌曲编排到一起联唱，一定很好看，我也喜欢唱歌，可惜还没有看过呢。”

刘司令员很有兴致地接着说：

“这个节目现在正在排练，等演出时你一定要去看看。”我点头答应着，心中充满了对亚楼司令员的敬意。

我在空军工作六年多，但直接与司令员接触和对话的机会并不多。据说在工作中他对人要求十分严格，批评人一针见血，不讲情面，所以大家都有些怕他。近距离接触后，没想到他是这样平易可亲，通情达理，善解人意，而且对下属，对他周边的人关怀备至，这一切令我深受感动。在机上与司令员的交谈中，他的睿智、博学，对文学艺术的爱好和关心更令我对他钦佩得五体投地。

1961 年毕业分配，我很幸运地被分配到刘司令员任院长的国防部五院（即后来的航天部），再次参军，同时又成了他的兵。我在航天部工作近 30

年，直到退休，其间曾参加了我国第一批海防导弹型号的设计工作。我在空军工作六年半，立过五次三等功，一次集体三等功；在航天部工作，多次受到表彰嘉奖，并荣立一次二等功。我没有辜负刘司令员对我的关怀和殷切期望。

刘司令的关怀刻骨铭心、永志不忘

刘司令员是我最敬佩的人，他在工作中对我的指导和帮助一直伴随我度过人生的旅程。在关键时刻他对我的批评和教育，让我享用一辈子，终生难忘。

那是1953年仲夏时节，我刚到空司不久发生的一件事。那时我经常撰写和翻译一些诗歌、小说在报刊上发表，自认为了不起，有些飘飘然，不知天高地厚。当时，由于脑子过度发热，一心想当诗人和作家，便异想天开，想自己办个油印刊物。

有个星期天，由我发起，找陆宝林、王琳德一商量就决定刻印油印诗刊小报，定名为《心之歌》。我们三人写稿，由我负责到打字室借钢板、刻写，负责制作套红刊头并撰写发刊词，他们负责印刷校对。我们说干就干，根本没考虑后果，到晚上计划全部完成，共印了30份。我给各位首长办公桌上各放一张最清楚的，心想明天首长一上班，定会产生意外惊喜。当晚，我怀着美滋滋的心情进入梦乡。

万万没有想到，这张小报成了爆炸性新闻，震惊了整个空军司令部。刘司令一上班看到这张小报后，大发雷霆。让高晓飞秘书立刻追查，究竟是谁干的，敢这样嚣张，散发给各位首长?！查明后，办公室主任邢永宁根据刘司令指示立刻找我谈话，让我交代刻印小报的详细经过，有哪些人参加，目的何在，有无特殊背景，等等。打字室贾凤翔因擅自向我们提供钢板等物品也受到了批评。

第二天，根据刘司令员的建议，召开司办党支部扩大会，全体党团员参加。刘司令、政委、副司令、参谋长都以党员身份参加大会。看来，对小报事件极其重视。开始我并没有认识到错误的严重性。召开如此规模的大会来批判我的错误，才让我感到了压力，觉得真的捅了大娄子。在会上，刘司令首先发言。他非常气愤，十分严厉地批评说："孙维韬，你目无组织，目无法纪，胆大包天，在空军司令部里，在首长的眼皮底下竟敢擅自刻印出版小报，简直是千古奇观。不知道别人怎么看，我参军这么多年，从来没见过这种怪事！这种严重的无组织、无纪律，再发展下去将会到达无可挽救的地步。孙维韬，你要认识到这个错误的严重性，一定要深刻检讨，挖出犯错误的思想根源，制定出切实可行的具体改正措施。大家要严厉批评他，组织上要根据情节和造成的后果给予严肃处理，目的是教育和挽救，让他永远记取这个极其沉痛的教训，保证以后别再犯这种错误。"

刘司令这次一针见血的严厉批评，让我终生难忘。到了 1957 年整风反右运动过程中我才真正认识到，刘司令员的这次严厉批评，委实给我打了预防针也敲响了警钟。我在整风中严格检点自己的言行，没有再犯更大错误。应该承认，若没有 1953 年刘司令员在政治上对我的"猛击一掌"，1957 年我很可能走错路，后果将不堪设想。

记得 1954 年 10 月，总参应苏联远东军区司令马林诺夫斯基元帅的邀请由张宗逊副总长组团赴苏远东参加军事演习。演习内容是：在使用原子武器条件下方面军登陆和抗登陆战役。代表团阵容强大，各军兵种各派一名主管作战的首长参加，要求各军种各派一名好翻译。空军派出的首长是第一副司令兼参谋长王秉璋，他决定派我担任首席翻译。然而，因为我刚刚犯了《心之歌》油印小报错误又受了严肃处分，很多人都不同意我去。但王副司令从工作出发，认为演习十分重要，派孙维韬去才能胜任这项工作。时间紧迫，他避开争议，派梁珉秘书去请示刘司令，希望批准让我去执行任务。刘司令的态度非常明确，错误归错误，水平归水平，要从工作出发，并直接打电话给王副司令，表态说："我同意他去!"首长的信任，给了我无穷的力量，我没有辜负首长的信任，圆满完成了任务，受到中苏双方首长的表扬。由于刘司令员的大力支持使我得到了这次出国锻炼的机会。

1955年初春，刘司令员带一个翻译组去杭州审校《苏联空军战斗条令》。我是组长，组员有：潘祖琦、宫树滋、陆宝林和周健实。不久，全国开展批判胡风反革命集团的运动。由于我过去在胡风主编的文艺刊物上发表过一首短诗；1954年在人民文学杂志上发表马雅柯夫斯基的三首译诗时，与胡风集团的骨干分子、诗歌编辑吕莹有过直接联系，于是就将我调回接受审查。回京后我真诚而详尽地交代清楚了全部问题，反反复复写了不少材料。可是长时间来并没有解除对我的审查，不让我接触首席顾问。顾问出差，去西藏考察，让别人替我去，顾问也感到莫明其妙。

1956年6月，刘司令员应苏联国防部长朱可夫元帅的邀请将率团赴苏参加航空节。刘司令员决定派我担任代表团首席翻译。于是，便限令办公室主任邢永宁三天内对我的审查做出最后结论，不准再拖延下去。

在刘司令员的积极干预下，我的问题不仅得到了解决，而且还给我创造了如此好的机会和条件，让我随团赴苏参加航空节这一重要活动。一年多来压在我心头上的一块大石头终于落地了，心里感到特别轻松快乐。这次又是刘司令员在政治方面替我及时解脱了胡风分子的嫌疑，这对我来说是件了不起的大事!

之后，我的人生也曾遭受坎坷和挫折，但是刘司令员始终信任我，并语重心长、苦口婆心教育我、帮助我，给我信心和鼓励。当我生命的天空再次出现彩虹的时候，我怎能不忆起在我人生道路的十字路口和紧要关头，一次次为我把住舵盘，指明方向的首长——刘亚楼将军。

弥留时刻

1965 年 5 月 7 日下午 15 时，这位身经百战的将军，被无情的病魔夺去了生命。半年来，病魔把他折磨得骨瘦如柴。同他朝夕相处的战友和亲属看到这种情景，眼泪止不住地往下流，可是他一直忍受着病痛折磨，直到最后离开人世，一直是那样乐观，那样刚强。在病魔和死神面前，他没有退缩，和当年面对顽敌一样……

从这年 5 月初开始，他的病情就急剧恶化了，出现了几次休克，什么也吃不进去，甚至靠点滴也难维持生命。死神在一步一步地逼近……

这位出生入死的将军，心里已经预感到了死亡，可对死亡并不恐惧，因为，自从他投身革命起，早将生死置之度外。

当罗瑞卿总参谋长代表中央首长来看望他的时刻，他从休克中苏醒过来后，用微弱的声音对总长说："感谢中央首长……关怀"他知道中央首长为了抢救他，不惜重金派人去香港，去国外购买最好的特效药，可惜肝癌后期是不治之症，已经无能为力了，但他对中央首长非常感激。他低声说："请中央首长保重……"话未说完又陷入昏迷。

他对"条令、教材编写组"的秘书长姚克祐同志说："条令要编……出来……上八宝山……送一本……"当初开始编写空军战斗条令、教材时，他就下过决心，曾说过："如果我中途死了，请你们把编好的书放到我的墓上。"姚克祐同志呜咽着，喉咙里仿佛被什么堵住似的，只是掉眼泪、点头，一句话也没有说出来。

在这弥留的时刻，也许，他想起了当兵第一次参加战斗，他的班长脑壳被敌人打开了花，脑浆溅到他的身上，使他一天都没吃下饭，但是想到穷人不打天下永远没活路，又硬着头皮干下来了；也许想到了五次反“围剿”，他刚刚写完了关于前两次反“围剿”的《伟大的一步》和《横扫七百里》，后三次只有初稿，还没有定稿，他多少有些遗憾的感觉；想到长征途中历经的千辛万苦，担任开路先锋的胜利进军；想到了延安抗日军政大学，到苏联伏龙芝军事学院学习，在苏联参加伟大卫国战争，1945 年跟随苏军部队进入东北，经罗荣桓同志推荐任民主联军参谋长，在东北战场进行的三下江南、四保临江、夏季攻势、冬季攻势、辽沈战役、东北全境解放、大军进关、天津战役、活捉陈长捷……想到这里，他满意地笑了；也许，又想到了空军初建的艰难历程，抗美援朝时，我们年轻的飞行员打下美国的王牌飞行员戴维斯，击落双料王牌飞行员空军上尉费希尔，空军人员内心中的喜悦……

他是一位威严的将军，也是一位温情的丈夫，慈祥的父亲，他的情感十分丰富。在这个弥留的时刻，他叫他的夫人翟云英把孩子的照片拿给他看，他看着他那个刚满五岁多的惹人喜爱的小珍珍；看着闪动着两只油黑大眼睛的鸿鸿；看着个子长得很高的英俊的滨滨；看着穿着威武军装的老大和老二，通过这些孩子的照片勾引起他许多难忘的回忆……他紧紧地握住翟云英的手，好像当年他奔赴战场把翟云英留在后方行前的告别握手一样，但又不一样，那时虽有死亡的威胁，但是还有生还的希望，但今天的握手是意味着诀别，想到这里，他的眼角渗出了热泪；翟云英同志更是无法抑制住自己内心的悲痛，热泪滴落在司令员干瘦的手背上。他深情地对翟云英说：“再见吧……都交给你了……”“我没有留下什么……只有一颗……对党……对人民的忠诚……教育好孩子们……”是的，他没有留下什么财产，但他给子女、给后代却留下了一份宝贵的遗产：一个革命者对祖国、对人民的忠诚。这是无价之宝，比什么都可贵。

在这弥留时刻，他也想到了他那可敬的养父刘德香。他要求翟云英替他尽一份赤子之情。此时此刻，他又清晰地想起刘德香老人的深情厚谊。老人待他胜过自己的亲生儿子。他拿打铁攒的血汗钱，抚养他成长，供他念私塾，而他自己的亲儿子则打铁，下地种田……老人把他拉扯大了，送给了革命队伍，但对他没有什么要求，只是“给予”，并不“索取”，何等高尚啊！

翟云英在司令员逝世后认真执行了他的嘱托，她一直在关照着老人，直到老人辞世，她还替司令员奔丧，这给家乡的父老们留下了深刻印象。

刘司令员是我军官兵的楷模，是我们最敬爱的首长，是在人们心中永不陨落的一颗金星。

2008 年，刘亚楼家乡人民在福州为他矗立了半身花岗石雕像；在他 100 周年诞辰之际，武平县为他设立了纪念馆

附 件

附件1

刘亚楼同志生平简介

刘亚楼，无产阶级革命家、军事家，中国人民解放军高级将领，原名刘振东，汉族，1910年4月8日出生于福建省武平县桃澜区湘店乡大洋泉村。

1929年参加农民协会，6月参加闽西当地游击队任战士、班长、排长，同年8月经张涤新、李光介绍加入中国共产党，12月朱德、毛泽东率领红四军入闽后编入红四军，进入随营学校学习，任学员班长，后任红12军第3纵队第1营第2连连长、第1营营长兼政治委员。

1930年6月汀州会议决定组建军团后，任红一方面军第1军团第四军第3纵队第8支队政治委员。10月，军团整编纵队改师、支队改团后，改任红4军第12师第35团政治委员、后任第11师第32团政治委员，1932年2月15日张赤男牺牲后，接任第11师政治委员，1933年6月藤田整编后，改任红1军团第2师第5团政治委员、第2师政治部主任，1933年11月胡阿林牺牲后，接任第2师政治委员。参加了中央苏区历次反“围剿”。

1934年10月与师长陈光率领红2师担任中央红军前锋参加长征，其间连续突破敌人四道封锁线，血战湘江、强渡乌江、智取遵义、占领娄山关，与红 1 师组成北部防线，确保遵义会议胜利召开。土城战斗后，在毛泽东直接指挥下四渡赤水、抢渡金沙江、飞夺泸定桥。1935 年 7 月，一、四方面军会师，李聚奎抽调红四方面军任职后，接任红 1 师师长。9 月中央俄界会议将红一方面军改编为中国工农红军陕甘支队后，任陕甘支队第 2 纵队副司令员，11 月又恢复了红一军团番号，任红 1 军团第 2 师师长，参加了直罗镇、东征等战役。

1936 年 6 月至 12 月在红军大学第 1 期第 1 科学习，12 月任红军大学训练部部长，1938 年 1 月罗瑞卿任副校长后，接任抗日军政大学教育长。

1938 年 4 月受毛泽东派遣离开延安经新疆迪化（今乌鲁木齐）赴苏联，1939 年 1 月入莫斯科伏龙芝军事学院学习。1941 年 9 月苏德战争爆发后加入苏联红军，任作战参谋授少校军衔，参加了苏联卫国战争。1945 年 8 月 9 日随苏军远东第 2 方面军由哈巴罗夫斯克（伯力）沿虎林、佳木斯方向进入中国，参加了苏联红军出兵东北对日本关东军作战，后在苏军驻旅大地区警备司令部工作，负责与中方的联络。

1946 年 5 月由罗荣桓举荐经中央东北局报告中央军委批准并与苏远东方面军交涉后返回我军，接替萧劲光出任东北民主联军参谋长，参与指挥了三下江南、四保临江战役。7 月任中共中央东北局委员。11 月兼任东北民主联军外国语学校校长。

1947 年 5 月至翌年 3 月，协助东总领导组织指挥东北夏季、秋季、冬季攻势。1947 年 9 月，兼任东北民主联军航空学校校长。

1948 年 1 月任东北军区、东北野战军参谋长，1948 年 6 月任中央军委东北分会委员。

1948 年 9 月至 1949 年 1 月协助林彪、罗荣桓组织指挥了辽沈、平津战役。为我党最终武装夺取全国政权做出了贡献。

在争取和平解放天津与国民党军傅作义部谈判未果的情况下，1948 年

12 月奉命担任天津前线指挥部总指挥。

1949 年 1 月 14 日至 15 日，率野战军 5 个纵队 22 个师共 34 万余人激战 29 个小时攻克天津，活捉国民党天津警备司令陈长捷等，为和平解放北平（北京）创造了有利条件，被毛泽东在七届二中全会上誉为“天津方式”。

1949 年 3 月任中国人民解放军第四野战军参谋长，后任第四野战军第十四兵团司令员、兵团党委书记，第四野战军前线委员会委员，中共中央华中局委员。

1949 年 7 月奉中央军委之命以十四兵团机关和军委航空局为领率机关组建空军。中华人民共和国成立后，1949 年 10 月 25 日起任第一任空军司令员，1950 年 7 月 12 日起任空军党委委员、常委、书记，组织领导了组建空军航校，作战部队，确定空军参加抗美援朝的作战方针及兵力部署和组建志愿军空军领导机构等工作。

1951 年 2 月在空军党委第一次扩大会议上，确定了“在陆军的基础上建设空军”的方针。同年 10 月至 12 月在安东前线指导作战，总结空战经验，研究空战技术，1952 年正式提出“一域多层四四制”的战术原则。

1954 年 2 月在空军党委第十一次扩大会议上，正式确定以“稳步前进、完成计划、提高质量、保证安全”为空军部队的训练方针。

1956 年 9 月当选为八届中央委员，11 月起任中央军委委员。

1956 年 11 月，在天津杨村机场主持空军首次实弹射击、轰炸校阅。

1957 年 3 月，空军、防空军合并后继任空军司令员、党委书记。

1958 年 7 月，召集空军第一批入闽作战部队师以上干部会议，传达中央军委紧急战备会议精神，部署航空兵部队进驻福建、粤东地区配合陆、海军炮击、封锁金门的作战任务。

1959 年 10 月 7 日，命令空军地空导弹部队在北京通县上空击落国民党空军 RB－57D 型高空侦察机一架，开创了世界防空史上首次使用地空导弹击落敌机的先例。11 月担任空军条令教材编审小组组长，主持编写空军条令、条例、教材、训练大纲的工作。

1962 年 9 月 9 日在空军指挥所命令在南昌地区设防的地空导弹部队首次将国民党空军窜犯大陆的 U－2 型高空侦察机击落。

1963 年 2 月在空军政治工作会议上提出，要解决现实思想问题就必须抓住“及时发现、确实弄清、正确解决”三个环节。同年，指示空军政治部文工团创作、排演话剧《年青的鹰》《女飞行员》和歌剧《江姐》等，深受部队指战员和人民群众赞誉。

1964 年 10 月，抱病赴广东遂溪同部队指战员研究打击美军高空无人驾驶侦察机的战术，并最终将其击落。刘亚楼同志为人民空军的创建和发展做出了卓越的贡献。

1951 年 4 月任中央军委领导的航空工业管理委员会委员，1956 年 4 月任国务院航空工业委员会委员，1959 年 9 月起任国防部副部长，后兼任国防科学技术委员会副主任，国防部第五研究院院长、党委书记。1964 年起任中国人民航空运动协会名誉主席。1955 年 9 月被授予空军上将军衔，荣获一级八一勋章、一级独立自由勋章、一级解放勋章，是中共第八届中央委员，第一至第三届国防委员会委员。主要译著有《红军野战参谋业务条令》（1947 年）、《斯大林论克劳塞维茨》（1950 年）、《斯大林给拉辛的信》（1950 年）等。

1965 年 5 月 7 日在上海病逝。

附件 2

五十年来发表的有关刘亚楼的作品目录

几十年来，我怀着崇敬的心情不断发表文章和撰写书籍，宣扬刘司令员的光辉事迹。可是由于我智疏才浅，能力有限，写出的也只是刘司令员伟大一生的沧海中的一滴，但我深信，一滴水也足以反映出太阳的光辉。

现将我几十年来发表的文章和撰写的书籍按发表年代顺序排列如下：

《我也是一个普通共产党员》（1957 年，《解放军报》）；

《唯有下苦功夫，才能写好文章》（1958 年，《空军报》）；

《在刘亚楼同志身边》（1983—1984 年，在《闽西文丛》上连载三期）；

《刘亚楼将军逸事》（1985 年，黑龙江北方文艺出版社）；

《为翻译工作呕心沥血》（1988 年，《松花江畔》）；

《刘亚楼将军的轶闻趣事》（1998 年，《松花江畔》）；

《空军的奠基人刘亚楼》（2002 年，《滴水集》）；

《刘亚楼巧遇黑人歌手》（2002 年，《跋涉者的足迹》）；

《苏联出兵中国东北，险遭杀身之祸》（2003 年，《苏联出兵中国东北记实》）；

《随叶帅、刘司令访苏札记》（2004 年，《福建半月谈》）；

《回忆老校长刘亚楼将军》（2004 年，《沙曼杨柳》）；

《刘亚楼和叶剑英》（2005 年，《叶剑英研究》）；

《刘亚楼和"军队大脑"》（2005 年，解放军出版社）；

《刘亚楼司令员狠抓编写条令中的翻译工作》（合写）（2006 年，《空军翻译耕耘录》）；

《刘亚楼将军和朱可夫元帅》（2006 年，“老年军人杂志”）；

《熊德威，就是熊德威》（2006 年，《空军翻译耕耘录》续集）；

《革命人永远年轻》（2006 年，《空军翻译耕耘录》续集）；

《巧批唯武器论》（2006 年，《空军翻译耕耘录》）；

《随刘司令员参加苏联航空节》（2006 年，《空军翻译耕耘录》）；

《历史性碰杯》（2006 年，《空军翻译耕耘录》）；

《与朱可夫元帅会晤》（2006 年，《空军翻译耕耘录》）；

《在刘司令身边度过的十个春秋》（2007 年，《豪情才气两干云》）；

《刘亚楼司令员军事外交风采两三事》（2007 年，解放军出版社出版《军事外交亲历记》）；

《会晤列宁女秘书福季耶娃》（2008 年，《桑榆园》）；

《睿智名将——刘亚楼将军》（2009 年，《桑榆园》）；

《刘亚楼将军传奇》（上、下两卷，孙维韬担任主编，2010 年中国文化出版社）；

《刘亚楼将军在东北》（2010 年，《桑榆园》）；

《刘亚楼和“一域多层四四制”》（2010 年，《空军报》）；

《刘亚楼和叶帅的友谊》（2010 年，《叶剑英研究》）；

《缅怀睿智名将刘亚楼将军》（2010 年，《沙曼杨柳》）。

后 记

刘亚楼将军于1965年因病溘然辞世，年仅55岁。盛年早逝，是我国、我党、我军的重大损失，中央军委当年送给刘司令的挽联有十六个大字：“国失干城，三军挥泪；功在社稷，百世流芳”，给予高度评价。

作为翻译和外事秘书，我在他身边度过十个春秋。他的生活作风、工作作风和高尚品德给我留下了极其深刻的印象，他从来都认为“工作就是战斗，作风就是无形的战斗力”。他认为，唯有领导者带头模范地执行一切纪律，言传身教，树立榜样，才能在队伍内部形成好作风，而好的作风则是无形的战斗力。他从来认为生活无小事，一言一行，一举一动，都严格要求自己，“不以恶小而为之，不以善小而不为”。

30年前，在刘司令员逝世20周年的1985年，为消除“文化大革命”期间散布诬陷刘亚楼将军的不实之词，我先在福建《闽西文丛》杂志连载了《在刘亚楼司令身边》数篇文稿，以后，又补充增加整理，编辑《刘亚楼将军逸事》一书，由哈尔滨北方文艺出版社发行第一版印了两万册，很快便销售一空，引起了人们的关注。

后来，于2010年，在刘亚楼将军100周年诞辰之际，我除了主编一部《刘亚楼将军传奇》（上、下两册）外，又重编了刘亚楼将军的故事，充实了不少新内容，出版了一册《上将军的故事》，内部发行。

这些故事，都是我掌握的第一手材料，对我的感染教育很深，使我从中学到了做人做事的真谛。通过这些故事，可以反映出刘司令员对党的无限忠诚，对人民的热爱，对祖国的无私奉献，反映出他 36 年战斗生涯中铸造的辉煌，他的清正廉洁，他的睿智韬略，他的传奇人生……将这一切贯穿起来，就是一个光明磊落、顶天立地的伟人。

这样一位伟人是值得广泛宣传的，让人民永远纪念他。作为一位高级将领、一位高层领导者，他的模范行为、优良品德、清廉作风，当今宣传起来，也是颇有现实教育意义的。

得知中国财富出版社决定出版发行这部书，我倍感欣慰，感谢出版社的远见卓识和为此书出版而付出的辛勤劳动。

这部书的出版，还得到了刘司令员的女儿刘煜鸿的大力支持，她对书稿进行了阅读和修改，使书稿内容更加完善，在此十分感谢她付出的努力。

刘司令员在我心目中是一颗永不陨落的启明星，永远照耀着我们前进的路程。他永远活在人民的心中。

孙维韬

2015 年 10 月 26 日